《中国法院年度案例》通讯编辑名单

中国法院 2013年度案例

国家法官学院案例开发研究中心◎编

借款担保纠纷

《中国法院年度案例》编辑人员（按姓氏笔画）

边疆戈　关　毅　刘　畅　苏　烽

罗胜华　赵丽敏　唐世银　曹士兵

曹海荣　温培英　程　瑛

本书编审人员：曹海荣

中国法制出版社
CHINA LEGAL PUBLISHING HOUSE

序

《中国法院年度案例》丛书，是国家法官学院于2012年开始编辑出版的一套大型案例丛书，以后每年初定期出版，由国家法官学院案例开发研究中心具体承担编辑工作。此前，该中心已经坚持20年不辍连续编辑出版了《中国审判案例要览》丛书，凡80卷，分中文版和英文版在海内外发行，颇有口碑，享有赞誉。现在该中心又编辑出版《中国法院年度案例》丛书，旨在探索编辑案例的新方法、新模式，以弥补当前各种案例书的不足。该丛书2012年首次出版以后，受到读者的广泛好评，并迅速售罄，国家法官学院案例开发研究中心及时编撰推出《中国法院2013年度案例》系列。

总的说来，当前市面的案例丛书大多“不好读”，存在篇幅长、无效信息多、案例情节杂、缺乏深加工等不足。《中国法院年度案例》丛书试图把案例书籍变得“好读有用”，故在编辑中坚持以下方法：一是高度提炼案例内容，控制案例篇幅，每个案例基本在3000字以内；二是突出争议焦点，削除无效信息，尽可能在有限篇幅内为读者提供有效、有益的信息；三是注重对案件裁判文书的再加工，大多数案例由案件的主审法官撰写“法官后语”，高度提炼、总结案例的指导价值。

同时，本丛书还有以下特色：一是信息量大。国家法官学院案例开发研究中心平均每年从全国各地法院收集到的上一年度审结的典型案例超过10000件，《中国法院年度案例》有广泛的选编基础，可提供给读者新近发生的全国各地的代表性案例。二是方便检索。为节约读者选取案例的时间，丛书分卷细化，每卷下还将案例分类编排，每个案例用一句话概括焦点问题作为主标题，让读者一目了然，迅速发现需要的案例。

总之，编辑《中国法院年度案例》就是为了让案例类书籍简便、易用，这既是本丛书的特点，也是编辑出版这套丛书的理由。当然，案例作者和编辑在编写过程中也不能一步到位实现最初的编写愿望，可能会存在各种不足，甚至错误，欢迎读者批评指正，我们愿意承担责任，并不断改进。

在信息社会，流行快餐文化，纸质类媒介往往输给数字化媒介。在此情景下，中国法制出版社全力支持《中国法院年度案例》的出版，给了作者和编辑们巨大的鼓励。我们在此谨表谢忱，并希望通过共同努力，逐步完善，做得更好，真正探索出一条编辑案例书籍的新路，更好地服务于学习、研究法律的读者，服务于社会，服务于国家的法治建设。

目　录

Contents

一、借款合同

二、保　证

三、抵　押

四、质　押

一、借款合同

1

以他人名义借款应该由谁负责偿还

——北京农村商业银行股份有限公司溪翁庄支行诉吴和芹金融借款合同案

【案件基本信息】

1. 裁判书字号

北京市密云县人民法院（2011）密民初字第5606号民事判决书

2. 案由：金融借款合同纠纷

3. 当事人

原告：北京农村商业银行股份有限公司溪翁庄支行（原名北京市密云县溪翁庄农村信用合作社）

被告：吴和芹

【基本案情】

2003年4月5日，北京市密云县溪翁庄农村信用合作社（后名称变更为北京农村商业银行股份有限公司溪翁庄支行）与王福军签订农户小额信用贷款协议，该贷款手续是吴和芹代王福军办理的，王福军将身份证、个人印章交给吴和芹，同意吴和芹以他的名义办理贷款，于是吴和芹在贷款协议上签了王福军的名字。贷款协议约定：合作社向王福军提供金额为30000元人民币的贷款，合同还约定了贷款期限、贷款利率、还款方式、发放贷款方式等。2003年4月5日，合作社将30000元借款划入王福军的活期存折账户。借款期限届满后，王福军未归还贷款本金及利息。吴和芹于2009年11月15日给原告出具书面承诺："此笔款是我用的，我负责归还贷款本金和利息"。承诺书上有吴和芹的亲笔签名，但吴和芹未履行还款义务。因此原告溪翁庄支行诉至法院，要求王福军、吴和芹共同偿还借款本金及利息，并要求两被告承担本案诉讼费用。在诉讼过程中，王福军承认同意吴和芹以自己名义办理贷款。因吴和芹在庭审中同意自己单独承担责任，且在此之前给原告出具了书面承诺，原告向法院申请撤回对王福军的起诉，本院裁定准许原告撤回对王福军的起诉。

【案件焦点】

1. 吴和芹代王福军签订的贷款协议是否有效；2. 吴和芹给银行出具的"承诺"是否构成了免责的债务承担。

【法院裁判要旨】

北京市密云县人民法院经审理认为：溪翁庄支行与王福军签订的农户小额信用贷款协议，虽然贷款手续是吴和芹办理的，但王福军明确表示同意吴和芹以他的名义办理贷款，因此吴和芹以王福军的名义办理贷款手续属于民事代理行为，吴和芹作为代理人与原告签订的贷款协议应当认定为有效，对被代理人王福军具有法律约束力。溪翁庄支行已经按照协议约定的方式将贷款划入到王福军的银行账户上，已经履行了发放贷款的义务，王福军应按协议约定承担还款责任，因王福军未能按约定的期限偿还借款及利息，应承担相应的违约责任。吴和芹作为实际用款人向原告出具书面承诺，表示愿意偿还贷款本金及利息，视为其自愿承担王福军的债务，原告亦表示同意，鉴于该债务转移符合法律规定，本院予以确认。吴和芹辩称贷款由石城养鸡协会取走了，对此被告没有提供相关证据，本院不予采信。吴和芹应该履行承诺，原告溪翁庄支行要求被告吴和芹偿还借款本金及利息的诉讼请求，证据充分、理由正当，本院予以支持。

北京市密云县人民法院依据《中华人民共和国民法通则》第六十三条、《中华人民共和国合同法》第八十四条、第二百零五条、第二百零六条、第二百零七条之规定作出如下判决：

被告吴和芹于本判决生效后30日内偿还原告北京农村商业银行股份有限公

司溪翁庄支行借款本金3万元及利息（截止到2011年7月27日的利息为25740元，自2011年7月28日始至款付清之日止按照日利率万分之三计算）。

如果被告吴和芹未按本判决指定的期间履行给付金钱义务，应当按照《中华人民共和国民事诉讼法》第二百二十九条的规定，加倍支付迟延履行期间的债务利息。

案件受理费597元，由被告吴和芹负担（于本判决生效后7日内交纳）。

【法官后语】

本案是一起典型的以他人名义借款的金融借款合同纠纷案件，在农村地区比较常见，农村商业银行给农民提供小额信用贷款，但是每户有贷款金额的限制，有些农民为了能多贷款，往往借用亲戚或者朋友的名义向银行申请贷款，造成这种现象的原因主要有：一方面，不少农民当事人法律观念淡薄，当自己的亲戚、朋友遇到困难，觉得自己能帮一把就帮一把，过分相信他人而不知防备，根本没想到好事可能变成麻烦事；另一方面，银行信贷员为完成单位下达的贷款任务和指标，在审核贷款中把关不严甚至弄虚作假。以他人名义借款的金融纠纷案件中，有些贷款协议由名义借款人本人签字，但若实际借款人无法偿还借款，银行诉至法院，审判实践中一般判决名义借款人偿还借款，但在执行过程中，名义借款人以自己未使用借款为由抗拒执行，而实际用款人因不是案件的当事人更加缺乏履行义务的动力；还有些贷款协议是实际借款人代替名义借款人签字，本案就是这种情况，那么该贷款协议是否有效？倘若协议有效，谁是借款合同关系的借款方，是实际借款人还是名义借款人？这给审判工作带来了较大的挑战。

一般说来，合同双方应该亲自在合同协议上签字，但是非本人亲笔签字并不意味着合同一定无效，因为根据《中华人民共和国民法通则》第六十三条的规定，民事主体可以通过其代理人实施民事法律行为。实际借款人代替名义借款人签订的贷款协议是否有效，不能一概而论，贷款协议是否有效关键是看代签字人是否有代理权限。代理人的代理权限来自委托人的授权，根据《中华人民共和国民法通则》第六十五条的规定，民事法律行为的委托代理，可以用书面形式，也可以用口头形式。本案王福军虽然没有给吴和芹出示授权委托书进行书面授权，但王福军将自己的身份证原件及个人印章交给吴和芹，并且明确表示同意吴和芹以他的名义进行贷款，王福军的行为意味着已经对吴和芹进行了口头授权，吴和芹有权代理他与银行订立贷款协议，且在诉讼过程中，王福军也承认同意吴和芹以他的名义向银行贷款，视为事后对代理权进一步确认。吴和芹代王福军签订合同时，银行也未提出异议，视为认可其有代理权，事后银行也从未否认吴和芹的代理权限。综上所述，吴和芹有权代理王福军订立贷款协议，因此该贷款协议是有效的。

既然贷款协议有效，那么王福军应该承担还贷责任。然而本案有一个特殊情况，即实际借款人吴和芹给银行出具了书面“承诺”，该承诺是否构成了免责的债务承担？债务承担分两种，一种是免责的债务承担，即免除原债务人的责任，完全由新加入的债务人承担责任，一种是并存的债务承担，即不能完全免除原债务人的责任，由新加入的债务人与原债务人一起承担责任。本案实际借款人吴和芹承认该借款只是借用王福军的名义，一切责任由自己承担，与王福军无关。银行亦认可债务应该由吴和芹一人来承担，并且撤回了对王福军的起诉。笔者认为合同法的宗旨是遵循双方当事人自愿的原则，既然双方对承诺约定的内容没有争议，且不违反相关法律规定，应该予以确认。因此，即使银行不撤回对王福军的起诉，也不应该判决王福军承担责任，此外，从判案的社会效果来说，判决让吴和芹一人承担，当事人更愿意接受，不容易引发执行、信访等问题。

编写人：北京市密云县人民法院　谭桃园

2

出借账户应承担连带责任还是补充责任

——重庆市六顺房地产开发有限公司诉铜梁县沙心生态食品有限公司等借款合同案

【案件基本信息】

1. 裁判书字号

重庆市第一中级人民法院（2011）渝一中法民终字第5139号民事判决书

2. 案由：借款合同纠纷

3. 当事人

原告（被上诉人）：重庆市六顺房地产开发有限公司（以下简称六顺公司）

被告（上诉人）：铜梁县沙心生态食品有限公司（以下简称沙心公司）

被告（被上诉人）：戴克梅、陈永祥、祝兴亮

【基本案情】

被告戴克梅系原重庆农村商业银行铜梁支行双山分理处主任。2008 年 9 月，戴克梅找到原告公司法定代表人陈中旗，称一朋友需向他借款两三个月用于周转，陈中旗表示同意。2008 年 9 月 8 日，根据戴克梅的安排，原告公司通过银行转账的方式将 1700000 元转到被告沙心公司在重庆农村商业银行铜梁支行开设的银行账户上，该笔转账的电子汇兑委托书系戴克梅填写，该电子汇兑委托书上填写的汇款用途项为“借款”。2008 年 9 月 11 日，被告沙心公司根据戴克梅的安排转账了 1700000 元到被告陈永祥账户，该笔转账的电子汇兑委托书系被告戴克梅填写，其上填写的汇款用途为“购原材料（小麦)”。陈永祥与戴克梅系夫妻关系，戴克梅承认陈永祥账户的信用卡由她本人持有。2008 年 9 月 16 日，从陈永祥账户转账了 1500000 元到被告沙心公司账户，用途为“陈永祥付款”，该笔转账系戴克梅操作进行。2008 年 9 月 22 日，被告沙心公司又根据戴克梅的安排通过银行转账的方式转款 1500000 元到祝兴亮账户，用途为“转货款”。2008 年 9 月 23 日，从祝兴亮账户转入陈永祥账户 50 万元，戴克梅陈述该 50 万元系祝兴亮归还她的借款。2009 年 7 月，因被告沙心公司未偿还借款，原告法定代表人陈中旗找到戴克梅要求其与被告沙心公司联系以完善双方的借款手续，戴克梅答应后因其认为借款人不是被告沙心公司，因此未与被告沙心公司联系。在此之后，戴克梅曾告诉原告法定代表人陈中旗该 1700000 元的借款人系祝兴亮，但原告法定代表人陈中旗对此不予认可。2010 年 3 月 3 日，原告以被告沙心公司借款后未偿还为由起诉至法院，要求被告沙心公司偿还借款 1700000 元并支付相应利息。

另查明，原告法定代表人陈中旗与被告沙心公司的法定代表人汪兴平在本案之前互不认识。本案在审理过程中，被告沙心公司法定代表人汪兴平以原告法定代表人陈中旗、被告戴克梅、祝兴亮涉嫌诈骗为由向铜梁县公安局报案，铜梁县公安局

未予立案，但铜梁县公安局在案前调查取证材料中指出，被告祝兴亮承认其通过被告戴克梅向原告借款，并承诺同意归还该借款。

再查明，原告公司在本案审理过程中一直认定借款人是被告沙心公司，只要求被告沙心公司承担还款责任，而并未要求被告戴克梅、陈永祥、祝兴亮承担责任，经本院向原告释明，原告同意以本院查明的事实确定还款责任人以及承担还款责任。

【案件焦点】

铜梁县沙心生态食品有限公司出借银行账户是否承担民事责任，如承担责任，应承担连带责任还是补充责任。

【法院裁判要旨】

重庆市铜梁县人民法院经审理认为：原告六顺公司于2008年9月8日通过银行转账的方式将1700000元转入被告沙心公司账户内属实，双方对此均予以认可，应当予以确认。原告和被告沙心公司均认可在该笔款项转账发生前双方无业务和其他资金往来，即原告转账给被告沙心公司不存在支付货款或偿还借款的情形。根据本案原、被告的诉辩情况以及本院已经采信的证据，被告戴克梅向原告法定代表人陈中旗介绍有朋友借款时并未告知是谁借款，在转账时原告通过被告戴克梅填写的电子汇兑委托书知晓该款项的去处系被告沙心公司，且该电子汇兑委托书上的汇款内容项目也是填写的“借款”，被告戴克梅也承认在原告向被告沙心公司转款后，她也曾答应原告联系被告沙心公司完善与原告的借款手续。因此，原告有理由相信本案所涉1700000元的借款的相对方系被告沙心公司，其起诉要求被告沙心公司还款并无不妥。但本案讼争款项数额较大，原告公司和被告沙心公司之间仅有银行转账凭证而没有其他证据证明双方对借款及其利息、还款期限等有关事项作出约定，且原告法定代表人与被告沙心公司法定代表人在转账发生前互不认识，不能确定被告沙心公司有借款的意思表示，加之原告公司将款项汇入被告沙心公司账户系由被告戴克梅操作，被告戴克梅也认可她系借用被告沙心公司银行账户使用，从本院已经采信的证据来看，本案所涉转账事宜中和被告沙心公司有关的转账相关手续均由被告戴克梅填写和操作，因此，本院确认被告沙心公司确系借用银行账户给戴克梅使用。根据本案原、被告的诉辩情况及相关证据，结合本案所涉转账事宜，原告公司转账给被告沙心公司的1700000元的实际借用人应当认定为被告戴克梅和被告祝兴亮，该二被告也均同意偿还原告公司借款，本院确认由被告戴克梅和被告祝兴亮向原告公司承担连带还款责任为宜。被告沙心公司即使系出借银行账户给被告戴克梅使用，但根据《最高人民法院关于出借银行账户的当事人是否承担民事责任问题的批复》的规定，出借银行账户是违反金融管理法规的违法行为，人民法院应当依法收缴出借账户的非法所得并可以按照规定处以罚款，还应区别不同情况追究出借人相应的民事责任。本案中被告沙心公司作为企业法人，银行账户是其对外进行经济活动的重要凭证，被告沙心公司在原告公司不知情的情况下违反规定出借银行账户，疏于对自己银行账户的管理以及对相应风险的防范，致使原告有足够理由相信借出的款项相对方就是被告沙心公司。本案中被告戴克梅、祝兴亮系被告沙心公司申请追加，被告陈永祥系本院依职权追加，原告公司在本案审理过程中一直只要求被告沙心公司承担还款责任，而并未要求被告戴克梅、陈永祥、祝兴亮承担责任，经本院向原告释明，原告同意以本院查明的事实确定还款责任人以及还款责任。根据本案实际情况，被告沙心公司应对被告戴克梅和被告祝兴亮向原告的还款责任承担连带责任较为恰当。被告戴克梅和被告祝兴亮借款后给原告造成了资金占用损失，但原告未举示证据证明借款双方有还款期限及借款利息的约定，因此对原告的资金占用损失本院从原告起诉之日起按银行同期同类贷款利率予以主张。

依照《中华人民共和国合同法》第一百九十六条、第二百零六条、第二百零七条、《最高人民法院关于出借银行账户的当事人是否承担民事责任问题的批复》、《最高人民法院关于民事诉讼证据的若干规定》第二条的规定，判决如下：

一、被告戴克梅和被告祝兴亮于本判决生效后3日内连带偿还原告重庆市六顺房地产开发有限公司借款1700000元，并从2010年3月3日起按中国人民银行发布的同期同类贷款利率计付利息至付清该款为止；被告铜梁县沙心生态食品有限公司对被告戴克梅和被告祝兴亮偿还原告的借款及其利息承担连带责任。

二、驳回原告重庆市六顺房地产开发有限公司的其他诉讼请求。

本案受理费19400元，由被告戴克梅负担9700元，由被告祝兴亮负担9700元。

沙心公司持原审答辩意见提起上诉，重庆市第一中级人民法院经审理判决驳回上诉，维持原判。

【法官后语】

根据《最高人民法院关于出借银行账户的当事人是否承担民事责任问题的批复》的规定，出借银行账户是违反金融管理法规的违法行为，人民法院应当依法收缴出借账户的非法所得并可以按照规定处以罚款，还应区别不同情况追究出借人相应的民事责任。对于出借银行账户方和实际借款人之间应当对借款出借人承担何种责任法律无明确规定，审判实践中也有不同的处理结果，在已有的判例中，在借款出借人明知银行账户出借方是出借银行账户的情况下，其一般的处理情况是出借银行账户方在一定比例范围内承担补充责任。本案中原告并不知晓被告涉心公司是出借银行账户，且被告涉心公司作为企业法人，银行账户是其对外进行经济活动的重要凭证，被告涉心公司在原告公司不知情的情况下违反规定出借银行账户，疏于对自己银行账户的管理以及对相应风险的防范，致使原告有足够理由相信借出的款项相对方就是被告涉心公司，在此种情况下，法院认定其出借银行账户应当承担的责任应高于补充责任，因此，判令由其对实际借款人承担连带偿还责任。

编写人：重庆市铜梁县人民法院　龙行

3

经济活动中如何甄别职务行为与个人行为

——张国军诉中国石油化工股份有限公司山东聊城东阿石油分公司等借款合同案

【案件基本信息】

1. 裁判书字号

山东省聊城市中级人民法院（2011）聊民一终字第254号民事判决书

2. 案由：借款合同纠纷

3. 当事人

原告（被上诉人）：张国军

被告（上诉人）：中国石油化工股份有限公司山东聊城东阿石油分公司（以下简称中石化东阿分公司）

被告：中国石油化工股份有限公司山东聊城石油分公司（以下简称中石化聊城分公司）

【基本案情】

2000年12月间，山东省石油集团东阿公司第九加油站负责人李云桥为了加油站的经营需要，向原告借款，经双方协商，2000年12月18日，以原告的名义在原告所在的信用合作社贷款66000元，利率5.58‰，约定还款日为2001年1月18日。贷款当日由李云桥给原告出具借条，“欠张国军现金陆万陆仟元整。九加：云桥，12.18号”。上述借款及李云桥自筹的款项共计326000元，于2000年12月19日，交至山东省石油集团东阿公司在信用社的20131077804账户，李云桥亲自填写了“城市信用社现金交款单”，该交款单除显示日期、金额、收款人及账号外，在款项来源栏注明“油款”，交款部门为“九加”。上述贷款到期后，由于李云桥没有及时还款，原告为减少损失，于2001年2月9日至2001年9月28日分三次还本66000元，付息4057.02元，合计为70057.02元。

2001年3月间，李云桥因涉嫌贪污被东阿县人民检察院批捕。2001年8月13日，该院以李云桥犯滥用职权造成损失罪向法院提起公诉。法院审理查明：从2000年10月7日至2000年12月28日，被告人李云桥任东阿县石油公司第九加油站负责人期间，为获取领导赏识等个人目的，滥用职权，蒙骗公司领导，对国有资产极度不负责任，将大量国有资产按低于石油公司价格出售给个体加油站，造成100余万元的经济损失。据此判决李云桥犯滥用职权造成损失罪，判处其有期徒刑三年。2003年12月17日，在聊城市市公证处，李云桥在打印好的声明中签字并按手印。该声明主要内容为“1986年1月1日至2003年12月31日在东阿县石油公司和东阿县石油公司第九加油站工作期间，除吴怀胜290000元、张华迪60000元两笔借款是以东阿县石油公司和东阿县石油公司第九加油站的名义外，其他任何与我有关的债权、债务都与东阿县石油公司和东阿县石油公司第九加油站无关，属于我个人行为，其债权、债务均由我本人承担”。

原山东省石油集团东阿公司是具有独立法人地位的企业法人，现已不存在。2000年间，国家在对石化系统改制后，分别成立了中石化、中石油、中海油等相应股份有限公司，在基层也分别成立相应的分公司。被告中国石化东阿分公司与被告中国石化聊城分公司均属中国石油化工股份有限公司依法设立的分支机构，均不具有法人资格。

诉讼中张国军向法院提供李云桥任职证明、当年的借据、李云桥本人的供述等证据证明该债权债务存在合法性并系其职务行为，希望法院支持其要求中石化东阿分公司和中石化聊城分公司偿还债务的诉求。中石化东阿分公司和中石化聊城分公司则举证李云桥任职期间滥用职权，该债务属于其个人行为，所借多为个人生活支出、挥霍，并出具李云桥述称的公证书一份，证明该份债务产生属于李云桥的个人行为，要求法院驳回张国军的诉讼请求。

【案件焦点】

公司部门负责人在履行其职务过程中犯罪被判刑，其在经营期间以公司名义的借款，是否因其犯罪行为而失效。相应民事责任应由其所在公司承担还是其个人承担。

【法院裁判要旨】

山东省聊城市东阿县人民法院经审理认为：被告李云桥在担任被告第九加油站负责人期间向原告借款，并由原告以自己名义贷款后，由李云桥会同其自筹的其他款项一并交至公司账户，事实清楚、证据确凿，债权债务关系明确，原告的证据能形成一个完整的证据链条，对该事实本院予以认可。原告持上述证据向被告主张债权，依法应予支持。李云桥作为被告第九加油站的负责人，其因职务行为对外的借款应该由被告承担相应责任。被告提供的公证书虽然李云桥签字确认，并对外具有相应公示的作用，但该公示效力只能作用于该公证书出具以后的时间里，对于公示前李云桥的职务行为不会以自己声明而无效，该声明属于李云桥及公司内部行为，也无法对抗第三人。被告以此证明原告该笔借款非李云桥职务行为的证据不足。本院很难支持。由于原告以自己名义的贷款已于2001年9月28日还清，因此，对此日期前的贷款利息，均系借款未按时归还的实际损失，故原告要求被告承担这些利息，本院可以支持。对于此后的利息，尽管原告的借款一直没有归还，但由于没有利息的约定，本院不予确认。被告中国石化东阿分公司没有否认自己的主体资格，在本院要求的举证期间内，也没有出具证据证实山东省石油集团东阿公司与中国石化东阿分公司二者之间的法律关系，本院有理由相信二者之间具有权利义务的承接关系。因此，上述借款由被告中国石化东阿分公司承担并无不当。但由于二被告均属中国石油化工股份有限公司的分支机构，从工商登记营业执照看二者不存在法律上的隶属关系，故将中国石化聊城分公司再列为被告，并要求其承担责任没有法律依据，被告的该项辩称本院可以支持。

山东省聊城市东阿县人民法院依据《中华人民共和国民法通则》第八十四条、第一百零六条、第一百零八条，《最高人民法院关于贯彻执行〈中华人民共和国民法通则〉若干问题的意见（试行）》第五十八之规定，作出判决：

一、被告中国石化东阿分公司于本判决书生效之日起10日内归还原告借款66000元，并承担利息4057.02元。

二、驳回原告要求被告中国石化聊城分公司承担还款义务的诉讼请求。

中石油东阿分公司持原审答辩意见提起上诉。山东省聊城市中级人民法院经审理认为：原审判决认定事实清楚，适用法律正确，应予维持。

山东省聊城市中级人民法院根据《中华人民共和国民事诉讼法》第一百五十二条、第一百五十三条第一款第（一）项、第一百五十八条之规定，判决如下：

驳回上诉，维持原判。

【法官后语】

本案的争议焦点主要是李云桥在担任被告第九加油站负责人期间向原告借款的行为是否为职务行为？借款责任该由哪一方承担？实际生活中这种案件屡见不鲜，处理起来均较为棘手，审理该案的法理运用对于今后处理该类案件是一个有益的借鉴。

从法院查明的事实看，李云桥在担任被告第九加油站负责人期间向原告借款属于职务行为，事实清楚。理由有三：其一，李银桥是被告东阿公司任命的第九加油站站长，其借款是用于第九加油站的业务需要；其二，李云桥已将上述借款（含其在其他地方筹措的资金）交至被告东阿公司在信用合作社的账户；其三，根据高院的相关规定，即使不当履行职务行为构成职务犯罪，其给第三者造成的民事损失也应由其所在单位承担。被告提供的公证书虽然李云桥签字确认，并对外具有相应公示的作用，但该公示效力只能作用于该公证书出具以后的时间里，对于公示前李云桥的职务行为不会以自己声明而无效，该声明属于李云桥及公司内部行为，也无法对抗第三人。被告以此证明原告该笔借款非李云桥职务行为的证据不足。法院很难支持。因此，上述借款由被告中国石化东阿分公司承担并无不当。但由于二被告均属中国石油化工股份有限公司的分支机构，从工商登记营业执照看二者不存在法律上的隶属关系，故将中国石化聊城分公司再列为被告，并要求其承担责任没有法律依据，被告的该项辩称法院可以支持。基于查明的事实，一审法院作出上述判决。被告上诉后，二审查明的事实与一审一致，作出维持原判的裁定也在情理之中。

该案的审理难点在于如何区分李云桥的行为是职务行为还是个人行为，经济活动中人们对这种区分往往并不在意，一旦发生纠纷则后悔莫及，处理起来耗费较多的人力、物力、财力。这就要求人们在从事经济活动时应当明确参与活动的性质，注意各类证据的保存，以减少经济纠纷发生的几率。

编写人：山东省聊城市东阿县人民法院　周传指

4

真意保留的认定及处理

——重庆锦庆建筑工程有限公司诉潘昌七借款合同案

【案件基本信息】

1. 裁判书字号

重庆市第五中级人民法院（2011）渝五中法民再终字第94号民事判决书

2. 案由：借款合同纠纷

3. 当事人

原告（被上诉人、被申诉人）：重庆锦庆建筑工程有限公司（原重庆市璧山县第四建筑工程公司，以下简称璧山四建）

被告（上诉人、申诉人）：潘昌七

【基本案情】

2005年12月9日，原永川市大安镇人民政府与璧山四建签订了大陈公路工程承包合同书，约定璧山四建承包工程内容为大安至陈食公路（大安段）全长4.1867Km。之后，璧山四建项目经理朱荣华又以大陈公路指挥部的名义与刘德森签订了单项工程承包及施工责任制合同，将大安至陈食公路（大安段）全长4.1867Km的片石基层和碎石满铺工程发包给刘德森进行施工，并且双方约定了单项项目劳务的核算价格。尔后，刘德森便要求潘昌七为其组织民工为该工程施工。为此，潘昌七组织了30余名民工对该工程进行了施工。该工程于2006年3月正式启动，于同年9月底竣工。在施工过程中，民工每天出勤情况由刘德森委托其妹夫万捷先负责记录，潘昌七与民工同工同酬。此后，因刘德森另承包了永川红炉段公路工程，刘德森离开了该工地，万捷先仍负责记录民工的出勤情况，由潘昌七继续组织民工施工。2006年5月18日，潘昌七向璧山四建出具借条借款5000元；2006年5月31日，潘昌七向璧山四建出具借条借款3000元；2006年6月10日，潘昌七向璧山四建出具借条借款5000元；2006年7月14日，潘昌七向璧山四建出具借条借款10000元；2006年8月8日，潘昌七向璧山四建出具借条借款1000元；2006年11月3日，潘昌七向璧山四建出具借条借款1000元；共计借款25000元。对借款的事实和金额，双方当事人均无异议。潘昌七借、领款的名义为“大陈公路现金”、“大陈公路工程款”、“大陈公路工资”。潘昌七在刘德森承包工程的施工中负责组织管理民工施工，并经手发放民工工资、支出生活费用。高中元等工人因未得到劳务工资，以万捷先记录的考勤为依据，向法院起诉要求璧山四建、刘德森支付劳务工资，法院判决支持了高中元等人的诉讼请求。

【案件焦点】

潘昌七的借款行为究系民间借贷，还是工程款预付。

【法院裁判要旨】

重庆市永川区人民法院经审理认为：合法的借贷关系应受法律保护。潘昌七先后向璧山四建借款25000元，并出具了借条，双方之间形成了债权、债务关系，潘昌七久拖不还酿成本案纠纷，应承担全部责任。璧山四建与潘昌七之间没有形成合同关系，璧山四建未委托潘昌七向工人支付工资，且潘昌七亦无义务代璧山四建向工人发放工资。潘昌七辩称，其向璧山四建的借款已支付了工人工资，潘昌七可凭证据向他人主张权利，其据此作为不归还借款的抗辩理由不能成立。潘昌七向璧山四建借款未约定还款期限，权利人可随时主张权利，起诉已过诉讼时效的理由不能成立。依照《中华人民共和国民法通则》第一百零八条之规定判决：由被告潘昌七于判决生效后5日内偿还原告璧山四建借款25000元。

潘昌七持原审答辩意见提起上诉。重庆市第五中级人民法院经审理认为，璧山四建就工程款与刘德森进行了结算，该25000元借款并未结算在内，仍然作为潘昌七的借款。故潘昌七理应承担向璧山四建归还借款的民事责任。至于潘昌七主张其借款系受刘德森委托的事实，属潘昌七与刘德森之间另一法律关系，不宜在本案中一并审理。依照《中华人民共和国民事诉讼法》第一百五十三条第一款第（一）项之规定，判决：驳回上诉，维持原判。

重庆市人民检察院抗诉认为，潘昌七向璧山四建以借支方式领取的六笔款项（25000元）系代璧山四建发放给民工的工资款。该款已由潘昌七发放给民工，其不再有将此款返还给璧山四建的义务。至于璧山四建是否将此款纳入与刘德森的结算范围，系璧山四建与刘德森之间的结算问题，均不得作为其要求潘昌七返还民工工资款的理由。

重庆市第五中级人民法院再审认为：本案借款关系是否成立应根据借款及其使用依法认定。从本案借、领款的名义可知，潘昌七所借、领款项实为刘德森承包工程的预付工程款。再审中，潘昌七提交的新证据，即永川区检察院调查的证人证言补强了一审法院调查的证人证言，证明潘昌七经手发放民工工资、支出生活费用。而民工已领取的工资和支出的生活费用在生效判决中已从应付工资中扣除，故潘昌七的借、领款理应纳入璧山四建与刘德森的工程结算。生效判决系从债务主体的角度认定刘德森已支付民工部分工资，与潘昌七经手发放民工工资的事实并不矛盾。施工期间及之后较长时间内，璧山四建和刘德森对潘昌七借、领工程款的事实并无异议。璧山四建现以该笔借款未纳入工程款结算为由诉请潘昌七归还借款，与查明的事实不符，且会影响生效判决确定的工资支付关系之安定。至于刘德森与潘昌七之间究系何种关系，不影响璧山四建以该笔借款抵扣工程款。综上，本案借款实为预付工程款且已实际用于工程开支，璧山四建通过工程结算抵扣该笔借、领款更符合本案实际情况，不应将之作为借款向潘昌七主张权利，其返还借款的诉讼请求应予驳回。依照《中华人民共和国民法通则》第一百零八条、《中华人民共和国民事诉讼法》第一百八十六条第一款、第一百五十三条第一款第（二）、（三）项之规定，判决如下：

一、撤销重庆市第五中级人民法院（2009）渝五中法民初字第4459号、重庆市永川区人民法院（2009）永民初字第1090号民事判决；

二、驳回被申诉人重庆锦庆建筑工程有限公司的诉讼请求。

【法官后语】

本案涉及民法上真意保留的认定及处理。

1. 本案借款的民法界定

本案借款属民法上的真意保留。所谓真意保留，指表意人故意隐匿其真意，而表示与其真意不同之意思的意思表示。真意保留应具备以下要件：须有意思表示；须表示与真意不符；须表意人明知其表示与真意不符。[①] 本案中，潘昌七出具借、领条，所表示的意思是借款。但从借、领条的内容可知，借、领款项是与璧山四建承建的大陈公路有关的工程款、工资或现金。潘昌七作为璧山四建分包工程施工方的代表，其借、领款的真意在于预支工程款，用于工程开支，而非借贷。而且，潘昌七与璧山四建之间并无其他关系，璧山四建作为企业，不可能无故借款给潘昌七个人。二者对借、领款的真意均应为明知。因此，潘昌七出具借、领条的行为，表示意思与内心真意不符，属民法上的真意保留。

2. 本案借款的效力认定

民法上的真意保留因表示与意思不符，其效力认定存在三种主张。一是意思主义，即以行为人的内心真意为准，侧重于对表意人的保护。二是表示主义，即以行

---

① 梁慧星：《民法总论》，法律出版社1996年版，第166页。

为人所表示的意思为准，侧重于对相对人的保护。三是折中主义，即按内心真意还是表示意思认定效力，可视具体情况而定，以调和私法自治与交易安全，避免过分强调对某一方之保护。[①] 我国民法对真意保留并无规定，但理论与实务均采折中主义，通说以表示意思为原则，内心真意为例外。其例外情形为相对人明知表示意思与内心真意不一致。从查明的事实可知，潘昌七系分包工程承包方代表，璧山四建系分包工程发包人。工程承包人以借款形式预支工程款亦为建筑行业之交易惯例。璧山四建对潘昌七以大陈公路工程款等名义借款并无异议，其对本案借款表示意思与内心真意的不一致应为明知。因此，本案借款应按内心真意认定效力，即应为预付工程款。

3. 本案处理与相关法律关系的安定

本案借款的处理涉及璧山四建与刘德森之间的工程分包合同关系、刘德森与参与施工的民工之间的工资支付关系。在生效判决已确定刘德森与民工之间的工资关系后，刘德森否认潘昌七借款之代表行为，并与璧山四建将该款合意排除于分包工程结算范围，是本案借款纠纷之发生原因。综合本案证据，潘昌七经手发放民工工资、支出生活费用属实。而根据生效判决，民工已领取的工资和支出的生活费用已从应付工资中扣除，故潘昌七的借、领款理应纳入璧山四建与刘德森的工程结算范围。生效判决系从债务主体的角度认定刘德森已支付民工部分工资，与潘昌七经手发放民工工资的事实并不矛盾。施工期间及之后较长时间内，璧山四建和刘德森就潘昌七借、领工程款的事实并未进行追讨或提出异议。璧山四建现以该笔借款未纳入工程款结算为由诉请潘昌七归还借款，如获主张，则潘昌七将向民工追索其经手发放的工资和支出的生活费用，从而引发讼累，影响生效判决确定的工资支付关系之安定。

综上，本案借款为民法上的真意保留，且已实际用于工程开支，并为相对人所明知，应根据真意保留之法理认定其效力，即应为预付工程款。原一、二审判决按表示意思认定效力，不仅有违表意人所保留、相对人所明知的内心真意，而且影响已为生效判决所确定工资支付关系的安定。

编写人：重庆市第五中级人民法院　熊学庆

---

① 史尚宽：《民法总论》，中国政法大学出版社2000年版，第377－378页。

5

贷新还旧关系的认定及其法律后果

——中国农业银行股份有限公司商河县支行诉孙天河等金融借款合同案

【案件基本信息】

1. 裁判书字号

山东省济南市商河县人民法院（2010）商商重初字第897号民事判决书

2. 案由：金融借款合同纠纷

3. 当事人

原告：中国农业银行股份有限公司商河县支行

被告：孙天河、吕兴梅、山东瑞海农副产品有限公司

【基本案情】

2008年3月29日，原告与被告孙天河签订《借款合同》（同时办理同类20万元贷款的还有另七人），约定原告提供贷款20万元，借款期限自2008年3月29日至2009年3月28日。被告吕兴梅承诺共同还款，被告瑞海公司提供连带保证担保。合同签订当日，原告依约将20万元划入被告孙天河在原告处办理的银行卡账号。

2009年3月上述《借款合同》到期前，原告催促包括被告孙天河在内的八贷款户还款时，与这八人口头商定，由原告为这八人再办理各20万元贷款，用以归还2008年3月29日合同项下的20万元贷款，孙天河在2009年3月27日与原告签订了新的《借款合同》，其后，孙天河并未到原告处办理贷新还旧手续，原告在孙天河未到场签字确认的情况下，单方将20万元划入其银行卡，然后又转至其2008年3月29日的贷款户上，并作了银行内部的会计平账处理。

2010年4月12日，原告因2009年的该笔借款合同将孙天河诉至法院。因孙天河否认原告履行了发放该笔20万元贷款的义务，原告于2010年6月12日提出撤诉申请，法院裁定予以准许。原告又起诉孙天河等三被告，要求其偿还2008年3月合同项下的借款本金及利息，遂成本案之诉。被告孙天河、吕兴梅辩称，2008年答辩人从被答辩人处申请贷款20万元人民币是事实，答辩人也从未否认过，但是答辩人的该笔贷款在到期日前已经按照约定如数归还，所以被答辩人的诉讼请求无任何事实和法律依据，请求依法驳回被答辩人的所有诉讼请求。

【案件焦点】

本案争议的焦点是两个借款合同“贷新还旧”关系的认定。

【法院裁判要旨】

山东省济南市商河县人民法院经审理认为：对争议焦点，原告陈述：上报给中国人民银行的被告个人信用报告“贷款明细信息”虽载明2008年3月29日被告的该笔20万元贷款已结清，余额为零，但涉案贷款已结清的原因是与被告签订了2009年3月27日新的《借款合同》后，原告在被告孙天河未到场签字确认的情况下单方将该合同项下的20万元借款划出用以偿还了被告2008年3月29日合同项下的20万元借款。被告虽对原告的如上陈述予以否认，但本院认为，原告陈述的此“以新贷还旧贷”的过程，与证人孙申波的证言及本院对孙申波的调查以及被告申请本院调取的其在原告处2008年3月29日20万元贷款户的状态，能够相互印证、互相吻合，且经本院审查被告提供的该个人信用报告，其中“贷款明细信息”第3栏虽载明被告孙天河2008年3月29日《借款合同》项下的20万元贷款已结清，余额为零，但“贷款明细信息”第2栏同时亦显示被告2009年3月27日借款合同项下的贷款余额为20万元。综合上述分析，本院认定原被告2009年3月27日签订的《借款合同》与2008年3月29日签订的《借款合同》系“贷新还旧”关系。本院认为，被告在审理中只认可个人信用报告载明的对己方有利的信息，而否认同一份信用报告中载明的对己方不利的信息，有悖常理，有违民事活动应当诚实守信的民法基本原则。同时，原告在被告孙天河未到场签字确认的情况下单方操作“贷新还旧”做会计平账之行为，违反了银行内部的相关操作规程，事后该行为又未得到被告的追认，故本院认定原告单方违规做会计平账之行为不能产生被告孙天河实际偿还2008年3月29日合同项下20万元借款的法律后果，被告孙天河仍应承担约定的违约责任。原告对其违反银行内部规程的违规操作行为自应承担中国人民银行规定的相应责任，若被告认为原告此举侵犯了其合法权益，亦可向原告另行主张权利，但不能据此证明自己已实际履行了还款义务，从而不能免除自己还款的民事责任。

【法官后语】

本案的关键是认定前后两个借款合同“贷新还旧”关系的成立和该贷新还旧行为的法律后果，涉及到对证据的认定使用、单方行为的评判以及诚实信用原则的运用。对证据要全面审查，而不只是针对当事人所主张的证明部分，再结合案情和其他证据综合分析认定和使用。当事人的单方行为如系代行他人权利，应得到本人的委托或事后认可，否则不产生法律效力。诚实信用原则是民事活动的基本原则，也是民事裁判应遵循的基本理念。

编写人：山东省济南市商河县人民法院　卞春元

6

口头约定利息是否应得到支持

——高光跃等诉陈玉春民间借贷案

【案件基本信息】

1. 裁判书字号

北京市顺义区人民法院（2011）顺民再初字第3209号民事判决书

2. 案由：民间借贷纠纷

3. 当事人

原告（申请再审人）：高光跃、徐素兰

被告（被申请人）：陈玉春

【基本案情】

高光跃与徐素兰系夫妻关系，高艳萍系二人之女。被告陈玉春与高艳萍于1998年年初开始以夫妻名义同居生活，至2006年6月30日晚高艳萍去世。期间，二人于1999年4月在北京市顺义区杨镇地区张家务村投资修建北京市顺义益鑫龙浴池，承包土地合同系高艳萍所签，北京市顺义益鑫龙浴池的工商营业执照业主为高艳萍，浴池建成后高艳萍与被告陈玉春一起经营。在二人共建浴池期间，高艳萍向原告高光跃借款，该款用于浴池建设。高光跃与徐素兰就此提交了高艳萍书写的部分“借条”，其中2000年11月1日，高艳萍书写的借条内容为：今有高艳萍与母亲徐素兰借款现金（7万）柒万元整，利息1%；2000年2月1日，高艳萍书写的借条内容为：今有高艳萍与父母借款现金玖万叁仟元整，利息按1%付，年终付清；2000年1月1日，高艳萍书写的借条内容为：今有高艳萍与父母借款现金捌万元整，利息1%作为家庭生活开支，每月付息。高艳萍因病去世后，2006年7月11日，原告高光跃找到被告陈玉春，陈玉春为原告高光跃出具借条一份，内容为：上（尚）欠高光跃款29万7千5百元，每月10日确保给付1500元生活费，不得拖欠。此后，该欠款一直未偿还，陈玉春给付高光跃每月生活费1500元至2006年年底。后因被告陈玉春未按约定履行，双方发生纠纷。

【案件焦点】

陈玉春出具借条之后，视为高艳萍书写的借条作废，陈玉春所出具的借条中没有利息的约定，本案是否需要考虑利息。

【法院裁判要旨】

北京市顺义区人民法院经审理认为：被告陈玉春与二原告之女高艳萍同居期间，为建浴池高艳萍向二原告借款297500元的事实清楚，被告陈玉春无异议。基于高艳萍与陈玉春之间系同居关系，且该浴池由二人共同承建经营，故该浴池财产系二人共有，对外所欠债务应由二人偿还。现高艳萍去世，其债务人应为被告陈玉春和高艳萍的法定继承人徐素兰。原告徐素兰既具有原告主体身份，同时也是应当承担债务的被告身份。故被告陈玉春应当承担二原告债权的50%。

北京市顺义区人民法院依照《中华人民共和国民法通则》第八十四条的规定，作出如下判决：

被告陈玉春偿还原告高光跃、徐素兰借款397500元的50%即148750元，于本判决生效之日起30日内付清。

高光跃、徐素兰以原审对利息问题没有处理为由，申请再审。北京市顺义区人民法院经审理认为：2010年9月29日，高光跃、徐素兰与陈玉春签订《承租权转让协议》，高光跃实际收取了上述协议中约定的款项33万元，并为陈玉春出具了收条。双方进一步明确高光跃、徐素兰已得到应得的全部，自2010年以后原北京市顺义益鑫龙浴池土地承租权以及一切财产和债权债务与高光跃、徐素兰无关。本案双方当事人在原判生效后的执行过程中自愿达成和解协议，代表双方对原民事权利义务关系作出最新的意思表示。此和解协议不违反法律规定，且已履行完毕，本院不持异议。虽然原判存在不妥之处，但再审再做处理已无必要。综合以上因素考虑，原判应予维持，本院对于高光跃、徐素兰的再审请求不予支持。

北京市顺义区人民法院依照《中华人民共和国民事诉讼法》第一百八十六条第一款的规定，作出如下判决：

维持北京市顺义区人民法院（2008）顺民初字第4628号民事判决。

【法官后语】

按照民间借贷纠纷的一般原则，债务应当清偿。高艳萍与陈玉春同居期间，因兴建浴池向高光跃、徐素兰借款297500元，此款应视为高艳萍与陈玉春的共同债务，应由该二人共同偿还。此时可否考虑参照《最高人民法院关于适用〈中华人民共和国婚姻法〉若干问题的解释（二）》第二十六条“夫或妻一方死亡的，生存一方应当对婚姻关系存续期间的共同债务承担连带清偿责任”的规定？高艳萍去世后，陈玉春有义务连带偿还全部债务。陈玉春认可所借的本金为297500元，故其应承担偿还此款的义务。关于利息的问题，高艳萍为高光跃、徐素兰出具原始借条中约定的利息为1%，有的注明按月支付，有的注明按年支付。陈玉春于2006年7月11日出具的借条中虽未涉及利息，但陈玉春所书写的借条系因高艳萍书写借条而来，基于借款之初，高艳萍与其父母之间约定了利息，故陈玉春应向高光跃、徐素兰支付利息。原始借条显示出借人系高艳萍父母，即高光跃、徐素兰，故原审追加徐素兰为本案原告未有不妥，陈玉春应全额偿还高光跃、徐素兰借款。高艳萍原始借条约定了利息，故陈玉春应当支付利息，原审请求的24000元利息，不高于禁止性规定，应当予以支持，原审将民事借贷纠纷与继承纠纷同案处理不妥，应予以纠正，原审遗漏利息的请求应予以补充处理。陈玉春已按原审判决给付的全部借款的一半即148750元应予以扣除。再审开庭后，高光跃提交有关审理补充，要求支付35万利息，属于变更诉讼请求，依照《最高人民法院关于适用〈中华人民共和国民事诉讼法〉审判监督程序若干问题的解释》第三十三条："人民法院应当在具体的再审请求范围内或在抗诉支持当事人请求的范围内审理再审案件。当事人超出原审范围增加、变更诉讼请求的，不属于再审审理范围。但涉及国家利益、社会公共利益，或者当事人在原审诉讼中已经依法要求增加、变更诉讼请求，原审未予审理且客观上不能形成其他诉讼的除外。"且其亦未依据《最高人民法院关于民事诉讼证据的若干规定》第三十四条第三款的规定："当事人增加、变更诉讼请求或者提起反诉的，应当在举证期限届满前提出。"故本院对高光跃、徐素兰增加利息的诉讼请求不予处理。由于本案双方已经执行和解，不应提起再审，既然已再审，应以实体方式判决，虽然原判存在利息未予处理的瑕疵，但双方已执行和解，判决维持原一审判决，这样处理当事人可以上诉，能够得到法律救济。

编写人：北京市顺义区人民法院　林媛媛

7

借贷本金及利息数额的确定

——焦阳诉谢井生民间借贷案

【案件基本信息】

1. 判决书字号

北京市平谷区人民法院（2011）平民再初字第1397号民事判决书

2. 案由：民间借贷纠纷

3. 当事人

原告（申诉人）：焦阳

被告（被申诉人）：谢井生

【基本案情】

焦阳与谢井生经人介绍相识。2005 年 8 月 20 日，谢井生向焦阳借款 300000 元，谢井生为焦阳书写了欠条。双方口头约定，谢井生每月给付焦阳利息 4500 元。2005 年 9 月至 2006 年 5 月，谢井生依约定每月支付给焦阳利息 4500 元。2006 年 6 月，双方协商将利息降至每月 3600 元，谢井生在支付 2006 年 6 月的利息 3600 元后，未再支付利息。2007 年 2 月 15 日，谢井生通过银行汇款方式归还借款 20000 元。2007 年 4 月 30 日，谢井生以现金归还借款 40000 元。焦阳于第二次还款当日为谢井生出具了收到还款 60000 元的收条。2007 年 5 月 22 日，焦阳起诉至本院，要求谢井生偿还借款 240000 元并支付利息 41760 元。2007 年 6 月 20 日，我院作出原审判决，判决生效后，焦阳向本院申请执行，在执行程序中，已执行并发还给焦阳 39 000 元。

再审中，谢井生对自己的主张未提交相应证据。

另查明，2007 年 6 月 23 日，谢井生为焦阳书写了欠款 38000 元的欠条。2009 年 6 月 25 日，焦阳持该欠条向本院起诉，要求谢井生偿还借款 38000 元。该案经审理查明，焦阳在本院作出（2007）平民初字第 2307 号民事判决后，于 2007 年 6 月 23 日找到谢井生，谢井生认可双方之间存在利息约定，汇给焦阳的 38000 元系支付给焦阳的借款利息，在此基础上，谢井生为焦阳书写了欠款 38000 元的欠条。2009 年 7 月 15 日，本院作出（2009）平民初字第 3345 号民事判决，判决谢井生偿还焦阳借款 38000 元。

【案件焦点】

1. 被告是否应当支付给原告利息；2. 谢井生尚欠借款本金及利息数额的确定。

【法院裁判要旨】

北京市平谷区人民法院经审理认为：焦阳将钱款借给谢井生后，双方之间的民间借贷合同成立。在借款时虽然没有约定借款期限，但焦阳可以随时向谢井生主张权利，谢井生亦可以随时履行义务。焦阳要求谢井生偿还借款，理由正当，予以支持。双方在借款时没有约定利息，视为不支付利息，焦阳要求谢井生给付借款利息的请求，因焦阳对自己的主张未提供相应证据予以证明，故本院不予支持。谢井生在2005年9月28日至2007年4月30日间，偿还给焦阳的98 000元应视为谢井生偿还给焦阳的借款本金，焦阳应当将谢井生已偿还的本金从借款总额中扣除，对于焦阳要求谢井生偿还240 000元借款的主张，本院不予支持。故判决：1、谢井生于本判决生效后10日内偿还焦阳借款人民币202 000元；2、驳回焦阳的其他诉讼请求。案件受理费2872元，其他诉讼费用22元，由焦阳负担813元（已交纳2894元）；由谢井生负担2081元（本判决生效后7日内交纳）。

焦阳提起申诉。北京市平谷区人民法院经再审认为：焦阳借款给谢井生，谢井生为焦阳出具欠条，同时双方口头约定由谢井生每月支付给焦阳利息4500元，均是双方合意后的真实意思表示，且不违反法律法规的强制性规定，故在焦阳和谢井生之间形成合法有效的民间借贷法律关系，应受法律保护。后双方经协商将月息4500元降至3600元，是双方对权利义务内容的变更，对双方均具有约束力。是否支付利息是双方争议的焦点，谢井生借款给胡向荣与焦阳、谢井生之间的借贷关系属不同的法律关系，胡向荣未向谢井生支付利息并不必然导致谢井生可以不依约定向焦阳支付利息，谢井生不同意给付焦阳利息的抗辩理由无事实和法律依据，其应当依约定支付利息。原审判决在事实认定上存在错误，应予撤销。焦阳要求谢井生归还借款并依约定支付自2006年7月至2007年6月20日期间的借款利息的主张，理由正当，应予支持，但该期间借款利息数额的计算有误，应予纠正。焦阳以谢井生未按原审判决指定的期间履行给付金钱义务为由，要求谢井生加倍支付迟延履行期间的债务利息的请求，因焦阳在原审判决撤销后，即失去请求此项权利的法律依据，故本院不予支持。焦阳信访要求谢井生另行支付2007年6月20日之后的借款利息116659.20元的请求，已超出原审范围，该项请求不属于再审审理范围。

北京市平谷区人民法院依照《中华人民共和国民法通则》第七十五条、第一百零六条，《中华人民共和国合同法》第九十四条第（三）项，作出如下判决：

一、撤销本院（2007）平民初字第2307号民事判决；

二、被申诉人谢井生于本判决生效后10日内归还申诉人焦阳借款163000元，并给付2006年7月至2007年6月20日的利息40160元；

三、驳回申诉人焦阳的其他诉讼请求。

【法官后语】

谢井生尚欠借款本金数额及利息的确定是本案法律适用点之一，双方借款本金为300000元，扣除谢井生已自行归还的60000元及另案判决的38000元，谢井生尚欠本金202000元。就原审判决执行程序中已执行并发还给焦阳的39000元是否应计算在谢井生已履行的债务范围内，合议庭开始有两种意见：

第一种意见是再审判决不应将该39000元计算在谢井生已履行债务的范围。理由是原审判决的内容已部分执行，并已裁定终结本次执行程序，由于原审判决应予撤销，根据《中华人民共和国民事诉讼法》第二百一十条“执行完毕后，据以执行的判决、裁定和其他法律文书确有错误，被人民法院撤销的，对已被执行的财产，人民法院应当作出裁定，责令取得财产的人返还；拒不返还的，强制执行”的规定，作为执行依据的原审判决被撤销后，焦阳继续占有该39000元已无合法依据，原执行程序应适用执行回转。若将已执行并发还给焦阳的39000元计算在本案谢井生已履行债务的范围内，等同于给执行回转的适用设置了一个法律障碍，从而影响再执行程序的正常进行。故再审判决不应将该39000元计算在本案谢井生已履行义务的范围内。该39000元应经当事人申请或我院依职权通过执行回转退还谢井生，并由谢井生履行再审判决确定的义务。

第二种意见是再审判决应将该39000元计算在谢井生已履行债务的范围内。合议庭最终采取了这种意见，理由是《中华人民共和国民事诉讼法》第二百一十条明确规定了执行回转的适用条件，但应正确理解该条款的立法本意，原生效法律文书“确有错误”的本意是指新的法律文书明确否定了取得财产的人具有取得该财产的依据，这也应是适用执行回转的前提条件，作为执行依据的原生效法律文书即使被撤销，也不必然引起执行回转。焦阳在原审判决的执行程序中获得39000元，其在再审判决中仍然具有取得该39000元的权利，双方的权利义务关系并未发生改变，故本案再审判决生效后，原审判决不适用执行回转。

不论义务人是主动履行义务，还是在生效法律文书的执行程序中履行义务，都同样引起双方债权债务法律关系的消灭。同样，焦阳、谢井生之间就该39000元的债权债务关系因债务人谢井生的履行而消灭。故再审判决应将该39000元计算在谢井生已履行债务的范围，应判决谢井生归还焦阳借款本金163000元。

编写人：北京市平谷区人民法院　赵军

8

逾期还款的罚息与复利是否可以并存

——博兴县三丰小额贷款有限公司诉卞士华等借款合同案

【案件基本信息】

1. 裁判书字号

山东省滨州市博兴县人民法院（2011）博商初字第130号民事判决书

2. 案由：借款合同纠纷

3. 当事人

原告：博兴县三丰小额贷款有限公司（以下简称三丰公司）

被告：卞士华、吴美英、李荣凯、付艳玲、卞建锋、郭宁宁

【基本案情】

2010年12月13日，被告卞士华、被告吴美英与原告三丰公司签订《自然人借款合同》，约定两被告向原告借款30万元用于流动资金周转；借款期限为6个月，自2010年12月13日起至2011年6月13日止；借款利率为年利率18%，借款按日计息，日利率＝年利率/360；未按合同用途使用借款及借款逾期的罚息利率均为借款利率上浮100%，如被告不能按照合同约定的结息日付息，则自次日起计收复利。合同签订后当日，原告三丰公司将30万元汇入被告卞士华在中国建设银行开设的账户。

同日，被告李荣凯、付艳玲，被告卞建锋、郭宁宁分别与原告三丰公司签订

《自然人保证合同》，约定由四被告对被告卞士华、吴美英向原告所借的30万元借款本金、利息、违约金及实现债权的费用承担连带保证责任。

原告所主张的78535.5元利息计算方式为：自2010年12月13日至2011年6月13日，因被告未按合同约定的用途使用借款，应在约定的年利率18%的基础上上浮100%，即为年利率36%（日利率：36%/360=0.1%），故此段时间的利息为54600元（30万本金×182天×0.1%）；自2011年6月13日至7月28日，因被告逾期还款，故按约定在年利率36%的基础上再次上浮100%，即为年利率54%（日利率：54%/360=0.15%），且按约定应将前一段时间的利息计算入本金重新计算利息，故此段时间的利息为23935.5元［（30万本金+54600元利息）×45天×0.015元］，上述两笔利息共计78535.5元。

【案件焦点】

小额贷款公司能否主张对借款人计收复利，逾期还款的罚息与复利的计算方式是否可以并存。

【法院裁判要旨】

山东省滨州市博兴县人民法院经审理认为：原告博兴县三丰小额贷款有限公司与被告卞士华、吴美英签订的借款合同及与被告李荣凯、付艳玲、卞建锋、郭宁宁签订的保证合同，均是合同当事人的真实意思表示，未违反法律、行政法规的禁止性规定，合法有效。被告卞士华、吴美英未按照合同约定按时偿还借款本息，构成违约，应承担相应的违约责任；两被告除应归还借款本金并按合同约定的期限支付利息外，还应向原告支付逾期付款滞纳金。涉案借款合同约定的借款利率即年利率18%，符合国家有关小额贷款公司借款利率的政策规定，本院予以保护。《中国人民银行关于人民币贷款利率有关问题的通知》中规定“逾期贷款罚息利率在借款合同载明的贷款利率水平上加收30%-50%”，因此对原告主张的逾期罚息利率按约定利息上浮100%，对其约定超出规定部分的上浮利率，本院不予支持。本案中，合同载明的贷款利率为年利率18%，故逾期罚息利率为年利率18%基础上加收50%即为年利率27%。另外，中国人民银行相关政策规定：“对不能按时支付的利息，按罚息利率计收复利”，故对合同约定的逾期还款自结息日计算复利部分，本院予以保护，即以本金300000元加借款合同约定的利息27300元共计327300元为基数，自2011年6月14日起按年利率27%计算。对于原告所主张的被告未按合同约定用途使用借款所进行的罚息，因原告未就该主张予以举证，本院不予支持。对原告主张的律师费，属原告为实现债权支出的有关费用，因双方合同中有约定，且支出的数额合理，故本院予以支持。被告卞士华、吴美英未按约履行还款义务，被告李荣凯、付艳玲、卞建锋、郭宁宁依法应承担连带保证责任，担保人在承担保证责任后，有权向被告卞士华、吴美英追偿。依照《中华人民共和国合同法》第六十条、第二百零五条、第二百零六条、第二百零七条，《中华人民共和国担保法》第十八条、第三十一条，《中华人民共和国民事诉讼法》第一百三十条之规定，判决如下：

一、被告卞士华、吴美英于本判决生效后10日内偿还原告博兴县三丰小额贷款有限公司借款本金300000元、利息27300元（30万×182天×18%/360）及其逾期付款滞纳金（以327300元为基数，自2011年6月14日至本判决生效之日止按年息27%计算）；

二、被告卞士华、吴美英于本判决生效后10日内偿还原告博兴县三丰小额贷款有限公司实现债权的费用11000元；

三、被告李荣凯、付艳玲、卞建锋、郭宁宁对上述一、二项承担连带清偿责任。被告李荣凯、付艳玲、卞建锋、郭宁宁在承担保证责任后，有权向被告卞士华、吴美英追偿。

如果未按本判决指定的期间履行给付金钱义务，应当依照《中华人民共和国民事诉讼法》第二百二十九条之规定，加倍支付迟延履行期间的债务利息。

案件受理费7131元，财产保全费2620元，由被告卞士华、吴美英、李荣凯、付艳玲、卞建锋、郭宁宁承担。

【法官后语】

长期以来，民间借贷作为我国信用体系中的一种非正规信用形式，因没有合法身份而不得不长期处于地下活动状态。随着国内金融市场逐渐放开，出现了一种新型的法人组织——小额贷款公司，随之衍生出了一种新型的民事纠纷形式——小额借款合同纠纷。最近一段时间，受国家宏观调控政策的影响，类似纠纷呈现井喷情景，由于小额贷款都附随高利率，因此，如何正确计算小额借款纠纷中的利息成为当务之急。

第一，关于小额贷款公司能否主张对借款人计收复利。一种观点认为，我国立法的基本态度是禁止复利。中国人民银行颁布的相关规章尽管对约定复利进行了规定，因是行政规章，对其只能作为参考，故计算复利的约定应认定无效。第二种观点认为，中国人民银行已经有明文规定可以计收复利，若当事人有明确约定的，人民法院应当予以保护；若当事人没有约定的，不予支持。笔者认为，中国人民银行作为国务院授权的利率主管机关，代表国家行使利率管理权。人民银行发布和实施的有关货币管理的规章，属法律体系中的一种规范形式，效力等级虽低于法律、法规，但在不违反法律、行政法规禁止性规定的情况下，应当得到遵守。另外，依据《最高人民法院关于人民法院审理借贷案件的若干意见》第七条的规定，“出借人不得将利息计入本金谋取高利。审理中发现债权人将利息计入本金计算复利的，其利率超出第六条规定的限度时，超出部分的利息不予保护”，从该规定可以看出，只要不超过银行同类贷款利率的四倍，以复利方式计算利息的做法是受到法律保护的。

第二，关于逾期还款的罚息与复利计算方式是否可以并存。笔者认为依据《中华人民共和国合同法》第二百零七条规定：“借款人未按照约定的期限返还借款的，应当按照约定或者国家有关规定支付逾期利息。”对于该条文的理解应是：按期还款是借款人的主要义务，借款人违反其基本义务就应承担违约责任。借款合同约定有违约金的，借款人应按约定支付违约金。没有约定违约金的，即除了支付正常的利息外，还应按约定或国家有关规定支付逾期利息。另外，依据《中国人民银行关于人民币贷款利率有关问题的通知》第三条第二款规定，“对逾期或未按合同约定用途使用借款的贷款，从逾期或未按合同约定用途使用贷款之日起，按罚息利率计收利息，直至清偿本息为止。对不能按时支付的利息，按罚息利率计收复利”，小额贷款公司虽然不属于完全意义上的金融机构，但作为准金融组织，在没有相关法律予以规范的情况下，是可以参考类似的行政法规予以使用的，综上，可以看出，小额借款合同中逾期还款的罚息与复利是可以并存的。

编写人：山东省滨州市博兴县人民法院　柳鹏飞

9

以借款单为主要证据的隐藏有劳资纠纷的借款事实的认定

——中唐国际旅行社有限责任公司诉凌剑借款合同案

【案件基本信息】

1. 裁判书字号

北京市海淀区人民法院（2011）海民初字第26785号民事判决书

2. 案由：民间借贷纠纷

3. 当事人

原告：中唐国际旅行社有限责任公司（以下简称中唐公司）

被告：凌剑

【基本案情】

凌剑原系中唐公司的职工，中唐公司主张，2010年2月2日凌剑从中唐公司处借款人民币60万元整，并书面承诺了还款期限，但其在还款期限到期后一直未予返还款项，故诉至法院要求凌剑返还款项60万元并支付自2010年7月1日起至实际给付日止的利息53200元整。凌剑未到庭应诉，亦未提交证据。中唐公司提交了两张2010年2月2日有凌剑签字的借款单、凌剑书写的还款计划。两张借款单在借款理由处明确表明“凌剑个人借款”的字样，而还款计划则明确写明借款的用途、还款的时间、步骤及应支付的利息。根据确认的证据，法院查明以下事实：凌剑于2010年2月2日从中唐公司处借款人民币60万元整，凌剑书面向原告承诺了分两个阶段还款，最后的还款期限是2010年6月31日，但凌剑在还款期限到期后一直未还借款。

【案件焦点】

在以借款单为主要证据的情况下，该笔借款应当认为是个人借款还是职务行为。

【法院裁判要旨】

北京市海淀区人民法院经审理认为：虽然凌剑没有出庭亦未提交证据，但是法庭还是对中唐公司所陈述的事实及所提交的证据进行了全面的审查。借款单是公司财务流转过程中的一类凭证，虽名为“借款单”，但其本身不能直接证明存在借款的意思表示，仅能独立证明发生了资金流转的事实，故单就两份借款单不足以证明借款事实的存在，但是本案中，还有另外一份证据，即凌剑书写的还款计划，两者结合则说明借款事实的存在。另外，鉴于中唐公司不存在金融借款的资质，故其与凌剑之间的借款行为，违反国家有关规定，应属无效，但凌剑负有返还借款本金的义务，故中唐公司要求凌剑归还60万元借款本金的诉讼请求于法有据，本院予以支持。对于中唐公司要求凌剑支付逾期利息的诉讼请求，鉴于借款行为无效，但是借款毕竟被凌剑占用，中唐公司存在资金被占用的损失，本院在按照中国人民银行人民币活期存款利率计算的范围内予以支持。

北京市海淀区人民法院依照《中华人民共和国合同法》第八条、第五十二条第五款、第五十八条的规定，作出如下判决：

一、被告凌剑与原告中唐公司之间的借款合同无效；

二、被告凌剑于判决生效之日起10日内偿还原告中唐公司本金人民币60万元；

三、被告凌剑赔偿原告中唐公司相关的资金占用损失（以未还款本金数额为基数，按照中国人民银行人民币活期存款利率，自2010年7月1日起至实际给付之日止计算）；

四、驳回原告中唐公司的其他诉讼请求。

【法官后语】

目前向本案这样以借款单为主要证据的借款案件大量出现，且原被告双方多为用人单位和劳动者，借款单所显示的款项的性质究竟是借款还是基于职务事项的支取，这类案件性质如何认定及如何处理摆在了我们面前。总体而言，此类案件有以下特点：

第一，劳资纠纷隐藏其后。这类案件，案件的双方为用人单位（包括实际控制人及其家庭成员等）与被雇人员，通过对原被告双方的简单询问就可以发现，双方之间存有矛盾。一种情况是，借款事实存在，但是由于借款的发生与双方之间存在劳动关系相关，而双方之间的劳动争议纠纷正处于另案审理阶段，没有确定双方的责任，借款关系亦无法明确责任的分配。另一种情况是，双方之间对于涉案款项是否属于借款存在争议，被告方多主张款项为履行公司职责而支取的，并非是借款行为，也不是劳动争议的内容，而是双方发生纠纷后，原告虚构的。最后还有一部分案件，其本身就是劳动争议案件，但是由于证据以“借款单”或者“欠条”等形式表现出来，原告方才以民间借贷的案由起诉。

第二，证据形式集中。此类案件中，原告方提供的90%以上的证据中，都有“借款单”这一证据形式，这是非常突出的一个特点。出现这种状况的主要原因在于，首先，“借款单”适用的普遍性，它是用人单位财务运行过程中的“必需品”，只要发生资金的流转就应有“借款单”的留存。劳动者履行职责的过程中需要经手单位资金时，也需要通过“借款单”来请款。其次，“借款单”填写的不规范，从已受理的案件看，很多借款单上借款单位、用途等栏目填写不明确甚至没有填写，为争议的产生埋下了伏笔。第三，“借款单”称谓的特定性，很多原告不问基础关系是什么，坚持认为“借款单”三个字本身就足以说明，在其上签字的双方存在借款关系。

第三，原告特定。此类案件的原告为公司或者掌握公司账簿的人员。由于借款单是主要的证据形式，故掌握借款单的用人单位或者公司财务人员，就成为了原告的主要组成人员。不仅有用人单位持借款单、欠条等起诉劳动者索要借款，亦有实际占有公司账簿的公司财务人员，用“借款单”起诉公司，要求公司还款。

第四，涉案用人单位的财务制度不完善，财务管理混乱。在审理此类案件的过程中，在双方对于款项的性质有争议的情况下，尤其是借款单上关于款项的用途、支取方式、审批人员、取款单位等的填写不完备时，由于财务管理不规范，用人单位账簿记载不完整、不全面，甚至不真实，法院难以通过核查公司账簿的方式，确定涉案款项的实际性质。

为了应对好此类案件，笔者认为应当从以下几个方面着手：

第一，分案由处理。通过初步的审理，明确案件的性质，究竟是劳动争议案件，还是由劳动纠纷引起的非劳动争议案件。如果是劳动争议案件，则应向原告释明，告知其撤诉然后先进行劳动仲裁程序，如其拒绝则直接驳回。如果虽非劳动争议案件，但是发现民间借贷案件的审理需以劳动争议案件的最终结果作为判案依据，则民间借贷案件的审理需中止或告知原告撤诉，等待劳动争议案件的最终结果出来后，再进行民间借贷案件的审理。

第二，查清案件细节。需要明确“借款单”虽名为借款，但是由于借款单是财务上专用的凭证，其本身并不具有表达“借款”的意思。故一般情况下，光有借款单不能轻易认定双方之间存在借款的意思表示，必须结合其他证据、当事人陈述、双方实际经济状况等来统一判断。

第三，着力调解解决。由于此类案件背后劳资双方多有其他矛盾，双方之间的关系斗气多过讲理，所以在审理时，应当以化解矛盾为主，尽量促使双方解开心结，达成调解。

编写人：北京市海淀区人民法院　王一凯　朱宣烨

10

单纯借条不足以证明借贷关系

——蒋一铭诉卢恺民间借贷案

【案件基本信息】

1. 裁判书字号

北京市第一中级人民法院（2011）一中民终字第11889号民事判决书

2. 案由：民间借贷纠纷

3. 当事人

原告（被上诉人）：蒋一铭

原告（上诉人）：卢恺

【基本案情】

蒋一铭与卢恺曾系恋爱关系。2007年6月30日，卢恺向蒋一铭出具借条，内容为：“今借到蒋一铭人民币壹拾捌万圆整（小写：￥180000），利息八厘。最后还款日为2009年6月30日。此借条一式两份，自借款人签字之日起生效。”2007年8月5日，卢恺向蒋一铭出具借条，内容为：“今借到蒋一铭人民币捌拾柒万圆整（小写：￥870000），利息八厘。最后还款期限为2009年12月31日。此借条一式两份，自借款人签字之日起生效。”

就上述借条的形成，蒋一铭除起诉陈述的事实外，于2011年3月30日在回答法庭询问时称：诉讼标的105万元是陆续、多次给付，分几次记不清了，是2003年到2008年左右，有现金，他自己取的，转账也有。借条是2007年打的，三次借条是因为我们算账，一次一次算的。小钱累计到一起算的。借款是陆续借的，但是打条打成三次，累计打的条。借钱是连续的，钱可能都不是很大，连续给钱。从2002年到现在，我一直有收入。主要是股票、期货、集邮的收入，以前还做过生意。蒋一铭还提供其父亲企业法人营业执照、房产证复印件、银行对账单（无公章）等证据，以证实其经济能力。卢恺提供双方的信件往来、聊天记录、照片、消费凭证、工资卡、收入证明等证据，证实其与蒋一铭不存在借贷关系。卢恺的证人赵萍、宋国良、王涛、王凯出庭作证，赵萍称：我与蒋一铭2007年认识，是闺蜜；与卢恺2008年底认识。蒋一铭无工作、无收入来源。宋国良称：2002年下半年，蒋一铭与卢恺在一起，很长时间是白天时间蒋一铭找卢恺；卢恺一直有正常工作，有稳定收入来源。王涛称：2004年到2006年，与卢恺是同事，认识了蒋一铭，蒋一铭在上学，没有工作；2010年我婚礼蒋一铭与卢恺一起出席。王凯称：2005年12月认识蒋一铭和卢恺，蒋一铭没有工作。蒋一铭对证人证言不认可，认为证人与卢恺关系密切，所证实的是双方关系，与借贷无关。蒋一铭对卢恺所述事实未进一步举证。

【案件焦点】

单纯的借据是否足以证明双方之间存在民间借贷法律关系。

【法院裁判要旨】

北京市昌平区人民法院经审理认为：在卢恺向蒋一铭出具的两份借条中，对于所借款项，其措辞均为“今借到”，而并非“今借”，对最后还款期限亦进行了约定，对此应理解为在书写该两份借条之时，蒋一铭已将该两笔款项交付于卢恺之手，故对于卢恺关于虽有借条但其并未收到借款的辩称，法院无法采信。现因约定的还款期限已经届满，蒋一铭要求卢恺偿还该两笔借款，理由正当，法院予以支持。自然人之间的借款合同对支付利息没有约定或约定不明确的，视为不支付利息。本案中，在两份借条中，虽均有“利息八厘”等内容，但该约定并未明确系月息还是年息，应视为约定不明确而不支付利息，故对于蒋一铭关于借款利息的主张，法院不予支持。因借条中对于最后还款日期进行了约定，故蒋一铭对于逾期利息的主张，理由正当，法院予以支持。

北京市昌平区人民法院依据《中华人民共和国民法通则》第八十四条、第一百零八条，《中华人民共和国合同法》第六十条、第二百零七条、第二百一十一条之规定，判决：

一、被告卢恺偿还原告蒋一铭借款人民币105万元，于判决生效后15日内履行；

二、被告卢恺于判决生效后20日内给付原告蒋一铭利息（以本金人民币18万元为基数的，自2009年7月1日起计算至本判决生效之日止按照中国人民银行同期贷款利率支付；以本金人民币87万元为基数的，自2010年1月1日起计算至本判决生效之日止按照中国人民银行同期贷款利率支付）；

三、驳回原告蒋一铭的其他诉讼请求。

卢恺持原审答辩意见提起上诉。北京市第一中级人民法院认为：当事人对自己提出的诉讼请求所依据的事实或者反驳对方诉讼请求所依据的事实有责任提供证据加以说明，没有证据或者证据不足以证明当事人的事实主张的，由负有举证责任的当事人承担不利后果。蒋一铭与卢恺曾系恋爱关系，上述借条系双方在恋爱关系存续期间形成。蒋一铭主张卢恺与其有借贷关系，并提交卢恺书写的借条予以佐证，但除上述借条外，蒋一铭未对资金来源、借款动机、提供借款的时间、地点等相关事实作出进一步的解释说明，且蒋一铭就其主张的借款形成的事实陈述不一。卢恺对借条的真实性不予否认，但否认双方存在真实的借贷关系，并提供证据证实了其辩称的事实。故在蒋一铭不能继续提供更加充分详实的证据以证明其所述事实的情况下，蒋一铭目前所提供的证据不足以证实其主张的事实成立，故对蒋一铭诉称的借款事实无法确认。蒋一铭主张卢恺偿还借款，依据不足，对其诉讼请求不予支持。

北京市第一中级人民法院根据《中华人民共和国民事诉讼法》第六十四条、第一百五十三条第一款第（三）项之规定，判决：

一、撤销北京市昌平区人民法院（2011）昌民初字第2305号民事判决；

二、驳回蒋一铭的诉讼请求。

【法官后语】

近年来，民间借贷案件逐步增多，审理难度不断加大，社会广为关注。总结起来，当前的民间借贷案件主要有以下几个特点：一、社会诚信思想缺失，案件当事人为了财产利益不惜说假话，出具假证明。证据审查难度增大。二、当事人法律意识不高，缺乏正规的借贷书面证据，不易衡量是否存在真实的借贷法律关系。三、案款逐步增大，动辄数十万上百万的借款，但同时又缺乏钱款往来明细，真假难辨。四、当事人以民间借贷方法掩盖其他合法或者非法的行为，导致案件审理中法律关系复杂，事实难以认定。

上述特点要求我们的司法审判必须要有新的思路和方法，第一，必须严格把握举证责任的分配原则。对于主张借贷关系成立的当事人应该充分举证证明双方存在借贷的意思表示。第二，对于大额的借贷关系，不应仅仅从借据等证据上认定，更应该深入对借贷行为的审查，对当事人的出借能力、当事人的钱款流转明细、当事人的借款目的，甚至借款的时间、地点都应该有充分的涉及。如果仅仅有借据而无其他任何钱款往来，被告又予以否认，不能轻易认定存在借款的意思表示。第三，对被告的陈述应该进行严格审查。如果原告认为属于现金支付，没有钱款往来的明细可查，证据上处于不利局面，但被告的陈述颠三倒四、破绽百出，无法对借据作出合理的解释，则应该对原告的陈述予以采信。

本案中，蒋一铭提出的借款数额巨大，对于此类大额借款，法院不应该仅仅审查双方之间是否有借条，还要对出借人的借款能力、借款用途以及其他借款细节进行深入的审查。如果发现当事人并无实际借款能力，又没有其他比如出借人向第三人借款获取资金的事实，那么就不应该认定双方之间存在借贷关系。

编写人：北京市第一中级人民法院　赵懿荣

11

存款凭证可否作为借款关系之依据

——王文香诉何燕民间借贷案

【案件基本信息】

1. 裁判书字号

北京市第二中级人民法院（2011）二中民终字第9182号民事判决书

2. 案由：民间借贷纠纷

3. 当事人

原告（被上诉人）：王文香

被告（上诉人）：何燕

【基本案情】

2010年2月25日，原告通过中国农业银行向被告汇款人民币29200元。诉讼中，原告称该笔款项系被告向其所借的29000元及其给被告之女的过节费200元，现其要求被告偿还全部款项；被告认可收到该款项，但其称该款项并非借款，而系原告偿还其母亲李俊荣的欠款。被告为证明其主张，特申请其母亲李俊荣及邻居杨德英出庭作证。原告对李俊荣所述该款项系原告归还的欠款一事不予认可，对杨德英所述李俊荣与原告关系很好，经常往来一事则表示认可。

【案件焦点】

在被告认可收到原告提交的汇款凭证上所载钱款后，进一步证明该款项产生原因的举证责任究竟是在原告方，还是在被告方。

【法院裁判要旨】

北京市通州区人民法院经审理认为：债务应当清偿。本案中，被告认可收到该款项，却主张该款项系原告偿还李俊荣的欠款，因其提供的证人证言不足以充分证明原告汇款系偿还李俊荣欠款之情况，故本院对被告该主张难以采信，因此该29000元应认定为被告向原告的借款。现被告一直拖欠该款项不付，实属不妥，故对原告要求被告偿还借款的诉讼请求，本院予以支持；但鉴于原告表示其中200元系其给被告之女的过节费，故该200元应视为赠与，在该200元交付后，原告要求返还并无法律依据，本院不予支持。

北京市通州区人民法院依照《中华人民共和国合同法》第二百零六条，判决如下：

一、被告何燕于本判决生效之日起7日内给付原告王文香欠款人民币29000元；

二、驳回原告王文香的其他诉讼请求。

如果未按本判决指定的期间履行给付金钱义务，应当依照《中华人民共和国民事诉讼法》第二百二十九条之规定，加倍支付迟延履行期间的债务利息。

案件受理费265元，由原告王文香负担25元（已交纳），由被告何燕负担240元，于本判决生效之日起7日内交纳。

何燕持原审答辩意见提起上诉。北京市第二中级人民法院经审理认为：通过王文香提供的存款业务凭单可以认定王文香向何燕汇款人民币29200元，表明二人之间存在债权债务关系。现何燕认为该款项系王文香向李俊荣偿还的欠款，但对此未能举证予以证明，所以何燕应向王文香偿还该笔款项。对于29200元中的200元，因王文香称系其给何燕家孩子的过节费，所以该200元何燕无须返还。基于此，何燕的上诉理由不成立，原审判决并无不妥，应予维持。

北京市第二中级人民法院依照《中华人民共和国民事诉讼法》第一百五十三条第一款第（一）项之规定，判决：驳回上诉，维持原判。

如果未按判决指定的期间履行给付金钱义务，应当依照《中华人民共和国民事诉讼法》第二百二十九条之规定，加倍支付迟延履行期间的债务利息。

一审案件受理费265元，由王文香负担25元（已交纳），由何燕负担240元（于本判决生效后7日内交纳）；二审案件受理费530元，由何燕负担（已交纳）。

【法官后语】

本案的焦点在于，在被告认可收到原告提交的汇款凭证上所载钱款后，进一步证明该款项产生原因的举证责任究竟是在原告方，还是在被告方。对此，有两种不同的观点。第一种观点认为，根据“谁主张谁举证”的证据规则，原告未完成其举证责任，存款凭证仅能证明双方之间的资金往来关系，不能证明系因借贷而产生债务。第二种观点认为，本案中原告虽仅提供了能够证明双方之间资金往来关系的存款凭条，但根据证据优势原则，结合日常生活逻辑，参考以往法院的生效判决，可以认定双方之间的债权债务关系。

笔者同意第二种观点。原因在于：第一，从法律规定来看，《最高人民法院关于民事诉讼证据的若干规定》第七十三条规定：“双方当事人对同一事实分别举出相反的证据，但都没有足够的依据否定对方证据的，人民法院应当结合案件情况，判断一方提供证据的证明力是否明显大于另一方面提供证据的证明力，并对证明力较大的证据予以确认。”根据该条之规定，本案中被告反驳原告提交的存款凭证为借款依据的证据仅为被告之母的证言及被告之母邻居的证言，故根据证据优势规则，应对原告提交的存款凭证及其证明力予以采信。第二，从日常生活逻辑来看，民事法律行为作为社会行为的一种，必然存在诸多社会属性，因此是否符合日常生活逻辑也是法院对证据之效力进行认定的参考标准。随着经济的发展及网路等通讯手段的发达，通过银行汇款等方式进行借贷的行为日渐增多，此种情形下一般都无借条等足以认定借贷关系的证据存在，如当事人在能够提供汇款凭证等具有较强证明力证据的情形下，仅因其未提供借条就对双方的借贷关系不予认定，不仅与事实真相相违背，而且无疑会对人们现已习惯的通过在银行汇款进行借款往来的行为造成冲击。第三，从以往的生效判决来看，在原告提供存款凭证证明双方之间资金往来的情形下，如被告无法提供相关证据证明该笔款项产生的原因，那么法院一般都会做出对被告不利的判决。从维护法律的权威性、稳定性角度出发，本案中法院判令被告给付原告相应款项是合适的。

综上，一、二审判决是正确的。

编写人：北京市通州区人民法院　雷小云

12

丈夫持妻子身份证并以其名义向他人借款是否形成夫妻共同举债的合意

——汉寿县农村信用合作联社诉孙代友、郭桂支金融借款合同案

【案件基本信息】

1. 裁判书字号

湖南省常德市汉寿县人民法院（2011）汉民初字第565号民事判决书

2. 案由：金融借款合同纠纷

3. 当事人

原告：汉寿县农村信用合作联社

被告：孙代友、郭桂支

【基本案情】

孙代友与郭桂支系夫妻。2007年11月30日，孙代友持妻子郭桂支身份证，以郭桂支的名义向汉寿县农村信用合作联社借款40000元，双方约定：借款到期日期为2009年11月20日，借款利率为7.5‰，按月计息。到期后，被告仅支付截至2010年11月21日的借款利息，余款一直未予偿还。汉寿县农村信用联社认为，被告郭桂支未按约定期限清偿借款，已构成违约，因该笔借款系孙代友用其妻郭桂支的身份证向原告借的，该笔债务应属夫妻共同债务，应由两人共同偿还。被告孙代友、郭桂支对该债务均予认可。

【案件焦点】

丈夫持妻子身份证并以其名义向他人借款是否形成夫妻共同举债的合意。

【法院裁判要旨】

湖南省常德市汉寿县人民法院经审理认为：被告孙代友持妻子郭桂支的合法有效证件，以妻子的名义向汉寿县农村信用合作联社借款，并代为在借款借据上签名，原告有理由相信被告孙代友获得被告郭桂支的授权，取得了代理权。两被告均认可该债务，并实际支付了至2010年11月21日止的借款利息，可见孙代友以郭桂支的名义向原告借款的行为是在被告郭桂支知情的情况下实施的一种代理行为，双方意思表示真实，借款合同合法、有效；被告孙代友在婚姻关系存续期间持妻子郭桂支的合法有效证件向原告借款，而郭桂支将身份证交给孙代友，由孙以其名义向原告借款，说明当时是出于自愿并清楚借款用途的，两人形成了共同举债的合意，故该债务应按夫妻共同债务处理。

湖南省常德市汉寿县人民法院依照《中华人民共和国民法通则》第一百零八条、《中华人民共和国合同法》第一百九十六条、第二百零六条、第二百零七条、《最高人民法院关于适用〈中华人民共和国婚姻法〉若干问题的解释（二）》第二十四条之规定，作出如下判决：

限被告孙代友、郭桂支于本判决生效后10日内共同偿还原告汉寿县农村信用合作联社借款本金40000元，支付至2011年5月30日止的利息2000元及至借款清偿之日的利息（利息按照合同约定计算）。

【法官后语】

本案处理重点在于对夫妻共同债务的理解。《最高人民法院关于适用〈中华人民共和国婚姻法〉若干问题的解释（二）》第二十四条规定："债权人就婚姻关系存续期间夫妻一方以个人名义所负债务主张权利的，应当按夫妻共同债务处理。但夫妻一方能够证明债权人与债务人明确约定为个人债务，或者能够证明属于婚姻法第十九条第三款规定情形的除外。"

具体到本案中，汉寿县人民法院认为，孙代友持妻子郭桂支的身份证向汉寿县农村信用合作联社借款并代其在借款借据上签名，其实是一种代理行为，汉寿县农村信用合作联社有理由相信孙代友取得郭桂支的授权，且在审理过程中，孙代友、郭桂支均认可该笔债务并已支付部分债务利息，据此可以认定，孙代友持妻子郭桂支身份证向汉寿县农村信用合作联社借款时，郭桂支是知情并清楚借款用途的，这就形成了夫妻共同举债的合意，该笔债务应按夫妻共同债务处理，由两被告共同偿还。

编写人：湖南省常德市汉寿县人民法院　崔冬山

13

夫妻间的借款应如何偿还及举证责任的分配

——杨靖诉徐群民间借贷案

【案件基本信息】

1. 裁判书字号

北京市第二中级人民法院（2011）二中民终字第19992号民事判决书

2. 案由：民间借贷纠纷

3. 当事人

原告（上诉人）：杨靖

被告（上诉人）：徐群

【基本案情】

杨靖与徐群原系夫妻关系，二人于2000年4月26日登记结婚，婚后无子女。

婚姻关系存续期间，徐群于2000年12月28日、2001年7月18日、2001年9月12日、2001年10月5日、2001年12月17日、2002年5月17日分别向杨靖出具借到现金的借条，数额累计为112000元。

2009年3月27日，杨靖与徐群协议离婚，并签订离婚协议书，该协议对夫妻共同财产的处理、安鼎泰达电气有限公司的债权债务等问题进行了约定。双方在该协议中确认“夫妻共同财产在协议中已明确列明。除上述内容外，并无其他财产”。该协议“夫妻共同财产”部分未列明本案借条及项下款项。

杨靖称，其于1997年7月大学毕业后即参加工作，并在各类媒体发表作品，担任中国国际时装周的评委，上述借款的来源均为其婚前个人财产，徐群结婚初期并无正当职业和收入，现要求徐群偿还借款 112000 元。徐群则称，其在借款发生时有工作收入，所借款项属于夫妻共同财产，且均用于投资设立夫妻共同经营的北京市捷日工艺美术品销售中心，该公司的法定代表人和股东均为杨靖，故不同意还款。杨靖否认上述借款用于成立北京市捷日工艺美术品销售中心，但其亦表示不清楚借款的用途。

【案件焦点】

1. 借款发生时，杨靖与徐群系夫妻关系，此种夫妻间的借款，能否予以支持；2. 如果予以支持，偿还的数额为多少；3. 双方提交的证据均无法证明案件事实的情况下，举证责任如何分配。

【法院裁判要旨】

北京市丰台区人民法院经审理认为：合法的借贷关系受法律保护。现杨靖持借条起诉要求徐群偿还借款，徐群并未提出相反的证据，故应认定杨靖以其婚前个人财产提供借款给徐群，双方的借贷关系成立。但因借款发生在婚姻关系存续期间，杨靖未能提供证据证明借款用于徐群一方的个人经营活动或其他个人事务，故在双方并未对夫妻财产进行约定的情况下，应视为借款用于夫妻共同生活，徐群应偿还借款的一半，而另一半则为杨靖自我受益。

北京市丰台区人民法院依照《中华人民共和国民法通则》第九十条，《中华人民共和国婚姻法》第十七条、第十八条、第十九条的规定，作出如下判决：

一、被告徐群于本判决生效之日起 7 日内偿还原告杨靖借款 56000 元。

二、驳回原告杨靖的其他诉讼请求。

杨靖、徐群均持原审意见提起上诉。北京市第二中级人民法院经审理认为：杨靖与徐群未在离婚协议书中将本案借条项下款项列为夫妻共同财产，且徐群就涉案款项向杨靖出具了借条，所以该款项应属杨靖的个人财产。鉴于杨靖与徐群之间的借款发生在婚姻关系存续期间，确认还款责任应当考虑徐群所借款项是否用于夫妻共同生活，对此，徐群作为借款的使用人应当承担相应举证责任。徐群在一审中答辩称，所借款项均用于投资设立杨靖为法定代表人的北京市捷日工艺美术品销售中心，但徐群未就其陈述提交相应证据，本院不予采信。由于徐群未能举证证明所借款项实际用于夫妻共同生活，所以徐群应当向杨靖偿还借条项下的款项共计 112000

元。一审判决举证责任分配有误，应予纠正。

北京市第二中级人民法院依照《中华人民共和国民事诉讼法》第一百五十三条第一款第（二）项之规定，作出如下判决：

一、撤销北京市丰台区人民法院（2011）丰民初字第9704号民事判决；

二、徐群于本判决生效之日起七日内偿还杨靖借款人民币112000元。

【法官后语】

婚后夫妻一方所得的财产，除法律另有规定或当事人另有约定的外，均属于夫妻共同共有。因此，与一般的民间借贷相比，夫妻间的借款具有以下特殊性：在来源上，所借款项可能是夫妻一方的个人财产，也可能是夫妻共同财产；在用途上，所借款项可能用于一方的个人事务，也可能用于夫妻共同生活。如果所借款项是个人财产，作为所有权人的夫妻一方拥有完全的处分权，另一方若要动用该财产，必须经过一方的同意，在此过程中可能形成的借条等书面形式，即为所有权人处分权能的体现；如果所借款项来源于夫妻共同财产，因为双方对共同财产均有平等的处分权，故借款行为可视为双方对共同财产处分的一种形式。如果所借款项用于一方个人事务，由于金钱的种类物属性，该笔款项即成为一方的个人所有财产；如果所借款项用于夫妻共同生活，出借款项的一方实际上也享受到了此笔款项所带来的收益，故在确定是否需要偿还借款及偿还的数额时，此点应当予以考虑。从理论上说，夫妻间的借款可简单地分为四种情况：（1）一方以个人财产出借给另一方，财产用于夫妻共同生活；（2）一方以个人财产出借给另一方，财产用于个人事务；（3）以夫妻共同财产出借给一方，但财产最终仍被用于夫妻共同生活；（4）以夫妻共同财产出借给一方，财产被一方用于个人事务。在上述四种情况中，如果双方对如何偿还借款没有进行约定，基于前文所述的理由，一般应分别作出如下处理：（1）偿还借款数额的一半；（2）偿还全部借款；（3）不予偿还；（4）偿还借款数额的一半。本案即属于第（2）种情况，而《最高人民法院关于适用〈中华人民共和国婚姻法〉若干问题的解释（三）》第十六条的规定则属于第（4）种情况。当然，上述四种情况只是理论假设，实践远比此复杂，应根据个案情况作出处理。

另外，因为夫妻关系的特殊性，夫妻间的借款纠纷经常会出现事实无法查清的情况，此时，就需要把握好举证责任分配的方向和尺度。首先，在款项的来源上，如果没有约定财产为个人所有，则应当推定来源于夫妻共同财产，由出借方承担借款来源于个人财产的举证责任。当然，在很多情况下，由于夫妻间钱款流动的内部性，出借方所提交的证据并不能达到完全查明事实的程度，此时就需要法官结合借款的时间、结婚的时间、款项的数额、双方的收入水平等因素进行综合考虑，达到内心确信的程度后，即可将举证责任转由对方承担。其次，在款项的用途上，考虑到款项由借款方控制，其应当比出借方更清楚款项的去向，而且双方以借款协议的形式对财产进行处分，故应由借款方承担借款用于夫妻共同生活的举证责任，否则视为用于个人事务，当然，此中亦应把握好举证责任的分配尺度。本案中，一审法院正确地处理了款项来源的举证责任分配，但在款项用途的举证责任分配上出现了错误，二审法院对此予以纠正是正确的。

编写人：北京市丰台区人民法院　迟公化　唐春泉

14

夫妻一方的举债在何种条件下能认定为共同债务

——王建忠诉张炜、祝学诗民间借贷案

【案件基本信息】

1. 裁判书字号

北京市第二中级人民法院（2010）二中民终字第18245号民事判决书

2. 案由：民间借贷纠纷

3. 当事人

原告（被上诉人）：王建忠

被告（上诉人）：祝学诗

被告（被上诉人）：张炜

【基本案情】

王建忠与张炜系朋友关系。张炜与祝学诗于1985年结为夫妻。张炜与王建忠均认可2001年5月15日，张炜向王建忠借款40万元，后未能偿还。2008年6月30日，张炜向王建忠出具借据一张，写明“本人张炜于2001年5月15日向王建忠先生借款40万元，用于装修北京市朝阳区广顺南大街房屋及生活费用”。

另查，2008年11月3日，张炜向法院起诉要求与祝学诗离婚。法院询问双方有无债权债务、存款、有价证券、贵重物品及其他未尽事宜，双方均明确表示没有。后经法院主持调解，双方达成协议，包括以下内容：一、张炜与祝学诗自愿离婚；二、张炜每月给付双方所生之女张诗然抚养费1500元；三、双方财产已分清，无争议；四、双方离婚后，位于北京市东城区祝学诗承租的房屋由祝学诗继续租住，位于北京市朝阳区花家地西里的房屋归祝学诗所有，位于北京市朝阳区广顺南大街的房屋归张炜所有；张炜给付祝学诗房屋折价款28万元；七、双方无其他争议。

现王建忠诉至法院，认为张炜向其借款40万元属夫妻共同债务，要求张炜与祝学诗共同偿还。

【案件焦点】

张炜与王建忠均认可双方之间存在借款关系，祝学诗作为张炜的妻子，是否应承担共同偿还义务。

【法院裁判要旨】

北京市东城区人民法院经审理认为：合法的借贷关系受法律保护。债权人就婚姻关系存续期间夫妻一方以个人名义所负债务主张权利的，应当按照夫妻共同债务处理。根据已查明的事实，张炜在婚姻关系期间向王建忠借款并写明用于家庭生活，现祝学诗辩称对该笔债务并不知情，并非用于家庭生活，其虽提供了购房合同、收据等证据材料，但不足以证明本案诉争债务为王建忠与张炜明确约定为个人债务或者《中华人民共和国婚姻法》第十九条第三款规定的情形，故对祝学诗的抗辩意见，法院不予采纳。现王建忠起诉要求张炜、祝学诗共同偿还诉争借款，法院予以支持。判决如下：

一、张炜、祝学诗于判决生效后10日内偿还王建忠借款人民币40万元整；

二、驳回王建忠的其他诉讼请求。

祝学诗持原审答辩意见提起上诉。

北京市第二中级人民法院经审理认为：本案争议的焦点问题为祝学诗是否应当与张炜共同向王建忠偿还借款。首先，从借款事实本身来看：1. 王建忠于2010年5月10日持张炜于2008年6月30日书写的借条，要求张炜与祝学诗归还于2001年5月15日的借款40万元，至起诉时止，该笔借款已近十年的时间；2. 该笔借款数额为40万元，数额巨大，但王建忠仅以现金的形式交给张炜；3. 张炜于2008年6月30日为王建忠重新出具了借条，但2008年11月3日，张炜与祝学诗在原审法院调解离婚时，却明确表示没有共同债务，现张炜称当时忘记了；4. 王建忠称借给张炜的现金是从王建国处拿的，而张炜在本院第二次询问中称从王建忠借款40万元后，首先还给王建国30万元钱。从以上分析中可知，王建忠与张炜之间的借款事实本身尚存在疑点，但张炜对王建忠所述的借款情况明确认可，且表示愿意偿还该笔债务，对此，法院不持异议。

其次，从张炜所述的借款用途来看；1. 其在一审过程中称借款用于购买花家地西里的楼房、交付孩子上中学的赞助费以及购买帕萨特轿车；2. 在二审第一次询问中，其称向王建忠借款40万元，全部用于花家地房子的装修；3. 在二审第二次询问中，张炜又称其拿到钱以后就把欠王建国的30万元钱还了，剩下的用于装修；4. 而在借条中，张炜书写的借款用途为用于装修房屋及生活费用。从张炜的表述来看，其在不同的时间，对借款用途的表述是相矛盾的。在此种情况下，对于借款用途的举证责任，应由张炜负担。因其并未向法院提交确实充分的证据证明其将该笔借款用于夫妻共同生活，且祝学诗亦不认可该笔款项用于夫妻共同生活，故该笔款项应由张炜个人偿还。

第三，从张炜与祝学诗调解离婚的情况来看，在财产分割上，二人所分得的财产是大致相当的，故张炜与祝学诗不存在通过离婚来逃避债务的情形。

综上所述，一审法院将涉案债务认定为夫妻共同债务不妥，祝学诗的上诉请求成立，二审法院依法予以改判，判决如下：

一、撤销北京市东城区人民法院（2010）东民初字第5047号民事判决；

二、张炜于本判决生效后10日内偿还王建忠借款人民币40万元整；

三、驳回王建忠的其他诉讼请求。

【法官后语】

《最高人民法院关于适用〈中华人民共和国婚姻法〉若干问题的解释（二）》第二十四条规定：“债权人就婚姻关系存续期间夫妻一方以个人名义所负债务主张权利的，应当按夫妻共同债务处理。但夫妻一方能够证明债权人与债务人明确约定为个人债务，或者能够证明属于婚姻法第十九条第三款规定情形除外。”

此规定主要是防止夫妻串通损害债权人的利益，但就目前的情况而言，出现大量离婚时或离婚后，一方持虚假的借条，甚至是与“债权人”借贷案件的判决书，要求另一方履行共同还款义务，损害另一方的合法权益。《最高人民法院关于适用〈中华人民共和国婚姻法〉若干问题的解释（三）》对此问题并没有进一步的规定，司法实践长期存在困惑。我们认为，处理此类问题，要注意把握第三人合法权益以及夫妻一方合法权益的平衡保护，防止两个规避：一是防止夫妻一方与第三人出具虚假借条要求夫妻另一方共同偿还，借用民间借贷的合法外衣规避虚假债务谋取不法利益，而侵害夫妻另一方合法权益；二是防止夫妻之间通过离婚转移财产侵害第三方债权人的合法权益，借用离婚来规避债务的承担。鉴于此，我们认为，在离婚案件中，认定夫妻共同债务应把握如下几点：

1. 对于现金交付的借贷案件，应严格审查。可根据交付凭证、支付能力、交易习惯、借贷金额大小、当事人关系以及当事人陈述的交付细节经过等因素综合判断是否存在借贷关系。

2. 不宜直接将夫妻一方对外所负债务的法律文书在离婚案件中作为夫妻共同债务进行处理。对于夫妻共同债务应加强债务人的举证责任，诸如证人出庭，汇款交易记录等。

故本案二审法院在综合考虑以上情况后予以改判。

编写人：北京市第二中级人民法院　王东

15

见面礼的定性及归属

——黄塬皓诉黄顺超借款合同案

【案件基本信息】

1. 裁判书字号

河南省漯河市源汇区人民法院（2010）源民三初字第187号民事判决书

2. 案由：借款合同纠纷

3. 当事人

原告：黄塬皓

被告：黄顺超

【基本案情】

被告黄顺超系原告黄塬皓之父。2007年6月22日，被告黄顺超与原告黄塬皓之母赵金华协议离婚，2008年6月30日，黄顺超与赵金华就其婚生子黄塬皓的抚养权达成协议，根据协议，儿子黄塬皓由赵金华抚养。2008年11月6日，被告黄顺超给原告出具欠条一份，载明欠黄塬皓现金22000元见面礼彩。原告黄塬皓之母赵金华多次向被告催要该款，被告至今给付12000元。为维护原告的合法权益，请求法院依法判令被告偿还欠款10000元并承担本案诉讼费用。

【案件焦点】

原告黄塬皓出生后，亲戚朋友给其见面礼，是基于父母关系而对黄塬皓的赠与，还是对黄塬皓父母的赠与。

【法院裁判要旨】

河南省漯河市源汇区人民法院经审理认为：被告黄顺超欠原告黄塬皓现金10000元。有其给原告出具的欠条为证，本院予以确认。原告黄塬皓出生后，亲戚朋友给其见面礼，是基于父母关系而对黄塬皓的赠与，而不是对黄塬皓父母的赠与。被告辩称理由不成立，本院不予采信。依据《中华人民共和国合同法》第一百零七条、第一百零九条之规定，判决如下：

被告黄顺超于本判决生效后10日内偿还原告黄塬皓欠款10000元。

如果未按本判决指定的期间履行给付金钱义务，应当依照《中华人民共和国民事诉讼法》第二百二十九条之规定，加倍支付迟延履行期间的债务利息。

本案诉讼费50元，由被告黄顺超负担。

【法官后语】

合议庭在合议案件时有两种意见：一种意见认为，黄塬皓出生时得到的见面礼是赠给黄塬皓的而不是赠给黄塬皓父母的，应当判决被告即原告的父亲偿还；另一种意见认为，应当驳回原告的诉讼请求。根据民间风俗习惯，结婚、生孩子送礼都是礼尚往来的，即亲朋好友在孩子出生时给的礼钱，肯定是父母已经付出或者是将来要还的，这是我们的国情，因此赠与对象应当是黄塬皓的父母。合议庭最终采纳了第一种意见，理由如下：

一是关于"见面礼"的定性分析：见面礼从法律性质上讲属于赠与。《中华人民共和国合同法》第一百八十五条规定："赠与合同是赠与人将自己的财产无偿给予受赠人，受赠人表示接受赠与的合同。"《最高人民法院关于贯彻执行〈中华人民共和国民法通则〉若干问题的意见（试行）》第六条规定："无民事行为能力人、限制民事行为能力人接受奖励、赠与、报酬，他人不得以行为人无民事行为能力、限制民事行为能力人接受奖励、赠与报酬，他人不得以行为人无民事行为能力、限制民事行为能力为由，主张以上行为无效。"本案中，原告黄塬皓出生时，父母双方的亲属、朋友基于特定的关系和礼节而无偿给付钱财或礼物，黄塬皓作为无民事行为能力人虽不能表示接受与否，但其父母接受的，赠与合同成立并生效。

二是关于"见面礼"的归属分析：我们必须承认，民间的礼尚往来是有中国特色的你来我往，即亲属、朋友给孩子的钱都是基于与其父母的关系，并且这钱一般来说还都要由父母来还。但是，从民间习俗来看，给刚出生的宝宝见面礼大多也叫"封锁子"，其意思大致就是祝贺宝宝顺利出生并能够健康成长。因此，亲戚朋友所给的见面礼或者“锁子钱”，其赠与对象应当是刚出生的孩子。作为刚出生的孩子，其不可能自己保管，必将由自己的父母也就是法定代理人来保管。依据《中华人民共和国民法通则》第十八条“监护人应当履行监护职责，保护被监护人的人身、财产及其他合法权益，除为被监护人的利益外，不得处理被监护人的财产”的规定，被告黄顺超以借款形式侵占其子黄塬皓见面礼的行为依法不应当予以支持。

综上，无论从法律层面来讲，还是从民间所遵循并历代延续的善良风俗来看，因孩子出生而收受的“见面礼”都应当属于孩子所有，孩子的法定代理人不得在为维护被监护人的利益之外以各种各义进行侵占。

编写人：河南省漯河市中级人民法院　张永辉

河南省漯河市源汇区人民法院　郭瑜

二、保　证

16

两被告对借款人在联保协议期限内的借款是否承担连带清偿责任

——中国邮政储蓄银行有限责任公司玛纳斯县支行诉张江元、吕大军金融借款合同案

【案件基本信息】

1. 裁判书字号

新疆维吾尔自治区玛纳斯县人民法院（2011）玛北民初字第50号民事判决书

2. 案由：金融借款合同纠纷

3. 当事人

原告：中国邮政储蓄银行有限责任公司玛纳斯县支行

被告：张江元、吕大军

【基本案情】

2009年7月10日，被告张江元、吕大军与陈玉强同原告中国邮政储蓄银行有限责任公司玛纳斯县支行签订了小额贷款联保协议书，协议约定：乙方成员即张江元、吕大军、陈玉强三人自愿遵循“自愿组合、诚实守信、风险共担”的原则成立联保小组，从2009年7月9日起至2011年7月9日止，甲方（即原告方）可以根据乙方任一小组成员的申请，签订借款合同，在单一借款人最高贷款限额人民币叁万元内发放贷款，具体借款的金额、期限、用途、利率和还款方式

以借款合同和借据为准。当乙方成员的全部贷款还清时，经联保小组成员协商一致，联保小组可以解散。联保小组解散需要由联保小组全体成员填写《中国邮政储蓄银行联保小组解散说明》提示甲方，甲方核实联保小组成员已全部还清贷款后，批准联保小组解散。同时约定：乙方任一成员自愿为甲方向联保小组其他成员发放的贷款提供连带责任保证。甲方和乙方任一成员签订借款合同时，不需逐笔办理保证手续。乙方其他成员均承担连带责任。保证期间从借款之日起至借款到期后两年。借款人申请展期或延期的联保小组成员继续承担保证责任。2010 年 1 月 19 日该联保小组成员即借款人陈玉强与中国邮政储蓄银行有限责任公司玛纳斯县支行签订编号为 652324300111000684 的农户联保借款合同，在原告处借款 20000 元，约定年利率 13.30%，期限自 2010 年 1 月至 2011 年 1 月。2010 年 7 月 2 日，借款人陈玉强心脏猝死，此笔借款到期后至今未予归还。原告遂起诉至法院，要求二担保人承担连带责任偿还陈玉强于 2010 年 1 月在原告处的贷款本金 20000 元及利息 2874.93 元。

【案件焦点】

被告张江元、被告吕大军对借款人陈玉强在联保协议期限内的借款是否承担连带清偿责任。

【法院裁判要旨】

新疆维吾尔自治区玛纳斯县人民法院经审理认为：被告张江元、被告吕大军和陈玉强三人作为乙方与原告中国邮政储蓄银行玛纳斯县支行签订的联保协议是双方在自愿、平等协商达成的协议，且内容不违反法律规定，属合法有效的协议。借款人陈玉强在联保协议期限内向原告借款 20000 元，事实清楚。二被告依据联保协议的约定，应对该笔借款承担连带责任。故原告要求二被告偿还借款本金及利息的诉讼请求，本院予以支持。对二被告称“不承担担保责任，应驳回原告诉讼请求”的辩解意见，本院不予采纳。据此，依据《中华人民共和国合同法》第二百零六条、《中华人民共和国担保法》第十四条、第十八条第一款、第二十一条第一款、第二十六条第二款之规定，判决如下：

一、被告张江元、吕大军于判决生效后 10 日内向原告中国邮政储蓄银行有限责任公司玛纳斯县支行偿还借款 20000 元；

二、被告张江元、吕大军于判决生效后十日内向原告中国邮政储蓄银行有限责任公司玛纳斯县支行偿还借款利息2874.93元（利息计算至2011年6月21日），计算后利息自2010年6月22日起按约定利率计算至清偿之日止。

【法官后语】

《中华人民共和国担保法》第十四条规定："保证人与债权人可以就单个主合同分别订立保证合同，也可以协议在最高债权额限度内就一定期间连续发生的借款合同或者某项商品交易合同订立一个保证合同。"本案中，陈玉强在联保期限内贷款且贷款数额并未超过联保协议约定的限额。故二被告对陈玉强的借款应当承担连带清偿责任。

《中华人民共和国担保法》第十八条规定："当事人在保证合同中约定保证人与债务人对债务承担连带责任的，为连带责任保证。连带责任保证的债务人在主合同规定的债务履行期届满没有履行债务的，债权人可以要求债务人履行债务，也可以要求保证人在其保证范围内承担保证责任。"本案中，主债务人陈玉强在借款合同履行期内没有履行义务，且本案没有保证人可以免除保证责任的情形，故二被告应按照合同的约定在债权人的要求下承担还款责任，原告的诉讼请求法院予以支持。二被告在承担还款责任后，有权对主债务人的继承人行使追偿权。第二十一条规定："保证担保的范围包括主债权及利息、违约金、损害赔偿金和实现债权的费用。保证合同另有约定的，按照约定。当事人对保证担保的范围没有约定或者约定不明确的，保证人应当对全部债务承担责任。"

综上，陈玉强死亡后，债权人一方面可以要求陈玉强的继承人以其遗产实际价值为限承担还款责任；另一方面也可选择向借款连带责任保证人追要借款。当然，法律也赋予保证人在履行保证还款义务后，有再向债务人的继承人或者其他家庭成员进行追偿的权利。

另外，根据《中华人民共和国民事诉讼法》及适用民诉法若干意见的规定，因保证合同纠纷提起的诉讼，债权人仅起诉被保证人的，除保证合同明确约定保证人承担连带责任的外，人民法院应当通知被保证人作为共同被告参加诉讼。即如果保证人是连带责任保证，则债权人可以仅以保证人为被告主张债权，债权人可以要求任何一个保证人承担连带责任，保证人都负有担保全部债权实现的义务。当然保证人承担责任后有权向债务人追偿。在债务人已经死亡的情况下，可以依据不当得利要求其继承人承担返还义务，不过这已经是另外一个法律关系了。

在此，我们必须指出，保证是有风险的，也可能说是一种风险担保。所以保证人有权监督被保证人履行合同，以减少风险的承担。比如原债务到期，债权人不接受或不要求债务人履行，这时保证人有权利要求债权人接受履行或向债务人要求履行，过了期限，保证人就可以不负保证责任。

保证作为合同的担保形式，在经济活动使用越来越多。但由于一些单位对其性质不甚了解，作保后不愿承担保证责任，结果导致纠纷和损失。所以，了解和掌握保证这一担保制度，正确运用这一法律制度于经济活动中，这对保护当事人的合法权益，维护社会主义经济秩序，无疑是十分必要的。

编写人：新疆维吾尔自治区玛纳斯县人民法院 田艳新

17

反担保人应依约履行反担保合同约定的义务

——北京城建集团有限责任公司诉北京瑞丰恒泰房地产开发有限公司等借款担保合同案

【案件基本信息】

1. 裁判书字号

北京市高级人民法院（2010）高民终字第501号民事判决书

2. 案由：借款担保合同纠纷

3. 当事人

原告（被上诉人）：北京城建集团有限责任公司（以下简称城建集团）

被告（上诉人）：北京瑞丰恒泰房地产开发有限公司（以下简称瑞丰恒泰公司）、北京瑞丰恒基房地产开发有限公司（以下简称瑞丰恒基公司）、北京现代家园置业有限公司（以下简称现代家园公司）、杜书明、北京城建四建设工程有限责任公司（以下简称城建四公司）

【基本案情】

2008年7月21日，交行东单支行与城建四公司签订借款合同。2008年1月30日，城建集团（保证人）与交行东单支行（债权人）签订《最高额保证合同》，后城建集团向交行东单支行出具确认函，确认本案所涉借款纳入该合同的保证范围内。

2008年11月19日，城建集团与瑞丰恒基公司签订《股权质押合同》，2008年10月1日，上述股权出质情况在城建四公司股东名册进行登记。

2008年11月19日，城建集团（担保人）与瑞丰恒基公司（反担保人）签订《反担保保证合同》。

同日，城建集团分别与现代家园公司、瑞丰恒泰公司签订反担保合同。其中，杨维成在相关合同上瑞丰恒泰公司法定代表人签字处签名，该合同上没有加盖公司的公章。瑞丰恒泰公司对该合同上加盖的公章及其中法定代表人杨维成签名的真实性提出异议，法大法庭科学技术鉴定研究所作出的鉴定意见为：《反担保保证合同》上加盖的瑞丰恒泰公司公章印文与瑞丰恒泰公司在工商局档案中的样本印模不是同一枚公章的印文，但与瑞丰恒泰公司作为被告的相关案件中其出具的法律手续上的公章印文一致。且《反担保保证合同》上杨维成的签字系其本人书写。

2008年7月22日，杜书明亦向城建集团出具《个人无限连带责任反担保保证承诺函》。

【案件焦点】

反担保合同是否有效；如何认定以新贷还旧贷。

【法院裁判要旨】

北京市第一中级人民法院经审理认为：本案所涉各合同内容不违反国家法律法规的强制性规定，应确认合法有效。瑞丰恒基公司和现代家园公司、杜书明虽辩称城建四公司所借款项是借新还旧，瑞丰恒基公司和现代家园公司、杜书明提供的反担保保证应属无效，但由于瑞丰恒基公司、现代家园公司及杜书明未提交相应的证据予以佐证，本院对此不予采信。

关于城建集团与瑞丰恒泰公司签订的6000万元的《反担保保证合同》效力问题，虽然瑞丰恒泰公司在该合同上加盖的公章印文与其在工商局登记备案的公章印文不是同一枚公章的印文，但却与其在（2008）海民初字第34734号案、

(2009)一中民终字第6893号案中瑞丰恒泰公司出具的《法定代表人身份证明书》、《授权委托书》上加盖的公章印文系同一枚公章的印文，而且在（2009）一中民终字第6893号案中，瑞丰恒泰公司的法定代表人亦在《授权委托书》上签字。上述事实能够推断瑞丰恒泰公司在公司经营过程中曾使用过两枚公章，其加盖任意一枚公章印文的文件均系瑞丰恒泰公司的真实意思表示，对瑞丰恒泰公司产生法律效力。本案中瑞丰恒泰公司在6000万元《反担保保证合同》上加盖的公章的行为亦体现了其真实意思表示，且该《反担保保证合同》未违反相关法律、行政法规的强制性规定，应当确认有效，对瑞丰恒泰公司产生法律约束力。因该《反担保保证合同》中明确了瑞丰恒泰公司提供反担保保证的借款包括06810135号借款合同中的3000万元借款，故应当认定瑞丰恒泰公司应当对本案所涉的借款合同承担反担保保证责任。

交行东单支行依据借款合同的约定履行了向借款人城建四公司发放贷款的义务，城建四公司在上述借款合同到期后，未按约定偿还借款本息，已构成违约，交行东单支行遂依据《最高额保证合同》的约定从保证人城建集团账户划款人民币3000万，用以偿还借款人城建四公司的上述借款。依据《中华人民共和国担保法》第三十一条的规定，保证人城建集团承担保证责任后，有权向债务人城建四公司追偿，故城建集团要求城建四公司支付人民币3000万元的诉讼请求，证据充分，本院予以支持。因城建四公司未按约定偿还贷款的违约行为客观上造成了城建集团的利息损失，故城建集团要求城建四公司支付上述款项自2009年9月11日起至实际付清之日止（按照中国人民银行同期贷款利率计算）利息损失的诉讼请求于法有据，本院亦予以支持。

关于瑞丰恒基公司、瑞丰恒泰公司、现代家园公司及杜书明的保证责任问题，本院认为：依据《中华人民共和国担保法》第十九条的规定，由于瑞丰恒基公司、瑞丰恒泰公司、现代家园公司和杜书明均以提供书面合同的形式承诺对城建集团偿还上述借款承担无限连带反担保保证责任，故上述四方应当依照约定承担该保证责任。另外，因各反担保人共同就城建四公司向交行东单支行的借款向城建集团提供反担保，故依据相关规定，各反担保人应对城建四公司的上述债务承担连带共同保证责任。在城建四公司未按约定偿还借款本息且城建集团承担保证责任后，城建集团要求各反担保人对城建四公司的上述借款本息共同承担连带保证责任的诉讼请求，依法有据，本院予以支持。

关于城建集团要求对瑞丰恒基公司质押股权实现优先受偿权的诉讼请求，依据《中华人民共和国物权法》第二百二十六条关于以股权出质的，质权自工商行政管理部门办理出质登记时设立的规定，因瑞丰恒基公司以其持有的城建四公司股权向城建集团出质，并未在工商行政管理部门办理出质登记，故城建集团与城建四公司、瑞丰恒基公司签订的《股权质押合同》虽合法有效，但质权并未依法设立，城建集团无权就瑞丰恒基公司出质的股权享有优先受偿权。故本院对城建集团要求对瑞丰恒基公司质押的股权实现优先受偿权的诉讼请求亦不予支持。

综上，依照相关法律之规定，判决：一、城建四公司于判决生效后10日内偿还城建集团人民币3000万元及利息（自2009年9月11日起至全部债务清偿之日止的利息，以3000万元为本金，按中国人民银行同期贷款利率计算）；二、各反担保人对城建四公司的上述债务承担连带清偿责任。三、驳回城建集团的其他诉讼请求。

瑞丰恒泰公司持原审答辩意见提起上诉。

北京市高级人民法院认为：瑞丰恒泰公司与城建四公司签订的借款合同中约定的借款用途为流动资金。其后的《最高额保证合同》、《反担保保证合同》均未对借款用途作专项约定，本案所涉贷款是否用于偿还旧贷款，不影响反担保合同的效力，且城建集团、城建四公司均认为城建四公司所借款项并未用于偿还旧贷，瑞丰恒泰公司未就该主张提交证据，故现瑞丰恒泰公司以城建四公司贷款是用于偿还旧贷款，直接影响到反担保合同的效力为由，请求将反担保合同确定为无效合同与事实不符，于法无据，本院不予采信。对瑞丰恒泰公司提出的本案所涉担保合同是为履行瑞丰恒基公司、城建集团、城建四公司、原城建四公司自然人四方签署的《资产重组协议》的义务的上诉理由，城建集团、城建四公司不予认可并认为本案所涉各担保合同与瑞丰恒泰公司所称《资产重组协议》是各自独立的协议，且瑞丰恒泰公司亦非《资产重组协议》的当事人。对此，本院认为《资产重组协议》签订于2007年，本案借款合同、担保合同及各反担保合同均为2008年出具，在各份合同中并未将《资产重组协议》是否成立作为担保合同、反担保合同的效力要件，故本院对瑞丰恒泰公司的该项上诉理由亦不予采信。城建集团于本案中提供多份《反担保保证合同》，城建四公司、城建集团与瑞丰恒泰公司签订的《反担保保证合同》之一已写明是为06810134、06810135号两份借款合同项下共计6000万元借款提供反担保。该合同上各方均已加盖公章。故06810135号相对应的反担保合同公章是否加盖齐全，不影响瑞丰恒泰公司对本案所涉款项承担反担保责任。故一审法院关于城建四公司、城建集团与瑞丰恒泰公司签订的《反担保保证合同》明确了瑞丰恒泰公司提供反担保保证的借款包括06810135号借款合同中的3000万元借款，故瑞丰恒泰公司应当对本案所涉的借款合同承担反担保保证责任的认定正确，应予维持。综上所述，一审法院认定事实清楚，适用法律正确，应予维持。依照相关法律判决驳回上诉，维持原判。

【法官后语】

本案各方当事人曾有密切关联，瑞丰恒基公司、瑞丰恒泰公司、现代家园公司、城建集团、杜书明均曾为城建四公司的股东，后因资产重组协议的解除，除城建集团外，其余各当事人撤出城建四公司。本案应为上述各方股东所签《资产重组协议》履行期间，因城建四公司向相关银行借款而引致的担保、反担保合同的签订。因城建四公司未履行还款义务，城建集团在履行担保义务后向各反担保人主张权利引起的一系列诉讼。各反担保人均应履行反担保义务。

编写人：北京市高级人民法院　王肃

18

保证合同生效要件及时效认定

——洪细妹诉庞中泰保证合同案

【案件基本信息】

1. 裁判书字号

福建省厦门市思明区人民法院（2011）思民初字第12109号民事判决书

2. 案由：保证合同纠纷

3. 当事人

原告：洪细妹

被告：庞中泰

【基本案情】

被告之子庞建钢于2005年3月4日向原告出具《借条》一份，根据该借条，庞建钢确认其于2003年4月向原告洪细妹借款美金3万元，用于出国留学担保之用，并将该笔款项存入其父亲庞中泰名下。

2008年11月17日，被告庞中泰出具一份《承诺书》，内容如下：本人庞中泰系借款人庞建钢父亲，庞建钢于2003年4月向洪细妹借款美金3万元，2005年3月4日出具借条一份予以确认；该借款经洪细妹多次催要至今仍未归还，现本人承诺为该笔借款承担连带保证责任，并保证于2010年12月31日前给付所有欠款及利息。之后，庞建钢支付给原告人民币1万元，余款尚未清偿。

【案件焦点】

本案保证合同是否真实有效，原告对原债权是否已过诉讼时效。

【法院裁判要旨】

福建省厦门市思明区人民法院经审理认为：被告于2008年11月17日向原告出具的承诺书，已明确其系借款人庞建钢父亲及对庞建钢向洪细妹借款3万元美金并于2005年3月4日出具借条等事实予以确认，说明被告对其儿子庞建钢向洪细妹借款3万元美金的事实是知晓的，现其提出借条虚假且已过诉讼时效、承诺书是被迫出具等抗辩意见，证据不足，不予采信。本案中，被告作为保证人，以书面形式向作为债权人的原告表示，其本人承诺为该笔借款承担连带保证责任并保证于2010年12月31日前给付所有欠款及利息，该承诺已为原告接受，故原、被告之间的保证合同成立，应确认为有效合同。现原告根据该承诺书约定，要求被告偿还欠款本金3万美元及支付利息的诉讼请求，依法应予以支持。鉴于被告儿子已付款1万元（人民币）给原告，该款项应予以扣除，原告也表示同意扣除。

福建省厦门市思明区人民法院依照《中华人民共和国合同法》第二百零七条、《中华人民共和国担保法》第十八条之规定，作出如下判决：

一、被告庞中泰应于本判决生效之日起10日内支付原告洪细妹美金3万元及利息（如偿付人民币则按原告起诉之日即2011年10月26日中国人民银行美元与人民币汇率折算本金；利息自2008年11月17日至本判决确定的还款之日止，按中国人民银行同期贷款利率计算，并应扣除被告儿子已付款人民币1万元）；

二、驳回原告洪细妹的其他诉讼请求。

本案案件受理费2370元，由原告洪细妹负担50元，被告庞中泰负担2320元；被告庞中泰应负担部分应于本判决生效后7日内向本院缴纳。

【法官后语】

保证是担保方式中的一种重要形式。由于借款方不能按期还款，而导致借款保证合同纠纷案件时常发生。保证合同具有从属性，是附属于主合同而存在的从合同，具体表现为：（一）由主合同引申而来，随主合同的设立而设立；如果主合同之债因时效完成、行政命令或其他原因而消灭，保证之债也随之消灭。（二）受主债务范围的限制，保证之债只能小于或等于主债。保证人的保证范围，既可以保证全部债务的履行，也可以只保证部分债务的履行。（三）追偿权的范围，亦以主债务人应承担的债务为限。本案中，被告之子出具的借条表明其与原告之间是私人借贷关系，该借条是2005年3月4日作出，在被告之子对该借款未如约清偿时，被告向原告作出的《承诺书》即表示对该债务承担连带的保证责任。

对于借款合同中主债务的诉讼时效，应适用我国《民法通则》关于普通诉讼时效的规定，期间为2年，对于当事人间约定了还款日期的，诉讼时效期间的起诉点应为该还款之日；未约定还款日期的，从权利人可行使权利之时起算，但从借款之日起超过20年的，不再予以保护。本案原告于2003年4月借款给被告之子，2005年3月4日被告之子出具借条予以书面确认，但借条中并未写明还款的具体期限，应视为未约定还款期限。而被告于2008年11月17日出具的承诺书，以保证人身份明确了具体的还款期限，故诉讼时效期间的起算点为承诺书中约定的还款之日。另外，被告之子在被告做出《承诺书》后向原告偿还了人民币1万元，亦是以债务人身份向债权人明确表示履行还款义务。故法院在以上证据基础上可认定原、被告之间确实存在个人借贷的保证合同关系。根据《中华人民共和国担保法》第十八条的规定，当事人在保证合同中约定保证人与债务人对债务承担连带责任的，为连带责任保证。连带责任保证的债务人在主合同规定的债务履行期届满没有履行债务的，债权人可以要求债务人履行债务，也可以要求保证人在其保证范围内承担保证责任。

编写人：福建省厦门市思明区人民法院　林月蓉

19

抵押物只办理抵押权预告登记未办理抵押权登记，保证人能否免责

——中国农业银行股份有限公司厦门同安支行诉陈晓莉等金融借款合同案

【案件基本信息】

1. 裁判书字号

福建省厦门市同安区人民法院（2011）同民初字第2723号民事判决书

2. 案由：金融借款合同纠纷

3. 当事人

原告：中国农业银行股份有限公司厦门同安支行（以下简称农行同安支行）

被告：陈晓莉、连珺波、厦门市同安区第一建筑工程有限公司（以下简称同安一建）

【基本案情】

2009年3月11日，被告陈晓莉、被告连珺波作为借款人、被告同安一建作为保证人与原告农行同安支行签订了《个人购房担保借款合同》，合同约定，由被告陈晓莉与被告连珺波向农行同安支行借款320000元用于购买位于古庄新城（南区）13#楼4层3单元房屋并以该房屋作为抵押物，并由被告同安一建承担阶段性连带责任保证；借款期限自2009年3月11日起到2029年3月10日止；贷款利率实行

浮动利率，初期按年息4.158%计算；还款共分240期，等额本息还款，初期每月应还款本息1965.88元；被告陈晓莉与被告连珺波提供了扣款账号。合同约定，借款人未足额偿还借款本息超过90天的，贷款人有权提前收回已发放借款。合同还约定借款人如未按约还款，贷款人有权依约收取罚息及复利。合同专用条款第10.3.1条约定，同安一建承担的担保阶段自合同签订之日起至被告陈晓莉与被告连珺波取得房地产权利证书并办妥以农行同安支行为抵押权人的抵押登记手续之日止。合同通用条款第10.1.2条约定，保证范围包括本合同项下借款本金、利息、罚息、复利、违约金、损害赔偿金及诉讼（仲裁）费、律师费等贷款人实现债权的一切费用。合同通用条款第10.2.10条第（3）款约定，本合同项下借款人既有借款人提供的抵押担保又有其他担保人提供担保的，当贷款人放弃借款人的抵押权、抵押权顺位或变更该抵押权时，其他担保人承诺仍然按照本合同约定承担担保责任。2009年3月12日，农行同安支行与被告陈晓莉、被告连珺波办理了预购商品房抵押权预告登记手续。2009年3月13日，农行同安支行足额提供给被告陈晓莉与被告连珺波借款本金320000元。被告陈晓莉与被告连珺波自2010年11月13日最后一次偿还分期还款后，未再按合同约定履行还款义务。截止2011年9月21日，被告陈晓莉与被告连珺波尚欠农行同安支行借款本金302282.24元及利息、罚息、复利三项合计33143.76元。农行同安支行委托福建合贤律师事务所律师代理本次诉讼，支付律师代理费8050元。2011年3月，开发商通知陈晓莉与连珺波可以办理本案所涉商品房的产权登记，陈晓莉与连珺波未去办理，本案所涉商品房目前尚未办理产权登记及抵押权登记。

【案件焦点】

抵押物只办理抵押权预告登记未办理抵押权登记，保证人能否在抵押物价值范围内免除保证责任。

【法院裁判要旨】

福建省厦门市同安区人民法院经审理认为：被告陈晓莉、被告连珺波作为借款人、被告同安一建作为保证人与原告农行同安支行于2009年3月11日签订的《个人购房担保借款合同》是双方真实意思表示，且未违反法律行政法规强制性规定，对各方当事人均具有法律拘束力。自2010年11月13日履行分期还款义务之后，被告陈晓莉、连珺波未曾再履行还款义务，农行同安支行诉求解除该《个人购房担保借款合同》符合双方合同约定，且被告陈晓莉、被告连珺波对该诉求均无异议，故本院对该项诉求予以支持。被告陈晓莉、被告连珺波至今尚欠农行同安支行借款本金302282.24元及相应的利息、罚息、复利，农行同安支行诉求被告陈晓莉、被告连珺波共同偿还上述款项并支付律师代理费8050元，且提供相关证据证明，被告陈晓莉、被告连珺波对该诉求亦无异议，故对该诉求亦予支持。关于被告同安一建是否应对被告陈晓莉、被告连珺波的上述义务承担连带保证责任问题。同安一建作为连带保证人在《个人购房担保借款合同》签字、盖章，依照合同约定，其保证期间是自合同签订之日起至被告陈晓莉与被告连珺波取得房地产权利证书并办妥以农行同安支行为抵押权人的抵押登记手续之日止，本案被告陈晓莉与被告连珺波尚未取得房地产权利证书，亦未办妥以农行同安支行为抵押权人的抵押登记手续，故尚未超过约定的保证期间，同安一建应当依约承担连带保证责任。至于同安一建辩称其只在抵押物的担保范围外承担连带保证责任，由于本案所涉商品房仅办理预购商品房抵押权预告登记，尚未办理房屋产权登记及抵押权登记，且《个人购房担保借款合同》通用条款第10.2.10条第（3）款亦约定，合同项下借款人既有借款人提供的抵押担保又有其他担保人提供担保的，当贷款人放弃借款人的抵押权、抵押权顺位或变更该抵押权时，其他担保人承诺仍然按照本合同约定承担担保责任，因此同安一建的抗辩理由不能成立。关于利息，同安一建辩称农行同安支行仅在基准利率提高时调高贷款利率，在基准利率降低时未调低贷款利率，但没有提供相应的证据证明，本院不予采信。关于复利，同安一建辩称依据《最高人民法院关于人民法院审理借贷案件的若干意见》第七条规定，农行同安支行不得收取复利。本案属于金融借款合同纠纷而非民间借贷纠纷，本案《个人购房担保借款合同》中约定农行同安支行有权收取复利，且依照《中国人民银行关于人民币贷款利率有关问题的通知》（银发［2003］251号）第三条第二款规定，农行同安支行亦有权收取复利，故同安一建关于复利的抗辩于法无据，本院不予采纳。《中华人民共和国合同法》第六十条第一款、第九十三条、第一百零七条、第二百零七条，《中华人民共和国担保法》第十八条，《中华人民共和国民事诉讼法》第六十四条第一款之规定，判决如下：

一、解除原告中国农业银行股份有限公司厦门同安支行与被告陈晓莉、连珺波、厦门市同安区第一建筑工程有限公司于2009年3月11日签订的《个人购房担保借款合同》；

二、被告陈晓莉、连珺波于本判决生效之日起30日内共同偿还原告中国农业银行股份有限公司厦门同安支行借款本金302282.24元及利息、罚息、复利（自2010年11月14日起至本判决确定的还款之日止，按《个人购房担保借款合同》约定的利息、罚息、复利计付）；

三、被告陈晓莉、连珺波于本判决生效之日起30日内共同向原告中国农业银行股份有限公司厦门同安支行支付律师代理费8050元；

四、被告厦门市同安区第一建筑工程有限公司对本判决第二、三项确定的还款义务承担连带清偿责任；被告厦门市同安区第一建筑工程有限公司承担上述连带清偿责任后，有权向被告陈晓莉、连珺波追偿。

【法官后语】

本案涉及物权法首次规定的物权预告登记制度。物权法实施以前，我国民事立法在预告登记制度方面存在空白。对于在不动产协议涉及取得、转移、变更和盲目废止不动产物权请求权情形，为保障将来实现物权，均可采用预告登记制度。实践中，签订商品房预购及将预购商品房转让、以预购商品房或在建工程设定抵押等民事协议，均可通过预告登记制度来达到保障将来物权实现的目的。本案涉及的就是以预购商品房设定抵押权的情形，由于签订借款合同当时，预购商品房未具备办理产权登记条件，尚不能办理抵押权登记，故双方约定先行办理抵押权预告登记，等具备办理产权条件时，再行办理抵押权登记。

1. 合同一方怠于办理不动产权属登记导致相应的抵押权预告登记不能及时办理正式抵押登记，预告登记权利人是否有权直接向登记机关申请办理正式登记？

预告登记所保全的是将来发生不动产物权变动的请求权，该请求权的最终实现尚需要预告登记权利人积极依照约定的期限或条件行使请求权，如果预告登记权利人怠于行使请求权，在能够进行不动产登记而不予申请登记，由于纳入预告登记的不动产物权请求权具有排他效力，必然使相对人的处分权长期处于限制状态，不利于发挥财产的经济效益。为此，《中华人民共和国物权法》第二十条第二款为预告登记权利人进行申请登记设定了期限，即在三个月内未申请登记的，预告登记失效。该条规定的目的在于敦促预告登记权利人及时办理正式登记，但如果非预告登记权利人原因导致正式登记在预告登记后三个月内未办理，相应的预告登记不应失效。对于物权权利人怠于履行义务的行为，预告登记权利人如何保障权利，《中华人民共和国物权法》没有作出明确规定。本案所涉的商品房在2011年3月已经具备办理产权分户登记的条件，开发商通知了陈晓莉与连珺波可以办理本案所涉商品房的产权登记，陈晓莉与连珺波未去办理，以致本案所涉商品房在庭审时尚未办理产权登记，相应的抵押登记亦无法办理。这种情形下，预告登记权利人的权利如何救济，《中华人民共和国物权法》并没有相应的规定。笔者以为，此种情形下应当允许预告登记权利人起诉相对人，诉求怠于履行不动产产权登记义务的相对人在一定期限内办理产权登记，并在办理产权登记之后配合预告登记权利人办理抵押登记。

2. 在不动产未办理产权登记导致物的担保未成立的情况下，保证人是否可以在物的担保范围内免除保证责任?

对于未办理不动产产权登记导致抵押权登记不能办理的情形，在判定保证人是否在物的担保范围内免除保证责任时，应当以预告登记权利人是否存在过错为准。如果预告登记权利人在不动产产权登记未办理问题上没有过错，那么抵押权因未能办理登记而不能成立的过错不在于预告登记权利人，则保证人仍应当承担全部保证责任；反之，法院可以根据预告登记权利人的过错程度确认保证人相应的免责范围。本案所涉金融借款合同既有抵押物担保，又有保证人担保，合同约定保证人同安一建在抵押权登记之前应承担连带保证责任，但由于被告陈晓莉、被告连珺波在具备办理产权证的情形下怠于办理产权证，以致相应的抵押登记亦未办理，抵押权未设立。由于抵押权预告登记权利人农行同安支行对于未能办理抵押权登记并无过错，因此保证人不能以此作为不向农行同安支行承担保证义务的抗辩理由，同安一建仍应按照本合同约定承担全部保证责任。

编写人：福建省厦门市同安区人民法院　林振泰

20

公司为其股东或者实际控制人提供担保是否有效

——杨志红诉厦门明大置业投资集团有限公司等民间借贷案

【案件基本信息】

1. 裁判书字号

福建省厦门市集美区人民法院（2011）集民初字第1395号民事判决书

2. 案由：民间借贷纠纷

3. 当事人

原告：杨志红

被告：李宝华、余春明、厦门明大置业投资集团有限公司（以下简称明大公司）

【基本案情】

2010年9月3日，被告李宝华向原告杨志红借款人民币400万元整，双方约定借款期限从2010年9月3日至2010年10月2日止，如逾期归还借款，应按照逾期还款金额日5‰的标准向杨志红支付违约金至还清款项之日止，同时还约定原告杨志红因追索还款而支出的诉讼费、保全费、律师费及其他合理费用由被告李宝华承担；被告明大公司自愿为全部债务承担连带保证担保责任，担保范围包括被告李宝华借款本金、利息、违约金及原告杨志红为实现债权而支出的诉讼费、保全费、律师费及其他合理费用，担保期限为贷款期限届满至本借款还清之日。签订借款协议后原告杨志红如约履行，通过中国建设银行将人民币400万元汇入被告李宝华指定的账户。借款期限届满，原告多次催讨未果。

【案件焦点】

被告厦门明大置业投资集团有限公司是否应当为讼争债务承担连带担保责任。

【法院裁判要旨】

福建省厦门市集美区人民法院经审理认为：借款协议载明担保方为明大公司，担保方栏由明大公司盖章确认，在协议第四条“担保约定”中载明明大公司自愿为前述全部债务承担连带保证责任，担保责任期限自借款期限届满至本借款还清之日，已足以认定明大公司系讼争债务的连带责任保证的保证人。对于该保证约定是否有效的问题，根据《中华人民共和国公司法》第十六条规定，李宝华虽系明大公司股东和法定代表人，但其一，上述条款并未明确规定公司违反上述规定对外提供担保导致担保合同无效；其二，上述条款也属非效力性强制性规定；其三，公司内部协议也不得约束第三人；再者，明大公司既未答辩，也未出庭质证，视为对己方权利的放弃，故明大公司对本案债务提供的担保不应认定无效，明大公司应依法承担连带保证责任。根据《中华人民共和国民事诉讼法》第六十四条第一款、第一百三十条，《中华人民共和国合同法》第二百零六条，《最高人民法院〈关于人民法院审理借贷案件的若干意见〉》第六条，《中华人民共和国担保法》第二十一条第一款，《最高人民法院关于适用〈中华人民共和国担保法〉若干问题的解释》第三十二条第二款，《中华人民共和国公司法》第十六条，《中华人民共和国婚姻法》第十九条第三款，《最高人民法院关于适用〈中华人民共和国婚姻法〉若干问题的解释（二）》第二十四条之规定，判决如下：

一、被告李宝华、余春明应于本判决生效之日起 10 日内共同偿付原告杨志红借款人民币 4000000 元及利息（从 2010 年 10 月 3 日起计算至判决确定的履行之日止，按银行同类贷款利率的四倍计算）；

二、被告厦门明大置业投资集团有限公司就上述借款及利息向原告杨志红承担连带清偿责任。

【法官后语】

本案是一起涉及公司为其股东或实际控制人提供担保的民间借贷纠纷案件。对于公司为其股东或者实际控制人提供担保的效力问题在学术和司法界均存在不同的看法。而 2011 年 2 月，最高人民法院以在《公报》上刊登案例的形式明确其价值取向。笔者以本案为契机，以主审法官的相关判决为主线，就公司为其股东或者实际控制人提供担保的效力问题进行阐述，以期抛砖引玉，最终实现在此问题上裁判尺度的统一。

1.《中华人民共和国公司法》第十六条未明确公司违反规定对外提供担保导致担保合同无效。

2.《中华人民共和国公司法》第十六条属非效力性强制性规定。

公司为股东担保是一种合同行为。对于合同的效力问题,《中华人民共和国合同法》采取的是审慎的态度,以列举的方式明确无效合同的类型。根据合同法理论,对法律、行政法规的违反,是指对其强行性规范的违反,而强行性规范又分为效力性规范和取缔性规范(或称管理性规范)。王利明教授提出可以采取如下标准来区分取缔性规范和效力性规范:(1)法律法规明确规定违反禁止性规定将导致合同无效或不成立的,该规定属于效力规范;(2)法律法规虽没有明确规定违反禁止性规定将导致法律行为无效或不成立,但违反该规定以后若使法律行为继续有效,将损害国家利益和社会公共利益,也应当认为该规范属于效力规范;(3)法律法规虽没有明确规定违反禁止性规定将导致合同无效或不成立,但违反该规定以后若使合同继续有效并不损害国家利益和社会公共利益,而只是损害当事人的利益,在此情况下该规范就不应属于效力规范,而是取缔性规范。[①] 一般来说,只有违反了效力性规范的合同才是无效合同,而违反了取缔性规范,可以由有关机关对当事人实施行政处罚,但不一定宣告合同无效。

从《中华人民共和国公司法》第十六条第二款规定来看,首先该款没有规定如果未经股东会或股东大会决议公司为股东担保将导致合同无效;其次,此时如果认定公司担保合同有效,利益可能受到影响的是公司的股东,而不会损害国家利益和社会公共利益。因此,笔者认为,该款的规定是非效力性规范,不应直接认定违反该规定的行为即为无效行为。

3. 公司对外担保属公司内部协议,不得约束第三人。

从合同的相对性角度理解,公司为其股东或者实际控制人提供担保,其担保合同或者担保条款约束的是公司与担保权人。而公司是否通过股东会或者股东大会决议这是公司内部的问题,只能够约束公司和公司内部人员的行为,而不能够对公司与第三人(担保权人)签订的合同产生拘束力。

---

① 王利明:《合同法新问题研究》,中国社会科学出版社2003年版,第321-322页。

4. 认定担保合同有效更有利于维护交易安全，平衡担保权人与中小股东之间的利益。

在认定担保合同的效力问题上，最需要平衡的即担保权人和中小股东二者之间的利益。对于二者之间的利益衡平，最高人民法院的取向从重在保护中小股东利益向保护担保权人的利益转变。笔者觉得现行的价值取向更合乎商事规则，更能保护金融债权，防止国有资产流失，有利于维护国家的经济安全。

《中华人民共和国公司法》第十六条的立法目的之一是为了防止公司被大股东或高管控制而掏空公司资产，进而损害公司中小股东的利益，但这并不能因此而认为公司违反了这条规定的对外担保一律无效，原因有两点：一是《中华人民共和国公司法》中设置了很多其他机制对中小股东利益进行保护，比如累计投票制、异议股东的股份收买请求权等；二是《中华人民共和国公司法》第一百五十二条规定了公司股东的派生诉讼，这些规定结合起来构成了一个保护中小股东利益的网络，可以在公司大股东或高管利用职务之便违法对外担保时成为中小股东保护自身利益的制度工具。

编写人：福建省厦门市集美区人民法院　詹雪霞

21

涂改过的保证合同的效力认定及责任承担

——阳信县农村信用合作联社诉姚均立等借款合同案

【案件基本信息】

1. 裁判书字号

山东省滨州市阳信县人民法院（2011）阳民二民初字第290号民事判决书

2. 案由：借款合同纠纷

3. 当事人

原告：阳信县农村信用合作联社

被告：姚均立、位之华、刘泽胜、刘维国

【基本案情】

2007年8月28日，原告与被告姚均立签订借款合同，与被告位之华、刘泽胜、刘维国签订保证合同。借款合同约定，被告姚均立在原告处借款80000元，月利率10.53‰，期限自2007年8月28日至2009年8月28日止。本合同记载的借款金额、借款日期，还款日期如与借款凭证记载不相一致时，以借款凭证记载为准。该合同附件借款凭证记载，2008年7月27日，被告姚均立（借款人）在原告处借款60000元，月利率12.45‰，期限一年，自2008年7月27日至2009年7月26日。保证合同约定，原告为债权人，被告姚均立为债务人，被告位之华、刘维国、刘泽胜为保证人；保证人自愿为债务人自2007年8月X日起至2009年8月28日止，在债权人处办理约定的各类业务，实际形成的债权的最高余额折合人民币（大写金额）捌万元整提供担保。在本合同约定的期限和最高余额内，债务人可申请循环使用上述信贷资金、银行信用。每笔业务的起始日、到期日、利率及金额以主合同的借款凭证或相关债权凭证为准。在本合同约定的期限内发生的业务，其到期日不得超过2008年8月28日；本合同保证方式为连带责任保证；保证期间为主合同约定的债务人履行债务期限届满之日起两年。合同签订后，原告向被告姚均立支付借款60000元，到期后，被告姚均立至今欠原告借款本金60000元及相应利息未还。原告为支持其主张提交了2007年8月28日原告与被告姚均立签订的借款合同、与被告位之国、刘泽胜、刘维国签订的最高额保证合同及被告姚均立于2008年7月27日从信用社支取涉案借款时签字的借款凭证。

被告位之华、刘维国称当时是案外人刘维义贷款，找他三人作担保，因刘维义在信用社有不良记录，不能办贷款。刘维义找姚均立，以姚均立的名义办的贷款，涉案借款是刘维义用的。在2008年3月27日，刘维义已将贷款本息全部还清。2008年7月27日这笔贷款是姚均立从信用社支取用的，三保证人不知情。三保证人认为自己是为刘维义担保的贷款，借款应由刘维义使用，刘维义已经将借款还清，自己的担保责任已经免除，他三人没有为姚均立提供担保，姚均立从借用社支取的涉案借款虽利用的是2007年他三人与信用社签订的保证合同，但也应由姚均立偿还，与他们没有关系。

【案件焦点】

涂改后的保证合同是否还是三保证人当时与原告签订的保证合同，涂改后的保证合同对三保证人是否还有效力，三保证人对涉案借款是否还应承担保证责任。

【法院裁判要旨】

山东省滨州市信阳县人民法院经审理认为：原告提交的与被告姚均立签订的借款合同、与被告位之华、刘维国、刘泽胜签订的保证合同，不违反法律禁止性规定，合法有效。原告履行了支付借款的合同义务，被告姚均立未履行还款义务，有违诚信，构成违约。原告要求被告姚均立偿还借款本息的诉讼请求，本院依法予以支持。由于涉案保证合同第一条第一款“自2007年8月X日起至2009年8月28日止”中09年的“9”字有涂改痕迹，与该条第二款“在本合同约定的期限内发生的业务其到期日不得超过2008年8月28日”的约定不一致，本院认为该保证合同担保的借款到期日应以未涂改的日期“08年8月28日”为准。涉案借款约定的借款到期日是2009年7月26日，已超过保证合同限定的借款到期日2008年8月28日。因此，保证人对超过保证合同限定借款期限的涉案借款不应承担保证责任。故原告要求被告位之华、刘泽胜、刘维国对涉案借款承担连带保证责任的诉讼请求本院不予支持。据此，依照《中华人民共和国合同法》第六十条第一款、第二百零五条、第二百零六条、第二百零七条，《中华人民共和国民事诉讼法》第一百三十条之规定，判决如下：

一、被告姚均立于本判决生效后10日内向原告阳信县农村信用合作联社偿还借款本金60000元并支付相应利息（利息计算至本判决确定的履行之日止）；

二、驳回原告阳信县农村信用合作联社的其他诉讼请求。

案件受理费1300元，由被告姚均立承担。

【法官后语】

民二庭全年共受理涉信用社案件达300件之多，信用社的贷款对象多面对农村，由于农民法律意识淡薄，往往出于只要能贷出款的目的，与信贷员相互妥协，利益比较容易受到侵害。信用社部分借贷员长期跟农民打交道，而农民不爱较真，导致部分信贷员业务上比较放松，产生了大量不规范行为，给以后的诉讼带来了很多隐患。在2011年全年的300件信用社案件中发现了信用社在发放借款时存在以下不规范行为：借款发放给借款人时，信用社信贷员预扣贷款利息，借款到期后，又未将预收的利息从借款本息中扣除，导致重复收回借款人的利息；信用社信贷员给自己的亲朋从信用社借钱，而未让借款人与担保人到场签订借款合同与保证合同，自己一手炮制借款合同、保证合同，从信用社取得借款后却未足额支付给借款人；信贷员明知借款人是顶名借款，借款实际使用人是他人，在借款人、保证人办完借款手续后，信贷员将借款直接发放给实际用款人，却未让借款人在借款凭证上签字，而是让实际用款人签的字；还有一种不规范行为就是本案涉及的。借款人在办理涉案借款时，信贷员在发现原合同已超期的情况下，为了达到发放借款的目的，图省事，没有与借款人、保证人重新签订借款合同，在原合同基础上进行涂改，将借款发放给了借款人，其忽视了保证人的权利，侵害了保证人的利益。本案审理的重点是对保证合同的证据效力进行审核，通过相互矛盾的合同条款免除了三保证人的连带保证责任，最后维护了三保证人的合法权益，同时也给信用社敲响警钟，为其进一步规范信贷行为、避免类似案件的发生提供了很好的案例。

编写人：山东省滨州市阳信县人民法院　李香玲

22

保证人承认为实际借款人是否构成“自认”

——中国邮政储蓄银行有限责任公司山东省淄博市博山区支行诉王云香等金融借款合同案

【案件基本信息】

1. 裁判书字号

山东省淄博市博山区人民法院（2011）博商初字第473号民事判决书

2. 案由：金融借款合同纠纷

3. 当事人

原告：中国邮政储蓄银行有限责任公司山东省淄博市博山区支行

被告：王云香、高万明、许迎

【基本案情】

2009年10月24日，被告王云香向原告中国邮政储蓄银行有限责任公司淄博市博山区支行申请贷款8万元，2009年10月25日，原告与被告许迎、高万明、王云香签订小额贷款联保协议书，约定被告许迎、高万明、王云香自愿成立联保小组，从2009年10月25日起至2011年10月25日止，原告可以根据联保小组任一成员的申请签订借款合同，在单一借款人最高借款限额80000元内发放借款，任一成员自愿为原告向联保小组其他成员发放的借款提供连带责任保证，不需逐笔办理保证合同。2009年10月25日，原告与被告王云香签订小额联保借款合同，约定由原告向被告王云香发放借款8万元。原告发放借款后，被告王云香未按约定履行还款义务，截至2011年7月25日，共欠原告借款本金79999.98元、利息20790元，被告高万明、许迎也未履行担保责任。原告中国邮政储蓄银行有限责任公司淄博市博山区支行向博山法院提起诉讼，庭审中，被告王云香主张自己未实际使用借款，被告高万明和许迎承认各自使用了4万元。

【案件焦点】

在被告王云香主张其实际为名义借款人未使用所借款项，许迎、高万明在庭审中明确承认自己是实际借款人，王云香是名义借款人，许迎、高万明的这种认可是否构成“自认”，在这种情况下能否继续按照借款合同中的载明借款人、保证人，认定被告许迎、高万明仍为保证人，承担保证责任。

【法院裁判要旨】

山东省淄博市博山区人民法院经审理认为：原告中国邮政储蓄银行有限责任公司淄博市博山区支行与被告王云香、高万明、许迎之间的小额联保借款合同、小额贷款联保协议书依法成立、合法有效，当事人均应当按照合同约定履行各自的义务。原告按照借款合同约定向被告王云香发放了借款，被告王云香应当及时履行偿还本息的义务。被告许迎、高万明作为保证人，应当对上述债务承担连带清偿责任，在其承担保证责任后，有权向被告王云香追偿。被告王云香认为没有实际使用借款，是保证人高万明、许迎各使用借款40000元，虽然庭审中被告高万明、许迎予以认可，但是原告并不认可，认为是按照借款合同向被告王云香履行了提供借款的义务，因此被告王云香与被告高万明、许迎之间的借款属于民间借贷纠纷，不影响原告与被告王云香借款合同的效力，故被告王云香应当另行主张权利。博山区人民法院依照《中华人民共和国合同法》第一百九十六条、第二百零五条、第二百零六条、第二百零七条，《中华人民共和国担保法》第十八条、第二十一条、第三十一条的规定，作出如下判决：

一、被告王云香返还原告中国邮政储蓄银行有限责任公司淄博市博山区支行借款本金79999.98元、利息20790元；

二、被告许迎、高万明对本案判决的债务承担连带清偿责任，在其承担保证责任后，有权向被告王云香追偿。

一审宣判后，各方当事人均未提出上诉，本判决已发生法律效力。

【法官后语】

《最高人民法院关于民事诉讼证据的若干规定》（简称《若干规定》）第八条第一款规定："诉讼过程中，一方当事人对另一方当事人陈述的案件事实明确表示承认的，另一方当事人无需举证。但涉及身份关系的案件除外。"据此条，诉讼中的自认是指当事人在诉讼过程中对另一方当事人陈述的不利于自己的案件事实的承认。诉讼中的自认具有如下特征：(1) 自认必须发生在诉讼过程中。只有当事人在诉讼过程中的自认才能产生相应的法律后果。当事人在诉讼外对不利于自己的案件事实的承认应当比照一般的证据进行正常的举证和质证，不能成为免除当事人举证责任的法定事由。(2) 自认是一方当事人对另一方当事人陈述的案件事实的承认。(3) 自认必须明确表示。如果当事人默示自认，即对另一方当事人的陈述既不承认也不否认，只有在法官履行了法定的释明义务后仍然默示的，才能视为承认。(4) 自认必须具有合法性。

笔者认为，被告许迎、高万明的承认不属法律上的"自认"。

首先，被告许迎、高万明的承认并非针对对方当事人陈述而作。作为被告，其在审理中的承认必须与对方当事人的陈述保持一致。本案中，原告银行所陈述许迎、高万明的身份是保证人，并请求其承担保证责任。被告许迎、高万明却说自己是本案的实际借款人，与原告陈述并不一致。

其次，尽管被告王云香对被告许迎、高万明的陈述认可，但原告银行并不认可，且决定银行是否向借款人发放贷款的主要因素是基于当时借款人的偿还能力，法院如果确认其承认为法律意义上的“自认”，则本案将由三个被告承担还款责任转为两个被告承担还款责任，则原告的利益因此可能会受到损害。

再次，如果本案中原告银行在签订合同时不知道名义借款人与实际用款人之间的代理关系的，在庭审中名义借款人王云香向银行披露了实际用款人为许迎、高万明，则银行可按照《合同法释义》第四百零三条第二款“受托人因委托人的原因对第三人不履行义务，受托人应当向第三人披露委托人，第三人因此可以选择受托人或者委托人作为相对人主张其权利”的规定，有权选定实际用款人作为相对人主张权利，法院应支持金融系统的诉求，判令用款人承担还款责任。如果银行仍选择名义借款人主张权利，则法院应尊重原告银行的选择。

编写人：山东省淄博市博山区人民法院　李鹏

23

担保人在借款人不能按时还款时，应按照保证合同约定，承担连带保证责任

——莘县农村信用合作联社诉吴根凤等借款担保合同案

【案件基本信息】

1. 裁判书字号

山东省聊城市莘县人民法院（2011）莘民商初字第317号民事判决书

2. 案由：借款担保合同纠纷

3. 当事人

原告：莘县农村信用合作联社

被告：吴根凤、谢红卫等

【基本案情】

2009年3月20日，谢金贵由被告谢红卫、李贵林、温朝林等19人作为担保人与莘县农村信用联社妹仲信用社签订了《联保协议》，协议书约定：谢金贵等20人遵循“自愿组合、诚实守信、风险共担”的原则成立大联保体，选举谢金贵为贷款管理小组组长。从2009年3月20日起至2011年3月19日止，大联保体每一成员向原告借款时，均由大联保体的所有其他成员提供担保。保证期间从借款之日起至借款到期后两年。保证范围包括借款的本金、利息、逾期利息、复利、罚息、违约金、损害赔偿金以及诉讼费、律师费等债权人实现债权的一切费用；因借款人违反合同或借据约定，贷款方有权提前收回尚未到期的贷款，联保小组成员承担连带保证责任，保证人承诺履行保证责任，所应支付的一切款项，可由贷款人在保证人的任何存款账户内扣收。同日，二十名被告与原告签订了《大联保体最高额联合保证借款合同》。合同约定：各联保户最高贷款额为3万元，月利率7.965‰。在本合同约定的期限和最高贷款余额内，借款人可申请循环使用上述信贷资金，每笔借款的金额、期限、用途、利率和还款方式以借款凭证记载为准，借款凭证和借款合同共同组成保证担保借款合同。借款按季结息，结息日为每季末的20日，贷款清偿时利随本清。借款人不按合同约定的期限归还借款本金的，从逾期之日起按借款利率加收50％的逾期利息。借款人和担保人同意所应支付的一切款项（含本金、利息及其他费用），可由贷款人在借款人和担保人的任何账户内扣收。2009年3月10日，原告向谢金贵发放贷款30000元，借款凭证载明月利率7.965‰，2011年3月19日到期。借款凭证背面由谢金贵之妻吴根凤签名，并由谢金贵夫妇领走此款。贷款到期后，各被告均未履行还款义务。

谢金贵于2010年3月10日向中国太平洋人寿保险股份有限公司投保安贷宝意外伤害保险，保险金额3万元。保险单载明，第一受益人为贷款发放金融机构，第二受益人为法定。2010年10月15日，谢金贵遭遇车祸身亡。

庭审中，原告以借款凭证背面由谢金贵之妻吴根凤签名，并由谢金贵夫妇领走此款，请求法院依法追加吴根凤为被告，法院予以准许。

【案件焦点】

1. 原告与被告签订的《最高额联合保证借款合同》是否合法、有效；吴根凤应否承担偿还原告借款的责任。

2. 被告谢金贵是否具备诉讼主体资格，原告所诉的复利及律师费是否应由被告承担。

3. 原告向太平洋保险公司主张保险金以抵贷款是否是本案的审理范围。

【法院裁判要旨】

山东省聊城市莘县人民法院经审理认为：原、被告之间签订《联户联保贷款协议》及《最高额联合保证借款合同》，系双方当事人依法自愿订立，意思表示真实，为有效合同。原、被告双方对借款本金数额予以认可、约定利率明确，原告已依合同约定向谢金贵提供了贷款，履行了义务。由于借款凭证背面由谢金贵之妻吴根凤签名，并由谢金贵夫妇领走此款，则视为被告吴根凤对此笔债务的认可；故被告吴根凤辩称本人对此笔借款不知情的理由不能成立。谢金贵已死亡，故其作为诉讼主体不合法，被告吴根凤的辩称理由依法予以支持。被告吴根凤未按合同约定期限及数额归还原告借款及利息，已构成违约，应承担违约责任。被告谢红卫、李贵林、温朝林等19人自愿为谢金贵夫妇提供担保，且保证方式、期限、范围约定明确，应按保证合同约定，承担连带保证责任。因被告谢红卫、李贵林、温朝林等19人的合同保证方式为共同连带责任担保，担保人之间未明确约定其内部保证份额的承担比例，可按平均份额承担保证份额并相互负连带担保责任。另依法律规定，保证人谢红卫、李贵林、温朝林等19人在履行保证义务后，既取得向被告吴根凤的追偿权，也可要求承担保证责任的其他担保人清偿其应当承担的份额。被告吴根凤虽辩称本人未使用过该笔借款，不应承担责任，但借款借据背面系其本人签名，故其辩称理由本院不予采信；对于被告吴根凤辩称：该笔贷款真正的使用人是谢金成，谢金贵是替谢金成贷的款，贷款应由谢金成偿还。本院认为，根据合同的相对性，由于被告吴根凤在借款借据背面签字，是合同的相对方，故也是承担责任的主体，其与用款人之间的纠纷是另一法律关系，宜另案处理。同时本案原告并非以吴根凤系谢金贵的继承人的理由而追加其为被告，故被告吴根凤辩称法院查封的吴根凤的存款系死亡赔偿金，具有专属性，不应用于偿还债务的理由不成立；对于被告吴根凤辩称“贷款之初，妹仲信用社为谢金贵在太平洋保险公司投保了安贷宝意外伤害保险，并指定第一收益人为贷款发放机构（即原告），现在谢金贵意外身亡，原告可向太平洋保险公司主张保险金，以抵偿贷款。”的问题。本院认为，此案属于借款担保合同和保险合同的竞合，原告可以选择任意一种方式实现自己的权利，这是原告的自由处分行为。且安贷宝意外伤害保险指定了第二收益人为借款人的法定代理人，合同中并没有约定第一受益人行使权利系保险合同的前置条件。故原告没有依据保险合同主张权利并没有损害第二受益人的权利，原告以此对抗履行借款合同的义务理由不成立。故安贷宝意外伤害保险不属本案的审理范围。关于被告吴根凤拒绝支付复利的问题，中国人民银行是金融机构借款利息管理机关，其制定颁布的《人民币利率管理规定》（银发［1999］77 号）第 20 条、第 21 条规定，对贷款期内不能按期支付的利息按合同利率计收复利，贷款逾期后改按罚息利率计收复利。对不能按时支付的利息，按罚息利率计收复利。从上述规定来看，原、被告之间关于本案借款计收复利的合同约定并不违反国家关于金融机构借款利息的相关规定。故被告吴根凤拒绝支付复利的辩称理由违反了合同约定和诚实信用原则，本院不予支持。由于律师费系原告实现债权的费用，由合同明确约定，而原告的律师也实际出庭履行了为原告的代理义务。但原告未能向本院提交律师费的相关证据，关于原告律师费的请求，本院依法不予支持。被告谢红卫、李贵林、温朝林等 19 人经本院合法传唤，无正当理由未到庭参加诉讼，应予缺席判决。根据《中华人民共和国合同法》第二百零五条、第二百零六条、第二百零七条，《中华人民共和国担保法》第十二条、第十八条、第二十一条、第三十一条，《最高人民法院关于适用〈中华人民共和国担保法〉若干问题的解释》第四十二条，《中华人民共和国民事诉讼法》第一百三十条的规定，判决如下：

一、被告吴根凤偿还原告莘县农村信用合作联社借款本金 30000 元及利息（按月利率 7.965‰自 2009 年 3 月 20 日起计算至 2011 年 3 月 19 日止，自 2011 年 3 月 20 日起计算至本判决确定的还款之日，按罚息和本合同约定的结息方式计收利息和复利），待该判决生效后三日内付清；被告谢红卫、李贵林、温朝林等 19 人对上述借款本金及利息按平均比例承担保证份额，并相互负连带保证责任；

二、被告谢红卫、李贵林、温朝林等 19 人承担保证责任后，既取得向被告吴根凤的追偿权，也可要求承担保证责任的其他担保人清偿其应当承担的份额；

三、驳回原告对谢金贵的诉讼请求。

如果未按本判决指定的期间履行给付金钱义务，应当依照《中华人民共和国民事诉讼法》第二百二十九条之规定，加倍支付迟延履行期间的债务利息。

【法官后语】

该案是借款人在借款期间发生意外事故，而与贷款人发生的纠纷。金融机构在与借款人和担保人签订合同时，为了防止借款人的人身意外，保证贷款的及时回收，而让借款人与保险公司同时签订意外伤害保险，金融机构作为第二受益人，如借意险、安贷宝险等。当借款人发生意外事故死亡，借款人应积极向保险公司索赔，风险分担给保险公司。因为同时作为受益人，作为法定受益人的借款人向保险公司提交索赔的相关资料比作为第二受益人的贷款发放机构——金融机构更加容易，当金融机构以借款担保合同起诉借款人和担保人时，借款人和担保人偿还借款后，作为借款人的继承人也可依据保险合同向保险公司索赔。作为金融机构的权利，当借款担保合同和保险合同发生竞合时，作为原告方的金融机构有选择的权利。

对于借款担保合同中的利息计算问题，此案主要涉及复利的支持与否。在大多数人的意识中，复利不应该支持。《最高人民法院关于贯彻执行〈中华人民共和国民法通则〉若干问题的意见（试行）》第一百二十五条明确规定，公民之间的借贷，出借人将利息计入本金计算复利的，不予支持。但对于金融机构的借款，中国人民银行在《人民币利率管理规定》中又明确了按合同利率和罚息利率计收复利的规定。这就是在法律和行政法规层面上，关于复利问题规定了不同的标准。在本案中，由于双方约定了计算利息的方式包括复利，应当以当事人意思自治为原则，而且双方约定又不违反金融法规的有关规定，应予支持；另外，合同中约定了实现债权的费用应由违约方承担，而律师费又是合同中明确约定的条款，根据有关法律规定，应该以损失的形式判决，而不能在诉讼费的承担中明列，但因原告没有提交律师费单据，故法院不予支持。

编写人：山东省聊城市莘县人民法院　李玉梅

24

借款人无力偿还由保证人承担属一般保证

——富春兴诉叶明义、叶明理民间借贷担保案

【案件基本信息】

1. 裁判书字号

福建省宁德市寿宁县人民法院（2011）寿民初字第248号民事判决书

2. 案由：民间借贷担保纠纷

3. 当事人

原告：富春兴

被告：叶明义、叶明理

【基本案情】

2009年12月7日，由被告叶明理提供保证，被告叶明义向原告富春兴借款本金人民币80000元，并由被告出具借条给原告。借条载明：借款期限六个月，月息三分，担保人叶明理。担保人叶明理在借条上载明：借款人无能力偿还时，由本人承担。被告叶明义先后分四次共支付给原告富春兴从借款之日起至2010年4月6日止的利息9600元。尚欠借款本金80000元及利息，被告逾期未还，经原告多次催讨无着。2011年6月9日原告诉至法院。庭审中，原告同意被告未支付的利息由原约定月息三分降为利息按月利率2%计算。

【案件焦点】

借款人无力偿还，由保证人承担的约定属何种方式的保证？

【法院裁判要旨】

福建省宁德市寿宁县人民法院经审理认为：由被告叶明理保证，被告叶明义向原告富春兴借款事实存在，有被告出具给原告的借条予以证实。原、被告间的民间

借贷担保关系主体合格，意思表示真实一致，内容不违反法律、法规的强制性规定，该借贷担保关系合法有效，合法的借贷担保关系受法律保护。经原告催讨后，被告叶明义未将借款本息及时偿还原告是不对的，应负还本付息的责任。被告叶明理作为叶明义借贷的保证人，其保证为一般保证。一般保证的保证人与债权人未约定保证期间的，保证期间为主债务履行期届满之日起6个月。本案双方当事人未约定保证期间，担保人叶明理的担保期间为主债务期满起6个月内，在此期间，原告富春兴没有对债务人叶明义及担保人叶明理提起诉讼，保证期间已超过，保证人叶明理的保证责任免除。原告要求被告叶明义偿还借款本金及月利率按2%计算，不违反法律规定，可予支持。原告要求保证人叶明理承担连带责任的请求，没有法律依据，不予准许。

福建省宁德市寿宁县人民法院依照《中华人民共和国民事诉讼法》第一百三十条，《中华人民共和国民法通则》第九十条、第一百零八条，《中华人民共和国合同法》第二百零六条，《中华人民共和国担保法》第十七条第一款、第二十五条之规定，作出如下判决：

一、被告叶明义应在本判决生效之日起10日内偿还原告富春兴借款本金人民币80000元及利息（利息按月利率2%从2010年4月7日起计算至还款之日止）；

二、驳回原告富春兴要求被告叶明理承担连带责任的诉讼请求。

被告叶明义如果未按本判决指定的期间履行给付金钱义务，应当依照《中华人民共和国民事诉讼法》第二百三十二条之规定，加倍支付迟延履行期间的债务利息。

【法官后语】

《中华人民共和国担保法》第二十五条规定：一般保证的保证人与债权人未约定保证期间的，保证期间为主债务履行期届满之日起6个月。在合同约定的保证期间和前款规定的保证期间，债权人未对债务人提起诉讼或者申请仲裁的，保证人免除保证责任；债权人已提起诉讼或者申请仲裁的，保证期间适用诉讼时效中断的规定。一般保证的保证期间，是指保证合同的当事人依照法律规定或保证合同约定，一般保证的保证人对履行期届满的债务承担保证责任的期间。在一般保证期间内，保证人享有先诉抗辩权，除《中华人民共和国担保法》第十七条第三款所规定的三种情况外，债权人不得直接要求保证人承担保证责任，而应当在保证期间内对债务人提起诉讼或者申请仲裁，并对债务人依法强制执行仍不能履行债务时，才可以要求保证人承担保证责任。本案中保证人与债权人未约定保证期间，故保证期间应从主债务履行期届满之日起六个月计算。《中华人民共和国担保法》对保证期间采用了“有约定”和“没有约定”的两分法，并为没有约定保证期间的保证合同推定了一个“六个月”的法定保证期间，确定了“保证期间法定主义”，即任何保证债务，均有保证期间的适用，约定了保证期间的债务适用约定的保证期间；没有约定保证期间的保证债务适用法定的保证期间。在《中华人民共和国担保法》上并没有规定对保证期间“约定不明确”这种情形。在解释上应视为“没有约定”，而适用法定保证期间。本案借款人于2009年12月7日向债权人借款，借款期限六个月，未约定保证期间，其保证期间应适用法定的6个月的保证期间，这6个月法定期间应依法计算，即主债务从2009年12月7日始至2010年6月6日止，担保期间从2010年6月6日起至2010年12月5日止，在此期间债权人未向债务人叶明义及担保人叶明理提起诉讼，保证期间已超过，保证人叶明理的保证责任免除。

编写人：福建省宁德市寿宁县人民法院　叶兴娇

25

人事保证的法律适用及其特殊性

——张龙强诉张志平追偿权案

【案件基本信息】

1. 裁判书字号

上海市虹口区人民法院（2011）虹民一（民）初字第5063号民事判决书

2. 案由：追偿权纠纷

3. 当事人

原告：张龙强

被告：张志平

【基本案情】

被告与原告系光明公司同事，2000年被告经原告介绍进入光明公司从事销售工作，因被告的工作与现金接触，故公司要求被告提供担保人对其在公司工作期间可能对公司造成的经济损失承担连带保证责任，因被告与原告关系较好，故原告应被告请求于2007年5月14日向光明公司出具担保书为被告在光明公司工作期间对公司造成的经济损失承担连带赔偿责任。保证有效期自签字之日起至被告工作终止的两年内。2010年9月，被告因与光明公司发生劳动纠纷扣留本应上交公司的奶款29174.42元不交，光明公司向被告追讨未果后，要求原告作为连带保证人代为偿付29174.42元，原告于2010年9月1日向光明公司支付29174.42元。另外被告可从光明公司领取劳动合同终止经济补偿金11616.78元，同年9月25日被告书面确认同意该笔补偿金由原告领取，余款待被告与光明公司之间的劳动纠纷诉讼判决后再行支付原告。2011年4月14日，杨浦区人民法院就被告与光明公司的劳动争议纠纷作出（2011）杨民一（民）初字第596号民事判决，双方均未上诉。但之后余款17557.64元，被告至今未向原告偿还。

【案件焦点】

我国相关法律未对人事保证作明确规定，当事人关于人事保证的约定是否合法有效为本案主要争议焦点。

【法院裁判要旨】

上海市虹口区人民法院经审理认为：本案原告应被告要求以担保人身份为其在光明公司工作期间可能对公司造成的经济损失向光明公司承担连带赔偿责任，故原告与光明公司之间存在连带人事保证法律关系，我国相关法律虽然对人事保证未作明确规定，但当事人关于人事保证的约定并不违反法律强制性规定，亦不违背公序良俗，故合法有效，且关于人事保证内容与性质与《中华人民共和国担保法》所规定之保证相似，故其法律适用可类推适用《中华人民共和国担保法》有关保证之规定。《中华人民共和国担保法》第三十一条规定，保证人承担担保责任后，有权向债务人追偿。故本院对原告要求被告偿还赔偿款余额 17557.64 元以及支付相应利息的诉讼请求依法予以支持。据此，依照《中华人民共和国担保法》第十八条、第三十一条之规定，判决如下：

一、被告张志平于判决生效之日起 10 日内向原告张龙强偿还人民币 17557.64 元；

二、被告张志平于判决生效之日起 10 日内支付原告张龙强上述款项自 2010 年 5 月 1 日起至判决生效之日期间的利息，利率按人民银行同期贷款利率计算。

【法官后语】

1. 人事保证的法律适用

人事保证中保证人所保证债务类型为侵权之债，虽与《中华人民共和国担保法》所规范的普通保证的合同之债并不相同，但就其仍属保证人为债务人对债权人的债务提供人的担保的实质而言并无不同，且保证作为一种合同，根据契约自由的基本原则，只要双方关于人事保证之约定不违反法律法规强制性规定以及公序良俗，即应依法有效，因其与《中华人民共和国担保法》所规定之一般保证本质相同，故其可类推适用《中华人民共和国担保法》关于保证之相关规定。

2. 人事保证之特殊性

(1) 人事保证所担保之债应仅限于被保证人因职务行为而对雇主所造成之侵权之债

保证人与雇主往往约定保证人对雇员在雇主处工作期间对雇主所造成的损失承担保证责任，而债务人于受雇期间对债权人所造成之损失并不一定均因职务行为而发生，人事保证又称职务保证，系对债务人能够胜任职务的一种人的担保，保证人做出此种保证多出于对被保证人的友谊，故为避免保证人承受过重之负担，保证人所担保之债应以被保证人在雇主处执行职务行为所发生为限。另外，人事保证人所担保之债应为侵权行为之债，即并非被保证之雇员在雇主所造成的任何损失均应承担赔偿责任，而应该仅对雇员因不法之侵权行为对雇主所造成之损失承担赔偿责任。

(2) 人事保证保证人承担责任范围应受限制

人事保证所担保债务为雇员在执行职务过程中对雇主的侵权之债，故在雇员执行职务行为过程中因不可抗力、意外事件、自然力、雇主强令雇员违章作业、第三人原因介入造成以及雇员行为不符合侵权行为一般构成要件的，对由此而引发的损害，保证人不承担赔偿责任。即使被保证之雇员因侵权行为给雇主造成损失的，如雇主对该损害的产生是有过失的，保证人可援引侵权法上过失相抵制度以减轻其赔偿责任。

(3) 人事保证责任之免除

人事保证与最高限额保证一样均属对将来债务的保证，但最高额保证保证人对于决算期届至前发生的债务均应承担保证责任，而人事保证多是基于保证人与被保证人之间的个人情谊所做出，且雇主雇佣员工后，员工劳动力受雇主支配，员工是在雇主的指挥、监督下提供劳动，其在工作上与雇主的联系远较保证人密切，为避免雇主将本应由其自己承担的经营风险不合理地转嫁给保证人，故对保证人的承担人事保证责任的情形应予以限制，笔者认为在以下几种情形下保证人可以免除保证责任。

①被保证人工作地点、岗位、职务发生重大变化致使保证人责任加重

因保证人是基于对被保证人能够胜任建立保证关系时所担任的职务的信任做出担保，如之后被保证人在雇主处所工作岗位、所担任职务、工作地点发生重大变化，因不同工作地点、岗位、职务给雇主可能造成损害的风险亦不同，如从一般工作岗位更换至可接触现金的岗位，其对雇主可造成损失的潜在风险以及机率均大大增加，因此给保证人带来的承担保证责任的风险亦大大增加，而该变化一般是超出保证人订立保证合同当时的预期的，属于保证合同订立时的基础事实的重大变化，构成情势变更，保证人可以享有解除保证合同的权利，故保证合同签订后被保证人工作地点、岗位、职务发生重大变动后雇主应该及时通知保证人并取得保证人对被保证人职务变动后愿意继续提供担保的书面同意，否则保证人可以要求解除保证合同从而不对被保证人工作地点、岗位、职务变动后所造成的损害承担保证责任。

②因被保证人之职务行为雇主得解除劳动合同而其竟未解除且该解除事由有使保证人承担保证责任之虞者，雇主未将该情形及时通知保证人

被保证人在雇主处工作期间若发生可使雇主解除劳动合同的行为时，且该解除事由可使保证人承担保证责任或有使保证人承担保证责任之虞时，雇主本可选择解除合同从而使被保证人继续对其造成损害的风险消灭，而其竟最终仍选择维持与被保证人的劳动关系，保证人因此而承担保证责任的风险亦大为增加，又因保证责任

事由的发生使保证人对被保证人的信任基础已不存在，故此时保证合同订立当时的基础情事也已发生重大变化，保证人享有解除保证合同的权利，故此时雇主应及时通知保证人并取得保证人愿意继续承担保证责任的承诺，否则保证人亦得拒绝对此后发生的损害承担保证责任。

编写人：上海市虹口区人民法院　方文光

26

保证期间与诉讼时效的理解适用

——中国农业银行股份有限公司泉州鲤城支行诉福建省泉州市区开元静电喷涂厂等金融借款合同案

【案件基本信息】

1. 裁判书字号

福建省泉州市鲤城区人民法院（2011）鲤民初字第2094号民事判决书

2. 案由：金融借款合同纠纷

3. 当事人

原告：中国农业银行股份有限公司泉州鲤城支行

被告：福建省泉州市区开元静电喷涂厂（以下简称开元喷涂厂）、泉州市丰泽黎兴塑料厂（以下简称黎兴塑料厂）

【基本案情】

被告开元喷涂厂作为借款人分别于1993年11月26日、1994年1月25日、3月19日向原告借款12万元、8万元、6万元用于购买材料，由泉州市鲤中黎兴塑料厂作为担保人提供担保，并签订三份《中国农业银行担保借款协议书》，三份协议书均约定借款期限均为六个月，月利率为10.98‰，借款方保证按借款契约所订期限归还贷款本息，贷款方未同意延期手续或未办理延期手续的逾期贷款，加收罚息；贷款到期后一个月，如借款方不按期归还本息时，由担保人负责为借款方偿还本息和逾期罚息。上述合同签订后，原告依约分别三次向被告开元喷涂厂发放贷款共26万元。此后，被告开元喷涂厂只陆续归还借款本金6.5万元，其余借款本金19.5万元及借款利息均未归还。

泉州市鲤中黎兴塑料厂后变更名称为被告泉州市丰泽黎兴塑料厂。1999年11月11日，被告开元喷涂厂被工商行政管理机关注销，注销原因为被吊销。

上述三笔借款到期后，原告曾于1995年11月3日、1997年6月6日、1998年8月25日、1999年2月21日、2000年2月27日、2001年4月1日、2002年9月21日、2004年8月11日、2005年12月20日、2007年9月30日、2009年9月7日向担保人即被告黎兴塑料厂送达《债务逾期催收通知书》或《担保人履行责任通知书》催收贷款，并于1998年8月25日、2002年9月23日、12月25日、2004年12月22日、2005年12月20日、2006年12月30日、2008年6月30日、2010年5月31日向被告开元喷涂厂送达《债务逾期催收通知书》催收贷款。至2011年6月10日止，被告开元喷涂厂尚欠原告借款本金195000元，利息、罚息550692.22元。被告黎兴塑料厂至今未履行保证责任。原告于2011年6月16日向本院提起诉讼。

【案件焦点】

1. 本案借款是否超过诉讼时效；2. 原告要求被告黎兴塑料厂承担保证责任是否超过保证期间。

【法院裁判要旨】

福建省泉州市鲤城区人民法院经审理认为：原告与被告开元喷涂厂、黎兴塑料厂签订的《中国农业银行担保借款协议书》，各方当事人主体适格，未违反法律强制性、禁止性规定，应认定合法有效。双方当事人均应按约履行合同义务。原告依约发放贷款，但借款到期后，被告开元喷涂厂只归还部分借款，尚欠借款19.5万元及相应利息、罚息至今未还，已构成违约，应承担相应的违约责任，故对原告要求被告开元喷涂厂偿还尚欠的借款及利息的请求，依法应予支持。被告开元喷涂厂辩称原告的起诉已超过诉讼时效，因三笔借款的到期时间分别是1994年5月30日、7月25日、9月19日，而原告曾于1995年11月3日、1997年6月6日、1998年8月25日、1999年2月21日、2000年2月27日、2001年4月1日、2002年9月21日、2004年8月11日、2005年12月20日、2007年9月30日、2009年9月

7日向担保人即被告黎兴塑料厂送达《债务逾期催收通知书》或《担保人履行责任通知书》催收贷款，并于1998年8月25日、2002年9月23日、12月25日、2004年12月22日、2005年12月20日、2006年12月30日、2008年6月30日、2010年5月31日向被告开元喷涂厂送达《债务逾期催收通知书》催收贷款，根据《最高人民法院关于贯彻执行〈中华人民共和国民法通则〉若干问题的意见（试行）》第一百七十三条第二款规定："权利人向债务保证人、债务人的代理人或者财产代管人主张权利的，可以认定诉讼时效中断。"从诉讼时效中断时起，诉讼时效期间重新计算，故原告的起诉并未超过两年的诉讼时效。原告与二被告之间的三笔借款、保证合同成立于1993年及1994年间，而《中华人民共和国担保法》于1995年10月1日施行，故该法关于"未约定保证期间的，保证期间为主债务履行期届满之日起6个月"的规定并不适用于本案，被告黎兴塑料厂主张原告要求其承担保证责任已超过保证期间的理由不能成立，本院不予采纳。被告开元喷涂厂主张其财产损毁向原告申请破产，未能提供证据证明，且也未能按照法定程序申请破产清算，故其关于不承担扩大的利息损失的主张，依法不予采纳。据此，依照《中华人民共和国民法通则》第八十四条、第八十五条、第八十八条第一款、第八十九条第（一）项、第一百三十五条、第一百四十条，《最高人民法院关于贯彻执行〈中华人民共和国民法通则〉若干问题的意见（试行）》第一百七十三条之规定，判决如下：

一、被告福建省泉州市区开元静电喷涂厂应于本判决生效之日起10日内偿还原告中国农业银行股份有限公司泉州鲤城支行借款本金195000元及支付相应利息、罚息（至2011年6月10日止的利息、罚息550692.22元，之后至实际还款之日止的利息、罚息按双方合同约定计算）；

二、被告泉州市丰泽黎兴塑料厂对被告福建省泉州市区开元静电喷涂厂的上述债务承担连带清偿责任；

三、被告泉州市丰泽黎兴塑料厂承担连带清偿责任后，有权向被告福建省泉州市区开元静电喷涂厂追偿。

【法官后语】

本案借款时间久、拖欠时间长，适用法律多，为了正确地审理本案，必须厘清本案所涉及的保证期间与诉讼时效问题。

1. 关于保证期间与诉讼时效的区别与联系。保证期间是除斥期间，是根据当事人约定或者法律规定，债权人应当向债务人（在一般保证情况下）或者保证人（在连带保证情况下）主张权利的期间。进一步说，保证期间是债权人主张请求权的权利存续期间，债权人在该期间内没有主张权利，则保证人不再承担保证责任，即，保证期间届满发生实体权利消灭的法律后果。诉讼时效期间是可变期间诉讼时效，是指权利人在法定期间内不行使权利，持续达到一定期间而致使其请求权消灭的法律事实。诉讼时效期间届满，权利人丧失胜诉权。根据《中华人民共和国担保法》规定，不管是一般保证或连带责任保证，保证人与债权人未约定保证期间的，保证期间均为主债务履行期届满之日起6个月。保证期间“六个月”是一个不变期间，该期间不因任何事由而发生中断、中止、延长的法律后果。诉讼时效期间一般为两年，但可能因权利人起诉或一些法定事由而中断、中止、延长。保证期间与诉讼时效也有关联，如果债权人在保证期间主张权利，保证期间终止，适用诉讼时效的规定。

2. 本案能否适用6个月的保证期间。本案未约定保证期间，保证期间如何适用？本案双方在借款合同约定，如借款方不按期归还本息时，由担保人负责为借款方偿还本息和逾期罚息。根据《最高人民法院关于审理经济合同纠纷案件有关保证的若干问题的规定》第五条规定，保证合同明确约定保证人承担代为履行责任的，经债权人请求被保证人履行合同，被保证人拒不履行时，债权人可请求保证人履行。保证人不能代为履行合同，且强制执行被保证人的财产仍不足以清偿其债务的，由保证人承担赔偿责任。故本案保证人承担的应是一般保证责任。而本案保证人与债权人在合同中未约定保证期间，根据《中华人民共和国担保法》第二十五条规定：“一般保证的保证人与债权人未约定保证期间的，保证期间为主债务履行期限届满之日起6个月。”本案如适用6个月的保证期间，因债权人未在保证期间向保证人主张保证责任，保证人应免除保证责任。本案债权人与债务人、保证人之间的三笔借款、保证合同成立于1993年及1994年间，而《中华人民共和国担保法》于1995年10月1日施行，故该法关于“未约定保证期间的，保证期间为主债务履行期届满之日起6个月”的规定并不适用于本案，保证人主张已超过保证期间的理由不能成立。故本案不能适用6个月的保证期间。

3. 债权人向债务保证人主张权利的，可以认定诉讼时效中断，保证债务的诉讼时效中断，主债务的诉讼时效亦中断。根据《最高人民法院关于审理经济合同纠纷案件有关保证的若干问题的规定》第十一条规定："保证合同中没有约定保证责任期限或者约定不明确的，保证人应当在被保证人承担责任的期限内承担保证责任。保证人如果在主合同履行期限届满后，书面要求债权人向被保证人为诉讼上的请求，而债权人在收到保证人的书面请求后一个月内未行使诉讼请求权的，保证人不再承担保证责任。"上述条款中规定了一个被保证人承担责任的期限，但没有明确具体期限，是在主债务履行期限内或是主债务履行的诉讼时效期限内。根据同一条款规定，保证人超过主债务履行期限内必须行使救济权利，通过履行相应程序才能导致保证责任免除。所以，被保证人承担责任的期限应认定为主债务履行的诉讼时效期限内。该认定与《最高人民法院关于适用〈中华人民共和国民法通则〉若干问题的意见（试行）》第一百七十三条第二款规定相符合，该条款规定："权利人向债务保证人、债务人的代理人或者财产代管人主张权利的，可以认定诉讼时效中断。"本案债权人虽未能在主债务的诉讼时效期间内向债务人主张权利，但均在主债务的诉讼时效期间内向债务保证人主张权利，故应认定诉讼时效中断，且保证债务的诉讼时效中断，主债务的诉讼时效亦同时中断。

编写人：福建省泉州市鲤城区人民法院　郑辉明

27

超过保证期间保证责任的免除

——李本浪诉谢周远、张必鼎民间借贷案

【案件基本信息】

1. 裁判书字号

福建省三明市尤溪县人民法院（2011）尤民初字第386号民事判决书

2. 案由：民间借贷纠纷

3. 当事人

原告：李本浪

被告：谢周远、张必鼎

【基本案情】

2008年8月23日，被告谢周远向原告借款15000元，由被告张必鼎为该笔借款提供担保。同日，被告谢周远向原告出具一份《借据》，其内容为："今向李本浪借到人民币壹万伍千元整（￥15000）；月利息2分，于2009年8月23日前还清。"被告张必鼎在《借据》中担保人位置签名捺印。原告在借款时从借款本金中扣除600元作为利息，被告谢周远于2008年春节期间偿还利息600元。其余本息经原告多次催讨，二被告未能偿还。原告在2009年8月23日至2010年2月23日的期间内未要求被告张必鼎承担保证责任。

【案件焦点】

被告张必鼎是否应当承担保证责任。

【法院裁判要旨】

福建省三明市尤溪县人民法院经审理认为：依照被告谢周远向原告出具的《借据》，可以认定被告谢周远向原告借款及约定利息并由被告张必鼎提供担保的事实。原告在借款给被告谢周远时预先从借款本金中扣除600元作为利息，其实际借款金额为14400元。借款后，原告自认被告谢周远已偿还利息600元，该院对此予以确认。原告自认被告张必鼎偿还500元利息，但被告张必鼎不予认可，且原告没有其他证据证实，该院不予确认。原告所主张的27个月利息应计为7776元（14400元×20‰×27个月），对超出该主张的利息原告未提出请求，是原告对自身权利的处分；因被告谢周远已偿还利息600元，该院确认被告谢周远尚欠原告借款利息7176元。原告在还款期限届满之日起六个月内未要求被告张必鼎承担保证责任，被告张必鼎可依法免除其保证责任，对被告张必鼎关于免除保证责任的辩解意见，该院予以采纳。原告的起诉有明确的被告，有具体的诉讼请求和理由、事实，且属于该院受理民事诉讼的范围和管辖，符合《中华人民共和国民事诉讼法》关于起诉的规定，对被告关于原告的起诉不符合法律规定的辩解意见，该院不予采纳。综上，被告谢周远尚欠原告借款本金 14400 元及利息，原告与被告谢周远之间的债权债务关系明确，原告有权要求被告谢周远予以偿还。原告的诉讼请求为要求被告谢周远偿还借款本金 15000 元及 27 个月利息 8100 元，对其合理部分，该院予以支持。被告谢周远经该院传票传唤，无正当理由拒不到庭参加诉讼，该院依法缺席判决。依照《中华人民共和国民法通则》第八十四条第一款、第一百零八条、《中华人民共和国担保法》第十九条、第二十六条、《中华人民共和国民事诉讼法》第一百零八条、第一百三十条的规定，判决如下：

一、被告谢周远尚欠原告李本浪借款本金人民币 14400 元及利息 7176 元，合计 21576 元，应于本判决生效之日起 10 日内付清；

二、驳回原告李本浪的其他诉讼请求。

【法官后语】

民间借贷是我国金融体系的一部分，它有其自身的优势，如程序简便、机动灵活，但也存在一定的缺陷，如人身依赖性过大，没有相应的保障。因此，在许多民间借贷案件中，出借人往往要求借款人提供担保，因为保证这一方式比较简单易行，在实践中是最常见到的。但是很多出借人并不了解《中华人民共和国担保法》中关于保证人的相关规定，以为有人提供保证便怠于行使自己的权利，使得保证没能达到其真正目的，这就涉及到一个问题，即保证期间。保证期间又称保证责任的期限，是指依照法律规定或者当事人的约定，保证人仅在一定期限内承担保证责任，超过该期限保证人不承担保证责任。也即，保证期间是保证人对已确定的主债务承担保证责任的期间，债权人只能在此期间内向保证人行使请求权。为了保护保证法律关系各方当事人的合法权益，不论一般保证还是连带责任保证，当事人都应当确定一个保证期间。理解保证期间应注意以下几点：

1. 从债权人角度来看，保证期间是债权人应当积极行使权利的期间。债权人行使权利的方式因保证方式的不同而不同。在一般保证中，债权人行使权利的方式是特殊方式，即提起诉讼或者申请仲裁；在连带责任保证中，法律对债权人行使权利的方式没有特殊的要求，只要请求保证人履行保证义务，就符合法律要求。对债权人而言，保证期间的意义是，如果债权人在保证期间内不依法定方式积极行使权利，保证人的保证责任即告免除。

2. 从保证人的角度来看，保证期间是保证人免除保证责任的期间。从整体上看，保证期间着眼于保护保证人的利益，即通过促使债权人尽快行使权利，以避免保证人无限期地等待，使保证关系尽快结束。

3. 保证期间既可以是约定期间，又可以是法定期间，但约定期间具有优先效力。只是在约定的期间早于或等于主债务履行期限时或者没有约定时，才适用法定期间。

编写人：福建省三明市尤溪县人民法院　陈新鑫

28

保证期间已过，保证人的责任是否当然免除

——王育青诉杨玉志等民间借贷案

【案件基本信息】

1. 裁判书字号

福建省厦门市集美区人民法院（2011）集民初字第2337号民事判决书

2. 案由：民间借贷纠纷

3. 当事人

原告：王育青

被告：杨玉志、杨双林

【基本案情】

被告杨玉志于2010年7月23日向原告王育青借款50000元，并由杨双林提供担保，经原告向借款人催讨，借款人不予偿还，担保人也未履行担保责任。

【案件焦点】

保证期间已过，保证人的责任是否当然免除？

【法院裁判要旨】

福建省厦门市集美区人民法院经审理认为：杨双林作为该笔债务的连带责任保证人，由于王育青与杨双林未就保证期间作出约定，因此杨双林承担连带保证责任的期间为自主债务履行期届满之日起6个月，即至2011年2月23日止，王育青起诉杨双林承担担保责任系在2011年9月13日，已经超过6个月的法定保证责任期限，王育青未提供证据证明其在保证期间内曾向杨双林主张过权利，保证期间已过，故王育青主张杨双林承担连带清偿责任于法无据，本院不予支持。被告杨玉志、杨双林经本院合法传唤，无正当理由拒不到庭参加诉讼，视为其主动放弃诉讼权利，本院在查明事实后，可依法径行判决。

福建省厦门市集美区人民法院根据《中华人民共和国合同法》第二百零六条、第二百一十一条第一款，《中华人民共和国担保法》第十八条第一款、第二十六条，《最高人民法院关于人民法院审理借贷案件的若干意见》第九条、《最高人民法院关于适用〈中华人民共和国担保法〉若干问题的解释》第三十一条，《中华人民共和国民事诉讼法》第六十四条第一款、第一百三十条之规定，判决如下：

一、被告杨玉志应于本判决生效之日起10日内偿还原告王育青借款人民币50000元及相应利息（按中国人民银行同期同类贷款利率，自2010年8月24日起计至本判决确定的履行之日止）；

二、驳回原告王育青的其他诉讼请求。

【法官后语】

本案原是一起简单的民间借贷纠纷案件，但因保证期间这个颇具争议的概念而引人思考。本案主要涉及对《中华人民共和国担保法》第二十五条、第二十六条、《最高人民法院关于适用〈中华人民共和国担保法〉若干问题的解释》第三十一条的理解。法院是否主动审查保证期间并在保证人缺席的情况直接免除其保证责任。因不同人对保证期间的性质认识不同而产生不同的看法。

1. 保证期间的性质

有四种意见：一种意见认为，保证期间属于诉讼时效性质。《中华人民共和国担保法》第二十五条、第二十六条规定的六个月法定保证期间届满的后果是保证人的保证责任免除。保证人获得了免责的法定事由，债权人丧失胜诉权，因而它具有时效的效能，类似于债权的诉讼时效。[①] 第二种意见认为，《中华人民共和国担保法》第二十五条规定的六个月法定期间应属特殊的诉讼时效期间，《中华人民共和国担保法》第二十六条规定的六个月法定保证期间应属除斥期间。[②] 第三种意见认为，《中华人民共和国担保法》中规定的六个月，从民法理论上讲，其性质应属除斥期间，与诉讼时效是两个法律概念，不能适用《中华人民共和国民法通则》有关诉讼时效中断、中止和延长的规定。[③] 第四种意见认为，《中华人民共和国担保法》中规定的六个月法定保证期间，既非诉讼时效期间，亦非除斥期间。从保证期间保护保证人的宗旨不难得出结论，保证期间即保证人的免责期间，或是保证责任存续期间，并无必要强求其在诉讼时效与除斥期间中对号入座。[④] 可见，对于保证期间性质的认识方面，主要焦点就在于其究竟为除斥期间，还是诉讼时效。对此，应当根据两者的特点，结合《中华人民共和国担保法》中的规定进行分析。

除斥期间是法律规定或者当事人约定的形成权存续的有效期间。该期间届满，形成权即告消灭。除斥期间为不变期间，不因任何事由而中断、中止或者延长。[⑤] 笔者认为，保证期间所保护的权利是债权人的担保债权，性质非属于形成权，而属于请求权，与传统民法理论有关除斥期间的阐述不符，无法对号入座。但因《担保法解释》第三十一条明确规定保证期间不因任何事由发生中断、中止、延长的法律后果。所以众多的学者和司法实践者都直接认定其为除斥期间。但除斥期间通常是由法律直接规定固定的时间段，以使当事人能够对期待利益有合理的预期。[⑥] 而《中华人民共和国担保法》允许当事人在保证合同中对保证期间进行约定，与一般意义上的除斥期间又有所不同。所以，笔者认为保证期间仅是一种免责期间，只是立法赋予其同于除斥期间的不变期间的特性而已。保证期

---

① 高素芝、卜庆秀："保证权的特征、效能及引发的法律冲突"，载《经济与法》1996年第7期。

② 李明发："论法定保证期间的法律性质相关问题"，载《法学》1998年第1期。

③ 何志、王志教、单浩森主编：《担保法判解研究与适用》，中国政法大学出版社2000年版，第91页。

④ 李参加、孙鹏、肖厚国：《担保法律制度研究》，法律出版社1998年版，第83页。

⑤ 江平：《民法学》，中国政法大学出版社2007年版，第253页。

⑥ 奚晓明："论保证期间与诉讼时效"，载《中国法学》2001年第6期。

间不能视为保证责任的存续期间，因为存在保证期间已过，但保证人的保证责任依然存在的情况。如债权人在保证期间主张了权利，保证人拒绝履行，债权人在诉讼时效期间内提起诉讼的，保证人依然要承担保证责任。保证期间内，债权人根据《中华人民共和国担保法》第二十五条、第二十六条规定的方式向保证人主张权利的，保证人不免除保证责任，保证期间的作用失去意义，保证责任不再受保证期间的制约，应受诉讼时效的制约。这方面最好的比喻就是将保证期间比作产品质量检验期间（或者称质量异议期），在买卖合同中，货物的质量检验期间也同样是一种除斥期间。根据《中华人民共和国合同法》第一百五十八条规定："当事人约定检验期间的，买受人应当在检验期间内将标的物的数量或者质量不符合约定的情形通知出卖人。买受人怠于通知的，视为标的物数量或者质量符合约定。"一旦在约定的期间提出了异议，质量检验期间将失去作用。作为买方所要做的就是在诉讼时效内对卖方提起诉讼。①

2. 连带责任保证中，债权人要求保证人承担保证责任有无形式要求

保证责任是一种或有性责任，即保证人签字表示承担保证责任之后，并不一定需要履行债务责任。② 保证人承担保证责任需以一定条件为前提。在一般保证责任中，限制为向债务人提起诉讼或申请仲裁（《中华人民共和国担保法》第二十五条），保证人享有先诉抗辩权。连带责任保证中，仅规定债权人需"要求"保证人承担保证责任。此要求是否有具体形式要求，有两种意见，一种意见认为其必须是具备强制执行力之行为，否则保证期间已过，担保债权请求权已消灭，再要求保证人承担责任已无意义。另一种意见认为其不需要具备特定的形式要求，仅仅因为债权人的举证责任问题而以书面形式为佳，若债权人直接提起诉讼或具强制执行力的其它行为则直接实现其债权，而无须产生诉讼时效中断之效果。笔者同意后一种意见，从立法上看，《中华人民共和国担保法》在第二十五条一般保证责任中，强调需采用诉讼或仲裁的形式以保障保证人的先诉抗辩权。对于连带责任保证人其承担的责任可谓重于一般责任保证人，对其形式的要求也随之减弱。此处所谓的"要求"有几层意思。首先，债权人的"要求"性质上属于需要相对人（保证人）受领的意思表示，且不可以取消，否

---

① 奚晓明："论保证期间与诉讼时效"，载《中国法学》2001 年第 6 期。

② 石俊志："从保证责任的或有性看保证期间"，载《湖南商学院学报（双月刊）》2002 年第 6 期。

则势必使得保证人的地位，在保证期间届满后，因为过分依赖于债权人的意思，而变得摇摆不定。其次，在该“要求”中，债权人无需将保证责任范围精确地“数字化”。再者，债权人之“要求”不得超出保证期间，否则保证人免责。最后，债权人提出“要求”后，对于保证关系的存续有争议的，债权人应负责举证。①

3. 法院是否主动审查保证期间

有两种意见，一种意见认为保证人缺席的情况下，视为保证人放弃保证期间已过的抗辩，法院不能直接免除其保证责任。另一种认为保证期间不同于诉讼时效，法院应主动审查保证期间，不以保证人是否提出抗辩为要件。笔者赞同第二种意见。因保证期间是一种特殊的免责期间，期间经过其消灭的是保证债权，而非诉讼时效的请求法院给予支持的胜诉权。我国立法明确法院不主动援引诉讼时效抗辩，但保证期间非诉讼时效，法院有必要主动审查保证期间，并就保证期间中，债权人是否主张权利进一步审查。在举证责任分配上，应由债权人举证证明其于保证期间内主张权利，仅单方口头陈述不能因保证人的缺席而予以认定，应由债权人提供证据加以证明，否则因其举证不能而由其承担不利后果，即视为保证期间内未主张权利，保证期间一过就免除保证人的保证责任。

编写人：福建省厦门市集美区人民法院　詹雪霞

29

人的保证与债务人最高额抵押共存时保证期间的起算

——江苏阜宁农村商业银行股份有限公司陈良支行诉周克举保证合同案

【案件基本信息】

1. 裁判书字号

江苏省高级人民法院（2011）苏商终字第0040号民事判决书

---

① 张谷：“约认定保证期间——以《担保法》第25条和第26条为中心”，载《中国法学》2006年第4期。

2. 案由：保证合同纠纷

3. 当事人

原告（上诉人）：江苏阜宁农村商业银行股份有限公司陈良支行（以下简称陈良支行）

被告（被上诉人）：周克举

【基本案情】

上诉人周克举系空调厂的法定代表人。空调厂与上诉人江苏阜宁农村商业银行股份有限公司陈良支行先后签订四份最高额抵押贷款合同并办理了抵押登记，具体为：2004年6月24日，空调厂以自有价值1123万元的机床等设备作抵押，为2004年6月24日至2007年6月23日期间形成的最高余额不超过705万元的贷款提供担保；2006年4月29日，空调厂以自有价值2572.95万元的机床等设备作抵押，为2006年4月29日至2008年4月29日期间形成的最高余额不超过1200万元的贷款提供担保；2006年5月15日，空调厂以自有土地使用权作抵押，为2006年5月15日至2009年5月14日期间形成的最高余额不超过50万元的贷款提供担保；2006年5月15日，空调厂以自有厂房作抵押，为2006年5月16日至2009年5月15日期间形成的最高余额不超过50万元的贷款提供担保。2006年2月至11月期间，空调厂分26笔向原告申请贷款累计1100万元，其中最早到期日2007年1月20日，最晚到期日2007年4月20日。2006年7月31日，被告向原告出具承诺书，载明“空调厂在陈良信用社的贷款，本人自愿为其提供担保，本人承诺按照担保法的有关规定承担连带担保责任”。2007年5月10日，陈良镇政府与原告及空调厂达成三方协议，约定将上述已抵押土地交由陈良镇政府用于招商引资，陈良镇政府代空调厂偿还贷款400万元。至此，空调厂的贷款余额减至700万元。2007年12月5日，阜宁县法院受理空调厂的破产申请，原告随即申报了债权。2009年12月29日，阜宁县法院裁定原告债权为700万元（不含利息），对设立抵押的财产享有优先受偿权，但因设立抵押的财产变现收入尚不足以清偿职工债务，故债权分配为零。2010年5月26日，阜宁县法院裁定终结破产程序且确认未得到清偿的债权不再受偿。2010年6月10日，陈良支行遂向江苏省盐城市中级人民法院起诉，要求周克举承担连带保证责任700万元。周克举则辩称不再承担担保责任，因为从涉案26笔贷款中最晚到期一笔的履行期限届满之日2007年4月20日起算，至空调厂申请破产2007年12月5日止，陈良支行从未向其主张过保证债权，所以陈良支行的诉请已经超过六个月的保证期间。

【案件焦点】

在涉案26笔贷款的到期日不尽一致的情况下，保证期间该从何时起算。

【法院裁判要旨】

江苏省盐城市中级人民法院经审理认为：

一、关于被告的保证数额问题。1. 2006年5月15日，被告刘清龙、周德轩及案外人张安根、王为并书面承诺，对空调厂2006年1月至2006年12月31日在原告的借款300万元提供担保，承担连带责任。因此应认定被告刘清龙、周德轩对空调厂在2006年1月至2006年12月31日期间的债务承担300万元的连带保证责任。2. 2006年7月31日，被告周克举、刘清龙、戴元华以及案外人张安根、王为兵承诺：空调厂在原告的贷款，自愿为其提供担保，承担连带担保责任。对此被告认为此是对2006年7月31日当天发生的76万元借款提供的担保。原告认为此是对被告承诺对空调厂在原告的所有借款提供的担保。本院认为，该承诺并未确定担保的具体数额以及对担保的时间范围。被告周克举、刘清龙、戴元华以及案外人张安根、王为兵在共同作出此承诺时，作为空调厂的管理人员，其应当知道空调厂截止2006年7月31日实际借款的大致金额，其作出承诺对空调厂在原告的借款承担连带担保责任，应认定为是对截止2006年7月31日发生的584万元借款作出的担保。被告周克举、刘清龙、戴元华认为是对当天发生的76万元借款提供的担保，依据不足。对2006年7月31日以后发生的借款，担保人是无法预见的，如果要求担保人承担担保责任，显然会加重担保人的责任，因此原告认为对2006年7月31日以后发生的借款也应承担连带担保责任，依据不足。据此，周克举、刘清龙、戴元华应对截止2006年7月31日前发生的584万元借款承担连带担保责任。

二、关于被告的保证责任是否免除问题。根据我国担保法律规定，连带责任保证的保证人与债权人未约定保证期间的，债权人有权自主债务履行期届满之日起六个月内要求保证人承担保证责任。在此保证期间，债权人未要求保证人承担保证责任的，保证人免除保证责任。本院认为，原告合作银行陈良支行作为债权人，怠于行使权利，未在债务期限届满后六个月内向保证人主张权利，故被告不再承担保证责任。其理由：

1. 本案原告提供的证人姚荣光、徐春雷系原告单位职工，其与原告具有利害关系，其证言不能作为原告在债权到期后六个月内向被告主张保证债权的依据。

2. 证人张安根系与本案被告为共同保证人，本案原告仅起诉了四个被告，要求四个被告承担保证责任，而未对张安根提起诉讼，张安根与本案具有事实上的利害关系。且张安根在本院庭审时也到庭对其出具给原告的信函所证明的内容予以了否定，因此张安根的信函不能证明原告在债权到期后六个月内向四个被告主张了保证责任。

3. 在本案被告周克举2007年2月提起的要求撤销保证承诺的案件中，本案原告在答辩中并未明确提出要求周克举承担保证责任。且该诉讼是担保人周克举提起的诉讼，而不是债权人本案原告主动要求保证债权的行为。因此，周克举的诉讼行为，不能作为本案原告向本案被告主张保证责任的依据。

4. 原告作为金融部门，对到期的债权，应当有规范的催要程序和手续，以避免时效的丧失。中国人民银行等部门《关于切实加强信贷管理依法催收银行逾期贷款的通知》中明确要求，对于贷款逾期的，债权银行应立即向借款和保证人发送催收通知书并指派专人加强催收，依法收贷。而本案原告不能提供在贷款到期后向被告主张保证责任的任何书面通知。其怠于主张对被告的保证责任，故被告的保证责任已免除。

综上所述，由于原告怠于行使保证债权，未在法律规定的期限内要求保证人承担保证责任，被告的保证责任已免除，原告要求被告承担保证责任主张，本院不予支持。据此，根据《中华人民共和国担保法》第二十六条、《中华人民共和国民事诉讼法》第一百二十八条之规定，判决如下：

驳回原告江苏阜宁农村合作银行陈良支行对被告周克举、刘清龙、戴元华、周德轩的诉讼请求。

陈良支行持原审起诉意见提起上诉。江苏省高级人民法院经审理认为：上诉人向被上诉人主张保证债权并未超过六个月的保证期间。

一、依据《中华人民共和国物权法》第一百七十六条第一款的规定，被担保的债权既有物的担保又有人的保证的，债务人不履行到期债务，若债务人自己提供物的担保的，债权人应当先就该物的担保实现债权。

据此，本案上诉人在空调厂以自身抵押物清偿债务前可享有免予承担保证责任的抗辩权。由于法律对该情形下保证期间的起算并未作出明确规定，且连带保证人所享有的抗辩权又类似于一般保证人的先诉抗辩权，故可参照适用《中华人民共和国担保法》第二十五条第二款的规定，即债权人应在得以行使抵押权之日起六个月的保证期间内行使抵押权，否则保证人免除保证责任。

二、涉案四份抵押均为最高额抵押，26笔贷款的到期日也不尽相同，因此在单笔贷款到期日与最高额抵押权存续期间届满之日不一致时，应以两者中较迟到期日作为保证期间的起算点。

据此，在单笔贷款履行期限已经届满而最高额抵押权存续期间尚未届满时，六个月保证期间应当自债权人可行使抵押权之日，即最高额抵押权存续期间届满之日起算。虽然本案26笔贷款中最晚到期的一笔已于2007年4月20日届满，但除第一笔最高额抵押合同的期间于2007年6月23日届满外，其余三笔约定的最高额抵押权的存续期间至法院受理空调厂破产清算申请之日均未届满，且第一笔最高额抵押合同期间届满之日距破产受理之日亦不足六个月。因此上诉人的诉请并未超过六个月的保证期间。

【法官后语】

纵观全案，涉案担保并非单一人的保证，而是人的保证（下简称人保）与物的担保（下简称物保）并存的混合担保。由于人保与物保性质的差异，各国对混合担保中人保的范围以及债务承担顺位的规定也不尽一致。我国《物权法》第一百七十六条采用了“私法自治原则 + 保证人相对优待主义”的立法模式，即“有约定，从约定；无约定，则依据物保的提供者是第三人还是债务人而区分对待”，若债务人以自身财产提供担保，那么保证人承担保证责任的先决条件就是债权人必须先行向债务人主张担保物权。但是为了防止保证人滥用“保证人优待主义”无限期地推诿担保责任，势必要对该情形下保证期间的起算及合理期限通过立法或司法解释的形式予以明确。本案二审判决的做法值得借鉴。其从平衡保护主义出发，巧将保证期间的起算与保证人对债务人自身担保物所享有的先诉抗辩权融合起来，保证期间仍推定为六个月，但从债权人“得以行使抵押权之日”起算，这不仅可促使债权人积极行使权利，简化了债务清偿程序，提高了清偿效率，而且还抑制了因怠于行使担保物权期间，债务人财产状况恶化导致清偿能力丧失及保证人事后追偿不能局面的出现。

另本案未考虑连带责任保证与一般保证责任性质的差异，一律将涉案保证期间从得以行使抵押权之日起算，虽维护了债权人的权益，但是这在今后的司法实践中仍有待商榷。因为《中华人民共和国担保法》设立连带责任保证的目的就是为了充分发挥保证的担保功能，最大限度地（效率最大化、保全最大化）保障债权人债权的完整实现，即只要债务人到期不履行债务，则不分履行先后，不分清偿能力强弱，债权人均有权向债务人、保证人全体或任何一人主张未受清偿债权的全部或部分。所以，在连带责任保证与债务人自身最高额抵押共存的情况下，只要所担保的债务已经到期，无论是一笔还是多笔，也无论每笔债务到期日是否一致，保证期间均应逐笔单独起算，而与债权人是否得以行使抵押权无关。否则，将有悖于连带责任保证制度的立法初衷，使得连带责任保证与一般保证无异，进而丧失独立存在的价值。

编写人：江苏省盐城市阜宁县人民法院　缪大军　刘干

30

资产管理公司与国有银行不良债权转让的效力问题

——北京赛科药业有限责任公司诉中国信达资产管理股份有限公司北京分公司借款担保执行异议案

【案件基本信息】

1. 裁判书字号

北京市第一中级人民法院（2011）一中执复字第1120号执行裁定书

2. 案由：借款担保执行异议纠纷

3. 当事人

申请复议人（原审异议人、被执行人）：北京赛科药业有限责任公司（以下简称赛科药业）

原审申请执行人：中国信达资产管理股份有限公司北京分公司（以下简称信达北京办事处）

原审被执行人：北京医药物资联合经营公司（以下简称医药公司）

【基本案情】

1999年3月，中国工商银行新街口支行（以下简称工行新街口支行）与北京医药物资联合经营公司签订借款合同，约定工行新街口支行向医药公司提供贷款210万元，贷款期限自1999年3月26日至1999年12月16日；工行新街口支行与北京第二制药厂（以下简称制药二厂）签订保证合同，约定制药二厂为上述借款合同向工行新街口支行提供连带保证责任。工行新街口支行如约履行了放款义务。合同到期后，医药公司未履行还款义务，制药二厂亦未履行保证责任，工行新街口支行诉至法院。2001年12月22日北京市西城区人民法院作出（2002）西经初字第645号民事判决书，判决医药公司向工行新街口支行支付借款本金210万元及相应利息；制药二厂对医药公司上述债务承担连带责任。制药二厂不服判决提出上诉。2002年10月11日北京市第一中级人民法院作出（2002）一中民终字第5621号民事判决书，驳回上诉，维持原判。

2002年11月16日工行新街口支行向北京市西城区人民法院提出强制执行申请，2003年1月8日法院向被执行人发出执行通知，并对医药公司的财产予以冻结、变卖，同年7月30日执行回现金616600元。2005年7月11日，工行新街口支行与中国信达资产管理公司北京办事处签订债权转让协议，同年7月25日工行新街口支行与信达北京办事处在《金融时报》刊登债权转让公告，2007年7月19日再次在《金融时报》发布催收公告。

2009年3月19日，信达北京办事处向北京市西城区人民法院申请恢复执行。2009年5月北京市西城区人民法院向赛科药业（北京第二制药厂于2002年7月更名为北京赛科药业有限责任公司，以下简称赛科药业）发出执行通知，告知

(2002) 一中民终字第5621号民事判决书已发生法律效力，工行北京分行已将此笔债权转让信达北京办事处，信达北京办事处作为权利人向本院申请执行。赛科药业收到执行通知后，未履行生效判决所确定过的义务。同年6月，北京市西城区人民法院作出（2003）西执字第57号民事裁定书，冻结了赛科药业在银行的存款和位于朝阳区广渠路的土地使用权。

2009年6月，被执行人赛科药业向北京市西城区人民法院提出执行异议。

【案件焦点】

当事人是否可以转让判决所确认的债权。此类债权转让的成立是否以审判机关对转让具体内容进行实体审查为要件。资产管理公司收购国有银行不良贷款的公告是否具有《中华人民共和国合同法》第八十条规定的债权转让通知的效力。

【法院裁判要旨】

北京市西城区人民法院认为：（2002）一中民终字第5621号民事判决书生效后，债权人工行新街口支行在执行有效期限内，向法院提出执行申请。执行过程中，债权人将该判决书中确定的权利转让给信达北京办事处，并以公告形式告知了债务人。法院依据该债权转让，确认信达北京办事处为申请执行人，根据债权人申请法院依法冻结、扣划被执行人赛科药业财产和存款的执行行为，未违反法律法规的规定。因此裁定驳回异议人赛科药业的执行异议。

赛科药业申请复议。北京市第一中级人民法院经审理认为：工行新街口支行在法定期间内向法院申请强制执行。原审法院立案执行后对赛科药业发出执行通知并采取相应强制执行措施并不违法。工行新街口支行与信达北京分公司签订债权转让协议，将该判决书项下剩余债权进行转让并以公告形式通知债务人，原审法院在执行程序中对此予以确认并不违法。

复议申请人的复议申请，缺乏法律依据，法院不予支持。依据《中华人民共和国民事诉讼法》第一百四十条第一款第（十一）项之规定，裁定如下：

驳回异议人北京赛科药业有限责任公司的执行复议申请。

【法官后语】

1. 判决所确认的债权能否转让

申请复议人赛科药业在其复议理由中提到，工行新街口支行与信达北京分公司转让行为的具体内容未经审判机关进行实体审查和确认，因此信达北京分公司不具有成为本案申请执行人的资格。即，申请复议人认为未经审判机关实体审查和确认，民事主体间不能对判决所确认的债权进行转让。近年来，在我国司法实践中确实存在转让判决书所确认债权的现象。其本质上仍是一种债权转让，法律并无明文禁止。因此，在符合债权转让的生效要件，体现当事人真实意思表示的情况下，转让判决书确认债权的行为应受法律保护，其成立不以是否经审判机关实体审查和确认为要件。

2. 债权转让公告的通知效力

本案争论的另一个焦点是工行北京新街口支行与信达北京办事处之间的债权转让协议公告的效力问题。复议申请人援引《中华人民共和国合同法》第八十条："债权人转让权利的，应当通知债务人。未经通知，该转让对债务人不发生效力。"认为，工行新街口支行和信达北京办事处以公告的形式进行通知不符合该条规定，因此该债权转让对其不发生效力。实际上，复议申请人对本案涉及的背景、法律规定及其本身的法律地位存在认识误区。

首先，本案所涉及的债权转让有其特殊性，即属于金融资产管理公司收购、管理、处置国有银行不良资产。《最高人民法院关于审理涉及金融资产管理公司收购、管理、处置国有银行不良贷款形成的资产的案件适用法律若干问题的规定》第六条规定："金融资产管理公司受让国有银行债权后，原债权银行在全国或者省级有影响的报纸上发布债权转让公告或通知的，人民法院可以认定债权人履行了《中华人民共和国合同法》第 80 条第 1 款规定的通知义务。"因此，本案中工行新街口支行与信达北京办事处在《金融时报》上的公告具有债权转让通知的效力，其债权转让协议的效力及于所涉债务人。

其次，赛科药业的法律地位是担保人，而非主债务人。《中华人民共和国担保法》第二十二条规定，"保证期间，债权人依法将主债权转让给第三人的，保证人在原保证担保的范围内继续承担保证责任"。另外，2005 年公布的《最高人民法院关于金融资产管理公司、处置银行不良资产有关问题的补充通知》第二条规定：

"国有商业银行（包括国有控股银行）向金融资产管理公司转让不良贷款，或者金融资产管理公司收购、处置不良贷款的，担保债权同时转让无须征得担保人的同意，担保人仍应在原担保范围内对受让人继续承担担保责任。"因此，在债权转让成立的情形下，赛科药业理应履行其担保义务。

值得注意的是，转让判决书所确认债权的现象关系司法权威和执行制度的发展，在司法实践中有其特殊性，应予妥善处理。在法律不明确禁止的情况下，应出台法律、司法解释规范相关的行为。如，2001 年 4 月公布的《最高人民法院关于审理涉及金融资产管理公司收购、管理、处置国有银行不良贷款形成的资产的案件适用法律若干问题的规定》（以下简称《十二条规定》）对国有银行不良债权转让、处置的相关法律适用问题进行了明确规范；2011 年 1 月公布的《最高人民法院关于判决生效后当事人将判决确认的债权转让债权受让人对该判决不服提出再审申请人民法院是否受理问题的批复》明确规定判决确认的债权的受让人不具有申请再审人主体资格，其对该判决不服提出再审申请的，人民法院应依法不予受理。

另外，最高人民法院《十二条规定》做出的背景是当时国有银行不良资产问题严峻，如果按照常规方式一一进行通知的话，无法在短期内快速解决不良资产问题，将对国家金融安全构成威胁。因此，最高人民法院以司法解释的形式对债权转让的通知要件作出了一个例外性的规定。那么，对于金融资产管理公司和国有银行外的其他当事人之间转让债权的行为能否比照这个规定办理？答案是否定的。因为，最高人民法院在《十二条规定》中特别强调，"本规定仅适用于审理涉及金融资产管理公司收购、管理、处置国有银行不良贷款形成的资产的有关案件"。

编写人：北京市第一中级人民法院　林少波

31

公告能否视为债权转移中通知债务人义务的履行

——中国东方资产管理公司北京办事处诉李家新、北京市金梦圆房地产开发有限公司借款合同案

【案件基本信息】

1. 裁判书字号

北京市第一中级人民法院（2011）一中民终字第4658号民事判决书

2. 案由：借款合同纠纷

3. 当事人

原告（上诉人）：中国东方资产管理公司北京办事处（以下简称东方资产北办）

被告（被上诉人）：李家新、北京市金梦圆房地产开发有限公司（以下简称金梦圆公司）

【基本案情】

2002年2月7日，李家新与石景山建行、金梦圆公司签订了《个人住房贷款借款合同》。约定：石景山建行向李家新提供个人住房贷款29万元用于购买北京市石景山区某小区房屋，借款期限240个月，月利率4.65‰，采用等额本息还款法，每月归还本息2008元，金梦圆公司愿对李家新的债务承担连带责任。合同签订后，石景山建行履行了放贷义务。2004年6月28日，石景山建行与信达资产北办签订债权转让协议，约定石景山建行将其对李家新等98户借款人共计108笔借款合同项下截止2003年12月31日的债权转让给信达资产北办。2004年11月29日，信达资产北办与东方资产北办签订债权转让协议，信达资产北办将其从石景山建行受让的李家新等借款合同项下的截止2003年12月31日的债权转让给东方资产北办。两次转让分别在2004年10月及2005年4月的《北京日报》

专版上刊登了债权转让暨催收公告，2007年4月2日，东方资产北办再次在《经济日报》上刊登债权催收公告，要求借款人及担保人向东方资产北办履行合同义务。

李家新自取得石景山建行的借款后，一直按期将还款存入其在建行开立的指定还款账户，由石景山建行直接扣划。2004年7月，石景山建行停止从李家新还款账户内扣划。自2004年7月起至2009年7月，李家新均按期将还款存入上述还款账户。2010年8月26日，东方资产北办通过特快专递向李家新发送了《债权催收通知书》，要求李家新接到此通知之日起直接向东方资产北办履行还款义务，否则东方资产北办视同违约，有权按照上述借款合同的约定解除合同，一次性要求偿还全部的贷款余额。此次送达已经北京市方正公证处公证。东方资产北办作为最后的债权受让人向李家新提出了清偿要求，李家新拒付，故诉至法院。

【案件焦点】

原告能否通过公告方式解决金融债权转移中通知义务的履行问题。

【法院裁判要旨】

北京市石景山区人民法院经审理认为：石景山建行与李家新、金梦圆公司签订的《个人住房贷款借款合同》，系当事人真实意思表示，内容不违反法律法规强制性规定，属有效合同。在合同履行中，石景山建行将借款合同项下的权利义务转让给信达资产北办，信达资产北办又转让给东方资产北办，两次转让合法有效。自此，东方资产北办取代石景山建行成为《个人住房贷款借款合同》的贷款人，享有合同中约定的权利。但债权转让应当通知债务人，并自通知时起对债务人发生效力。本案庭审前，在有条件采取直接通知的情况下，原债权人石景山建行及信达资产均未向李家新直接告知债权转让事宜，债权受让人东方资产北办亦未向李家新出示债权转让协议，故上述债权转让应自庭审中李家新确认转让协议的真实性后对其发生效力。本案中，石景山建行转让债权之前，李家新一直按期还贷，不存在违约行为，以后李家新亦按期将还款存入石景山建行指定的还款账户直至2009年7月。虽此后李家新未继续履行还款，但此时债权已经转让，还款账户亦发生变更，石景山建行、信达资产北办均未直接告知李家新债权转让事宜及新的还款账户，造成还款发生障碍，责任不应由李家新承担，故李家新迟延还款的行为不构成违约。庭审中，东方资产北办已向李家新出示两份转让协议并告知新的还款银行及账户，李家新自此应当按合同约定的还款方式向东方资产北办履行还款义务。东方资产北办作为《个人住房贷款借款合同》的权利人，在李家新没有违约的情况下，应当继续履行合同。现东方资产北办坚持要求解除与李家新的《个人住房贷款借款合同》并要求李家新提前偿还全部借款本息，同时要求金梦圆公司承担连带保证责任，无事实及法律依据，本院不予支持。

北京市石景山区人民法院依照《中华人民共和国合同法》第六十条、第七十九条、第八十条，《中华人民共和国担保法》第六条、第二十二条之规定，判决：驳回原告中国东方资产管理公司北京办事处的诉讼请求。

中国东方资产管理公司北京办事处持原审起诉意见提起上诉。北京市第一中级人民法院经审理认为：首先，关于债权让与，石景山建行将借款合同项下的权利义务转让给信达资产北办，信达资产北办又转让给东方资产北办，两次转让合法有效，无需取得债务人同意，因此，东方资产北办取代石景山建行成为《个人住房贷款借款合同》的贷款人，享有债权。其次，一审法院认定，在一审法院庭审之前，信达资产北办以及东方资产北办均未直接告知李家新债权转让的事实，应视为在一审中李家新确认债权转让协议的真实性之前，债权转让对于李家新并不发生效力，其债权人仍为石景山建行。再次，石景山建行负有每个月扣划还款的义务，李家新于2009年7月停止向石景山建行还款的行为，应视为对石景山建行未履行债权人义务行为的抗辩，不构成违约。在李家新知悉债权转让之后，应当按照原《个人住房贷款借款合同》的约定，向新的债权人即东方资产北办履行还款义务，东方资产北办坚持要求解除与李家新的《个人住房贷款借款合同》并要求李家新提前偿还全部借款本息，同时要求金梦圆公司承担连带保证责任，无事实及法律依据，其上诉意见本院不予采纳。综上，一审法院判决认定事实清楚，适用法律正确，处理并无不当，应予维持。北京市第一中级人民法院依照《中华人民共和国民事诉讼法》第一百五十三条第一款第（一）项、第一百五十八条的规定，判决：驳回上诉，维持原判。

【法官后语】

在审判实践中，确实有相当多的不良贷款的债权转移都是以报纸公告的方式向债务人履行的通知义务。但是，笔者认为，这种方便债权银行履行通知义务不应被滥用。首先，最高人民法院该条规定仅针对的是不良贷款，并非所有贷款。不良贷款是指借款人未能按照原定的贷款协议按时偿还商业银行的贷款本息、或者已经有迹象表明借款人不可能按照原定的贷款协议按时偿还商业银行的贷款本息而形成的贷款。一般而言，借款人拖延还本付息三个月之久，贷款即会被视为不良贷款。本案中，被告李某在石景山建行转让债权之前，一直按期偿还贷款，始终未形成“不良贷款”。甚至在债权转让之后，李某在不知情的情况下亦按期将月还款额存入石景山建行指定的还款账户直至2009年7月。因此，李某不存在未能按贷款协议偿还银行的贷款本息，亦未有迹象表明李某将有可能无力付清贷款本息，即李某的债权不应作为不良资产处理。在这种情况下，原告东方资产管理公司以最高院针对不良资产的相关规定作为诉请请求的基础规范是不妥当的。

对于除了金融不良债权以外的一般债权能否通过公告送达方式以满足《中华人民共和国合同法》第八十条规定的通知义务？公告送达方式有其自身的缺陷。公告送达是一种推定送达，并不能保证受送达人真正地知悉公告内容，对于受送达人权利的维护非常不利。通知义务在合同法中是法定义务，在债权转让合同中，债务人是特定的，债权人转让债权的通知应该以书面或对方能收到的其他方式履行通知义务。以公告方式通知容易造成债权人恶意转让债权，不利于保护债务人的利益。此外，公告送达只有在法律规定的情形下才有效力，对于除金融不良债权以外的一般债权，法律并未规定公告送达可以视为通知义务的履行。因此，公告送达并不能作为履行一般债权转让的通知义务中的一种方式。

编写人：北京市石景山区人民法院　郭春瑞　陈晨

32

“私贷公用”的特征和责任主体

——桓台县农村信用合作联社诉张广据等借款担保合同案

【案件基本信息】

1. 裁判书字号

山东省淄博市中级人民法院（2011）淄商终字第196号民事判决书

2. 案由：借款担保合同纠纷

3. 当事人

原告（上诉人）：桓台县农村信用合作联社

被告（被上诉人）：张广据

被告（上诉人）：程建设、耿克、淄博德丰生物工程有限公司

【基本案情】

2008年1月18日，原告桓台县农村信用合作联社下属果里信用社与被告张广据签订《借款合同》一份，约定被告借款300000元，月利率12.45‰，借款期限自2008年1月18日至2009年1月16日，逾期加收50%的逾期利息。同日，原告还与被告程建设、耿克签订《保证合同》一份，保证期间为主合同约定的债务人履行债务期限届满之日起两年。2008年1月18日，原告依约向被告张广据发放贷款，被告张广据出具了借款凭证。借款到期后，被告张广据未归还，被告程建设、耿克也未履行保证责任。

另外，按照原被告双方的约定，自2009年1月21日至2009年12月20日，被告张广据欠原告利息63243.07元。

在庭审中，被告张广据对借款合同的签名无异议，但辩称该贷款系其顶名贷出，全部由被告淄博德丰生物工程有限公司使用，并提供了本院周家法庭对原淄博德丰生物工程有限公司会计、出纳胡跃、王新风、李娜的调查笔录三份。对胡

跃的调查证明：2007 年 8 月、9 月份其在该公司财务部门任出纳职务，张广据任该公司总经理，从果里信用社贷款不是张广据贷的，是淄博德丰生物工程有限公司用张广据的名义贷的款，本质上就是淄博德丰生物工程有限公司贷的款，当时有财务主管李娜与信用社办的手续，取款由胡跃办理，这笔款在公司账面上为短期贷款。该笔贷款每个月归还信用社 4000 元利息。对王新风的调查证明，淄博德丰生物工程有限公司以张广据的名义贷款 30 万元，王新风和当时的公司会计李娜办理的手续。款项贷出后，存折由王新风保管，开支经领导批准后支出。公司记账为短期贷款，账面上不显示借张广据款。对李娜的调查证明，其记不清该笔贷款如何做的账，账面上有记载，对胡跃、王新风证明的其他内容认为基本属实。原告对被告张广据提供的上述证据持有异议，以原告不知情为由不予认可。

被告淄博德丰生物工程有限公司对被告张广据的上述证据持有异议，认为该贷款与该公司无关，但未提供其他反驳证据。本院要求其提供公司账簿时，其以该公司的财务账簿未进行交接为由，拒不提供。

另外查明，被告张广据在贷该笔款期间，任被告淄博德丰生物工程有限公司的法定代表人，2009 年后其不再担任该公司法定代表人。

上述事实，有借款合同、凭证、保证合同、调查笔录、当事人陈述为证。

【案件焦点】

如何认定“私贷公用”，“私贷公用”的特征是什么？本案中，张广据作为德丰生物工程有限公司的法定代表人，在任职期间以其名义办理贷款，但该借款实际由德丰公司实际使用，是否可认定为“私贷公用”。

【法院裁判要旨】

山东省淄博市桓台县人民法院经审理认为：被告张广据在贷款时为被告淄博德丰生物工程有限公司的法定代表人，根据本院周家法庭对被告淄博德丰生物工程有限公司原会计、出纳李娜、胡跃、王新风的调查，其均确认本案借款的借款手续由李娜、王新风办理，该贷款由被告淄博德丰生物工程有限公司实际使用，并且被告淄博德丰生物有限公司已经入帐，偿还该笔贷款的利息由该公司的出纳或会计代表还息，该贷款符合“私贷公用”的特征。故应认定原告桓台县农村信用合作联社是明知涉案的借款使用人为淄博德丰生物工程有限公司。我国合同法第四百零二条规定，受托人以自己的名义在委托人的授权范围内与第三人订立的合同，第三人在订立合同时知道受托人和委托人之间代理关系的，该合同直接约束委托人和第三人。依照该规定，该案的借款责任应由被告淄博德丰生物工程有限公司承担。被告淄博德丰生物工程有限公司拒不提供该公司有关帐目，应当承担对自己不利的法律后果。被告程建设、耿克未履行保证责任，故原告要求其借款本息承担连带责任的请求，予以支持，其承担保证责任后，可以向被告淄博德丰生物工程有限公司追偿。被告程建设、耿克未到庭参加诉讼，视为放弃在本次庭审中举证质证的权利。

综上所述，依照《中华人民共和国合同法》第二百零五条、第二百零六条、第二百零七条、第四百零二条、《中华人民共和国担保法》第三十一条、《最高人民法院关于适用〈中华人民共和国担保法〉若干问题的解释》第四十二条、《中华人民共和国民事诉讼法》第一百三十条的规定，判决如下：

一、被告淄博德丰生物工程有限公司偿还原告桓台县农村信用合作联社借款本金300000元，于本判决生效后10日内付清；

二、被告淄博德丰生物工程有限公司支付原告桓台县农村信用合作联社利息63243.07元，于本判决生效后10日内付清；

三、被告程建设、耿克对上述两项的内容承担连带责任；

四、被告程建设、耿克承担保证责任后，有权向被告淄博德丰生物工程有限公司追偿；

五、驳回原告桓台县农村信用合作联社对被告张广据的诉求。

桓台县农村信用合作联社及程建设、耿克、淄博德丰生物工程有限公司持原审意见提起上诉。

山东省淄博市中级人民法院经审理认为，原审法院对上诉人淄博德丰生物工程有限公司原会计、出纳李娜、胡跃、王新风的调查，足以证实2008年1月18日，被上诉人张广据以时任上诉人淄博德丰生物工程有限公司的法定代表人的名义向上诉人桓台县农村合作联社借款300000元用于购买生产用料肉和淀粉，该借款手续由李娜、胡跃、王新风办理，该贷款实际由上诉人淄博德丰生物工程有限公司使用，偿还该笔贷款的利息由该公司的出纳或会计代还，且已经记入上诉人淄博德丰生物工程有限公司账目，该贷款符合“私贷公用”的特征。因李娜、胡跃、王新风是发生贷款上诉人淄博德丰生物工程有限公司的财务人员，对讼争的借款事实及办理程序熟知，上诉人淄博德丰生物工程有限公司至今未提供其相关账目予以否认证人陈述的事实，三证人所作陈述符合实际，结合借款借据及借款合同载明借款用途为购买料肉和淀粉，原审法院认定上诉人桓台县农村合作联社明知涉案的借款使用人为淄博德丰生物工程有限公司，事实清楚，证据充分，该借款应当由上诉人淄博德丰生物工程有限公司偿还。故上诉人桓台县农村信用合作联社及上诉人淄博德丰生物工程有限公司的该上诉理由，证据不足，本院不予支持。因涉案借款为私贷公用，且亦无证据证实上诉人程建设、耿克明知或应当知道该借款为私贷公用，因此，上诉人程建设、耿克不应当承担保证责任，其上诉理由成立，本院予以支持。原审判决上诉人程建设、耿克承担连带保证责任，认定事实错误，本院予以纠正。

据此，山东省淄博市中级人民法院依照《中华人民共和国合同法》第二百零五条、第二百零六条、第二百零七条、第四百零二条、《中华人民共和国担保法》第三十条第（二）项、《最高人民法院关于适用〈中华人民共和国担保法〉若干问题的解释》第四十条、《中华人民共和国民事诉讼法》第一百五十二条、第一百五十三条第一款第（三）项、第一百五十八条之规定，判决如下：一、维持桓台县人民法院（2010）桓民重字第31号民事判决第一项、第二项、第五项。即（一）被告淄博德丰生物工程有限公司偿还原告桓台县农村信用合作联社借款本金300000元，于本判决生效后10日内付清。（二）被告淄博德丰生物工程有限公司支付原告桓台县农村信用合作联社利息63243.07元，于本判决生效后10日内付清。（五）驳回原告桓台县农村信用合作联社对被告张广据的诉求。二、撤销桓台县人民法院（2010）桓民重字第31号民事判决第三项、第四项。即（三）被告程建设、耿克对上述两项的内容承担连带责任。（四）被告程建设、耿克承担保证责任后，有权向被告淄博德丰生物工程有限公司追偿。三、驳回上诉人桓台县农村信用合作联社对上诉人程建设、耿克的诉讼请求。一审案件受理费6749元，保全费2410元，由上诉人淄博德丰生物工程有限公司负担；二审案件受理费6749元，由上诉人桓台县农村信用合作联社、淄博德丰生物工程有限公司均担。

【法官后语】

“私贷公用”案件是指法人或其他组织的工作人员以个人名义向金融机构借款，所借款项由法人或其他组织实际使用的案件。之所以出现此类案件，一方面原因在于部分单位信用程度不高，无法直接通过金融机构获得贷款，另一方面，部分金融机构为完成贷款任务，同时为避免风险，通过借款给个人，再由该个人转给单位使用，从而增加还款的保障。在实践中出现大量企业工作人员或职工“私贷公用”的现象，不但对金融秩序造成不良影响，也在一定程度上破坏社会稳定。

对于“私贷公用”的认定，应注意审查其是否具备以下特征：1. 单位是否存在授意或命令其工作人员、职工进行借款的行为；2. 与金融机构签订借款合同是否涉及单位大量工作人员或职工；3. 金融机构是否直接将款项打入单位账户或专设账户；或金融机构是否直接接收单位还款、还息及支付其他费用；4. 金融单位知道或应当知道单位是实际用资人的其他情形。

《中华人民共和国合同法》第四百零二条规定：受托人以自己的名义，在委托人的授权范围内与第三人订立的合同，第三人在订立合同时知道受托人与委托人之间的代理关系的，该合同直接约束委托人和第三人。如果金融机构在订立合同时明知借款人所借款项是由单位使用，或金融机构与单位之间就个人借款、单位使用存在合意，可以认定单位为借款合同的借款人，由单位承担还款责任。

在本案中存在与合同相对性的冲突，但就本案的具体情形而言，张广据作为德丰生物工程有限公司的法定代表人，在任职期间虽然以其名义办理贷款，但该借款实际有德丰公司实际使用，该公司的会计与出纳均证明该款已入公司账，并且以公司收入偿还借款利息，符合私贷公用的特征，德丰公司应当成为借款人，负责偿还该借款。

编写人：山东省淄博市桓台县人民法院　荆延武

33

在金融借款合同纠纷中，如存在保险合同，应先行审理保险合同

——济南市历城区农村信用合作联社诉陈圣翠等金融借款合同案

【案件基本信息】

1. 裁判书字号

山东省济南市历城区人民法院（2011）历城民商初字第2058号民事判决书

2. 案由：金融借款合同纠纷

3. 当事人

原告：济南市历城区农村信用合作联社

被告：陈圣翠、焦娟娟、焦洁、焦波、陈乃军、李凤刚

【基本案情】

焦士清系陈圣翠之夫。焦士清与陈圣翠育有二女一子，即长女焦娟娟、次女焦洁、儿子焦波。焦士清于2008年6月17日死亡，死亡原因不详。2010年12月27日，焦娟娟、焦洁、焦波向本院提出放弃继承焦士清遗产的声明。

2007年10月14日，焦士清与原告签订最高额保证担保借款合同，陈乃军、李凤刚系保证人。合同约定：2007年10月9日至2009年10月9日，原告向借款人发放最高额贷款限额不超过5万元的贷款；借款人应按合同订立的期限归还贷款本息，逾期贷款在逾期期间按借款契约表明的利率上浮50%计收利息；保证人与借款人对债务承担连带责任。保证期间为本合同生效之日起至最后一笔借款到期日后的两年；保证人的保证范围包括主债权、利息等。

2007年10月19日，原告向焦士清发放贷款38000元，月利率为10.935‰，还款日为2008年10月18日。2007年10月20日，原告向焦士清发放贷款10000

元，月利率为10.3275‰，还款日为2008年11月10日。2009年8月23日，原告通过焦士清个人账户扣款0.73元，用于偿还借款38000元。焦士清向原告的借款本金37999.27元、10000元以及相应的利息，被告未予偿还。被告陈圣翠主张向原告借款的用途为购买农用汽车，购车时夫妻二人与三子女共同生活。

2007年10月19日，焦士清向中国太平洋人寿保险股份有限公司山东分公司（以下简称太平洋保险山东分公司）投保保险两份，保险金额分别为5万元，保险期限分别为2007年10月19日至2008年10月10日、2008年10月10日至2009年10月9日，原告系第一受益人，保单约定：被保险人在保险期间内遭受意外伤害，自意外伤害发生之日起180日内以该次意外伤害为直接原因身故，本公司按保险单所载保险金额给付身故保险金，本公司对该被保险人的保险责任终止；投保人、被保险人或受益人应在保险事故发生后5日内通知本公司，并持本保单、贷款合同及银行的还款证明、被保险人身份证明、事故证明、被保险人身故或残疾程度证明及本公司认为必要的其他单证申领保险金。本保险索赔偿时效为两年。

焦士清于2008年6月17日身故后，原告工作人员即自被告陈圣翠处将保单取走。2011年3月28日，原告向济南市历下区人民法院提起诉讼，要求太平洋保险山东分公司支付焦士清死亡后的保险金5万元，并赔偿经济损失4400元。原告在该案中诉称，2008年6月17日，被保险人焦士清因意外死亡，原告依据保险合同，向太平洋保险山东分公司提出索赔，但该公司于2008年10月13日出具了不予立案通知书，认为被保险人不属于意外死亡，不予赔偿。2011年6月24日，济南市历下区人民法院做出（2011）历商初字第371号民事判决，驳回了原告的诉讼请求，理由如下：被保险人与太平洋保险山东分公司签订的保险合同，合法有效。原告作为保险合同中约定的第一受益人有权向太平洋保险山东分公司主张保险金，其主体适格。被保险人焦士清死亡后未进行尸检，无法确定死亡原因，原告所举证据均载明，被保险人死亡原因不详。故太平洋保险山东分公司以被保险人的死亡原因不属于保险理赔范围为由拒赔，理由正当。据此，依照《中华人民共和国保险法》第二十一条、第二十二条之规定，判决驳回原告的诉讼请求。

【案件焦点】

1. 被告是否应承担责任；2. 被告应在何范围内承担责任；3. 原告的诉讼请求，是否超过诉讼时效。

【法院裁判要旨】

山东省济南市历城区人民法院经审理认为：关于第一个焦点问题，原告于2007年10月14日与焦士清、陈乃军、李凤刚签订的最高额保证担保借款合同，是当事人的真实意思表示，且无违反法律、法规之禁止性规定，合法有效。

原告分两次向焦士清发放贷款共计48000元，焦士清贷款用途为借新还旧，而之前向原告的贷款用途为购买家庭所用的农用汽车，焦士清的子女均已成年且与其父母共同生活，故焦士清自原告处的贷款应视为家庭共同债务，而非焦士清的个人债务。被告陈圣翠、焦娟娟、焦洁、焦波均应对焦士清向原告的借款承担还款责任。被告陈乃军、李凤刚自愿为焦士清的借款提供担保，应当对焦士清生前所负的债务承担连带清偿责任。

关于第二个焦点问题，焦士清投保的目的，系为保证贷款安全收回，保险合同与借款合同密切相关。焦士清于2008年6月17日死亡后，原告作为第一受益人应当及时向保险公司主张权利。焦士清向原告的借款分别于2008年10月18日及2008年11月10日到期后，被告未履行还款义务，原告应向被告及时告知保险公司不予理赔事宜，并积极向被告主张权利。《中华人民共和国民法通则》第一百一十四条规定，当事人一方因另一方违反合同受到损失的，应当及时采取措施防止损失的扩大；没有及时采取措施致使损失扩大的，无权就扩大的损失要求赔偿。因此，在合理期限内的损失，由被告承担。超出合理期限的损失，由原告自负。原告通知被告的合理期限，可自借款期限届满之日起按60日计算。（2011）历商初字第371号民事判决，驳回了原告要求保险公司承担赔偿责任的诉讼请求，原告并未从太平洋保险山东分公司受偿。因此被告应对焦士清向原告的借款本金37999.27元、1万元以及借款本金在2008年12月18日、2009年1月10日之前的借款利息承担责任，之后的利息由原告自负。

关于第三个焦点问题，焦士清向原告借款38000元的还款期为2008年10月18日，向原告借款1万元的还款期限为2008年11月10日，而原告向本院提起诉讼的时间为2010年10月18日，并未超出诉讼时效。

山东省济南市历城区人民法院依据《中华人民共和国民法通则》第一百一十四条，《中华人民共和国合同法》第一百九十六条、第一百九十八条、第二百零五条、第二百零六条、第二百零七条，《中华人民共和国担保法》第十八条、第二十一条、第三十一条，《中华人民共和国民事诉讼法》第六十四条第一款、第六十六条之规定，判决如下：

一、被告陈圣翠、焦娟娟、焦洁、焦波偿还原告济南市历城区农村信用合作联社借款本金47999.27元；

二、被告陈圣翠、焦娟娟、焦洁、焦波以借款本金38000元为基数，以月息10.935‰为标准，支付原告济南市历城区农村信用合作联社借款利息，自2007年10月19日至2008年10月18日；

三、被告陈圣翠、焦娟娟、焦洁、焦波以借款本金38000元为基数，以月息16.4025‰（10.935‰×150%）为标准，支付原告济南市历城区农村信用合作联社借款利息，自2008年10月19日至2008年12月18日；

四、被告陈圣翠、焦娟娟、焦洁、焦波以借款本金1万元为基数，以月息10.3275‰为标准，支付原告济南市历城区农村信用合作联社借款利息，自2007年10月20日至2008年11月10日；

五、被告陈圣翠、焦娟娟、焦洁、焦波以借款本金1万元为基数，以月息15.4913‰（10.3275‰×150%）为标准，支付原告济南市历城区农村信用合作联社借款利息，自2008年11月11日至2009年1月10日；

六、被告陈乃军对上述一至五条判决内容承担连带清偿责任，并在承担保证责任后，有权向债务人陈圣翠、焦娟娟、焦洁、焦波追偿；

七、被告李凤刚对上述一至五条判决内容承担连带清偿责任，并在承担保证责任后，有权向债务人陈圣翠、焦娟娟、焦洁、焦波追偿；

八、驳回原告济南市历城区农村信用合作联社的其他诉讼请求。

上述一至七条给付内容，限被告于本判决生效之日起10日内履行。

如果未按本判决指定的期间履行给付金钱义务，应当依照《中华人民共和国民事诉讼法》第二百二十九条之规定，加倍支付迟延履行期间的债务利息。

案件受理费1050元，由原告负担50元，被告负担1000元。

【法官后语】

1. 选择案例的原因。在金融借款合同纠纷案件中，经常存在签订借款时，借款人作为保险人，与保险公司签订保险合同的情况，在保险事故发生后，如何处理，有不同观点。另外，如果借款人死亡，又不属于保险范围，债务如何处理，亦存在不同观点。

2. 核心法律问题分析。在民间借贷或金融借款合同纠纷中，债务人为自然人的，债务人死亡后，债权人起诉债务人的所有家庭成员的，其还款责任如何确定。对于该问题，应查明债务的性质，分别处理。

3. 裁判规则。(1) 根据《最高人民法院关于适用〈中华人民共和国婚姻法〉若干问题的解释（二)》第二十四条关于“债权人就婚姻关系存续期间夫妻一方以个人名义所负债务主张权利的，应当按夫妻共同债务处理。但夫妻一方能够证明债权人与债务人明确约定为个人债务，或者能够证明属于婚姻法第十九条第三款规定情形的除外”的规定，查明是夫妻共同债务的，判决由生存配偶承担责任，驳回债权人对其他家庭成员的诉讼请求。(2) 如果确认该债务系个人债务，应当查明债务人死亡后其遗产是否继承完毕。如果债务人的遗产尚未分割，则应当查明各继承人有无放弃继承的明确表示，判令以债务人的遗产偿还债务，各继承人扣除法定的赡养、抚养份额后，在应继承的遗产范围内对被继承人的债务承担清偿责任。如果遗产已经分割，则应判令各继承人在继承的遗产范围内对被继承人的债务承担清偿责任。(3) 如果该债务系家庭共同债务，则应由家庭财产共有人以家庭财产承担民事责任。本案中，债务人借款的用途系购买家庭所用的农用汽车，其子女均已成年且与其父母共同生活，故借款人焦士清自原告处的贷款应视为家庭共同债务，而非焦士清的个人债务，亦非夫妻共同债务，应由家庭成员以家庭财产共同承担民事责任。

4. 关于金融借款合同与商业保险的关系问题。在金融借款合同时签有商业保险的，在保险事故发生后，原告作为第一受益人应当及时向保险公司理赔，以减少损失。怠于行使权利的，其扩大的损失应自负。

编写人：山东省济南市历城区人民法院　尹受丽

34

以合法形式掩盖非法目的的合同无效

——菏泽市牡丹区农村信用合作联社诉陈忠金等借款合同案

【案件基本信息】

1. 裁判书字号

山东省菏泽市经济开发区人民法院（2011）菏开商初字第17号民事判决书

2. 案由：借款合同纠纷

3. 当事人

原告：菏泽市牡丹区农村信用合作联社

被告：陈忠金、张贵福、许成喜、程鲁平、陈继印（又名陈敬宾）、韩奎贞（又名高彬）、崔硕、李海欣（又名马加宁）

【基本案情】

被告李海欣原是菏泽市牡丹区农村信用合作联社市中信用社职工。陈忠金与许成喜、程鲁平、陈继印、韩奎贞、崔硕互不认识。李海欣为了取得借款50万元，采取提供虚假营业执照复印件的手段，由陈忠金作为借款人、许成喜、程鲁平、陈继印、韩奎贞、崔硕作为保证人，向原告的分支机构长江信用社申请贷款。2010年2月8日，陈忠金与长江信用社签订了《借款合同》一份，主要内容为：借款用途为扩大足浴经营，借款金额50万元，期限2010年2月8日至2010年8月8日，年利率9.2925%，担保方式保证。同日，许成喜、程鲁平、陈继印、韩奎贞、崔硕与原告签订了《最高额保证合同》，主要内容为：保证人自愿为债务人自2010年2月7日起至2011年2月6日止，在债权人处办理的人民币贷款，实际形成的债权的最高余额折合人民币50万元提供担保；保证人担保的范围包括债务人依主合同与债权人发生的全部债务本金、利息、逾期利息、复利、罚息、违约金、损害赔偿金以及诉讼费、律师费等债权人实现债权的一切费用。保证方式为连带责任保证。保证期间为主合同约定的债务人履行债务期限届满之日起两年。许成喜、程鲁平、陈继印、韩奎贞、崔硕分别在保证人处签字并盖章，陈忠金在保证合同的债务人处签字并盖章。2010年2月8日，原告将借款50万元存入陈忠金在长江信用社的账户中，陈忠金分别在借款借据和借款凭证上的借款人处签字并盖章。同日，陈忠金把存有50万元的银行卡交给了李海欣，李海欣将卡中的38万元取出用于偿还了个人欠款，剩下的由其个人使用。该笔借款到期后，李海欣、陈忠金均未归还。李海欣于同年4月份逃至天津市隐藏。2010年5月26日，李海欣被天津市公安局和平分局抓获。同年12月24日，菏泽市牡丹区人民法院作出（2010）菏牡刑初字第421号刑事判决，认定李海欣犯骗取贷款罪，判处其有期徒刑一年，并处罚金3万元；责令李海欣将非法所得的50万元本金及利息，退赔给长江信用社。该判决现已经发生法律效力。后因李海欣没有将50万元本金及利息退赔给长江信用社，原告向本院提起诉讼，请求：判令被告共同偿还借款本金50万元，利息、罚息57922.46元。

另查明，原告起诉张贵福的依据是2010年2月5日签有张贵福名字及按有指印的《共同还款责任承诺书》一份。张贵福对《共同还款责任承诺书》上的“张贵福”签名及所按手印的真实性提出异议，提出了鉴定申请，2011年4月21日，本院委托青岛正源司法鉴定所进行鉴定，鉴定意见为：《共同还款责任承诺书》上共同还款责任人（签字）处“张贵福”签名与样本上张贵福所写的字迹不是同一人所写，“张贵福”签名上指印不是张贵福手指所捺印。

【案件焦点】

本案中的借款合同是否有效；各被告人在本案中应当承担什么责任及责任比例是多少。

【法院裁判要旨】

山东省菏泽市经济开发区人民法院经审理认为：本案所涉贷款，是李海欣通过提供虚假的营业执照，以陈忠金作为借款人、以许成喜、程鲁平、陈继印、韩奎贞、崔硕作为保证人，通过与原告的分支机构长江信用社签订借款合同而取得，并由李海欣非法占有使用。涉案借款合同、保证合同，只是李海欣骗取长江信用社贷款的手段，属于《中华人民共和国合同法》第五十二条第（三）项规定的“以合法形式掩盖非法目的”的合同，应认定无效。本案中，原告的损失为借款本金50万元及相应利息及实现债权的费用。被告李海欣作为原告的职工，是该笔借款的实际使用人，为了达到骗取贷款的目的，提供虚假的营业执照交由陈忠金，并以陈忠金作为借款人，以许成喜、程鲁平、陈继印、韩奎贞、崔硕作为保证人，在骗取了该笔借款后又非法占有使用不予归还，所以，李海欣对于合同的无效存在着主要的过错责任，因该借款合同而取得的财产应当予以返还。因菏泽市牡丹区人民法院在（2010）菏牡刑初字第421号刑事判决书中已经责令李海欣将非法所得的50万元本金及利息退赔给贷款人长江信用社，对李海欣应当承担的民事责任该院不再处理。被告陈忠金作为具有完全民事权利和民事行为能力的成年人，以自己的名义与长江信用社签订借款合同，取得该笔借款后又交给李海欣占有使用，致使原告的该笔借款无法收回，故对原告在本案中的损失存在着明显的过错，应当对李海欣不能清偿的部分承担赔偿责任。被告许成喜、程鲁平、陈继印、韩奎贞、崔硕，在对陈忠金借款目的及实际用途未作审查的情况下，盲目与长江信用社签订了保证合同，也存在着一定的过错，应当对李海欣、陈忠金不能清偿的部分承担30%的赔偿责任。经鉴定《共同还款责任承诺书》中的“张贵福”签名及指印，均不是张贵福本人所为，现有证据也不能证明系张贵福委托他人所为，故张贵福在本案中不应承担民事责任。长江信用社在签订和履行借款合同及保证合同的过程中，未尽审慎注意义务，对陈忠金提交的营业执照及经营状况、贷款用途等未进行认真的调查核实，在贷款的审查、发放、贷后跟踪检查等环节上具有明显的疏漏。同时原告对职工疏于管理，监督不力，导致李海欣骗取贷款犯罪行为的得逞。所以原告对因借款合同的无效所造成的自身损失也存在着一定的过错，对实现债权的费用应当自行承担责任。

山东省菏泽市经济开发区人民法院依照《中华人民共和国合同法》第五十二条、第五十八条、《最高人民法院关于适用〈中华人民共和国担保法〉若干问题的解释》第八条之规定，作出如下判决：

一、原告菏泽市牡丹区农村信用合作联社的分支机构长江信用社与被告陈忠金所签订的《借款合同》及与被告许成喜、程鲁平、陈继印、韩奎贞、崔硕签订的《最高额保证合同》无效；

二、被告陈忠金对原告菏泽市牡丹区农村信用合作联社所属长江信用社的贷款损失50万元及相应利息在李海欣不能清偿的范围内向原告承担赔偿责任；

三、被告许成喜、程鲁平、陈继印、韩奎贞、崔硕共同对原告菏泽市牡丹区农村信用合作联社所属的长江信用社的贷款损失50万元及相应利息在李海欣、陈忠金不能清偿的范围内向原告承担30%的赔偿责任；

四、驳回原告菏泽市牡丹区农村信用合作联社要求被告张贵福承担民事责任的诉讼请求；

五、驳回原告菏泽市牡丹区农村信用合作联社的其他诉讼请求。

案件受理费9379元，鉴定费6389元，共计15768元，由原告菏泽市牡丹区农村信用合作联社负担。

【法官后语】

现实生活中，人们的法制观念淡薄，一些人出于哥们儿义气代别人借款，有的借给别人身份证件，以至于被某些不法分子利用，等到发生了纠纷、依法承担责任的时候，悔之莫及。选择本案例的目的，就是希望能引导人们树立法制意识，维护好自己的合法权益，不给不法分子可乘之机。本案所涉贷款，是李海欣通过提供虚假的营业执照，以陈忠金作为借款人、以许成喜、程鲁平、陈继印、韩奎贞、崔硕作为保证人，通过与原告的分支机构长江信用社签订借款合同而取得。属于《中华人民共和国合同法》第五十二条第（三）项合同无效的情形。合同无效后，根据《中华人民共和国合同法》第五十八条、《最高人民法院关于适用〈中华人民共和国担保法〉若干问题的解释》第八条的规定，本案中的当事人应当根据过错承担相应的责任。牡丹区人民法院作出的刑事判决，已经明确了李海欣的责任，本案中不应再予以重复。本案中法官在法律规定的范围内还充分运用了法官的自由裁量权，本着合法、诚信、公平的原则，分配每一方当事人的责任，尽管本案当事人众多，涉诉金额大，但本案判决后，各方当事人均没有提出上诉，收到了较好的社会效果。

编写人：山东省菏泽市经济开发区人民法院 闫敏

三、抵　押

35

对未经共有权人同意的抵押担保能否实现抵押权

——中国建设银行无锡分行诉黄某某等借款合同案

【案件基本信息】

1. 裁判书字号

江苏省无锡市南长区人民法院（2010）南商初字第455号民事判决书

2. 案由：借款合同纠纷

3. 当事人

原告：中国建设银行无锡分行（以下简称无锡建行）

被告：黄某某、华某、陆某、无锡市住房置业担保有限公司（以下简称置业担保公司）

【基本案情】

2006年3月15日，无锡建行与置业担保公司签订最高额保证合同，约定置业担保公司为因无锡建行向债务人连续提供融资而形成的一系列债权提供担保，保证范围为尚未收回的债权，包括本金、利息和为实现债权而发生的一切费用；保证方式为连带责任保证；当债务人未按主合同约定履行其债务时，无论无锡建行对主合同项下的债权是否拥有其他担保，无锡建行均有权要求在其保证范围内承担保证责任。

2007年6月29日，无锡建行与黄某某签订个人借款最高额抵押合同，约定以其与华某共有的无锡市永丰路325号的房屋对因无锡建行向债务人发放贷款而形成的债权提供抵押担保，其最高额为130万元，抵押担保的范围为借款本金、利息（包括复利和罚息）和为实现债权而发生的一切费用。在此抵押合同上，除黄某某本人签字盖章外，亦有“华某”以抵押人身份的签字及盖章。签订合同时黄某某除提供基本身份证、房产证外，还提供了华某的第一代身份证和伪造的黄某某与华某的结婚证。同日，陆某作出共同还款承诺书一份，承诺为黄某某向无锡建行的105万元的贷款承担共同还款责任。

2007年7月4日，无锡建行与黄某某签订个人借款合同，约定黄某某向无锡建行借款105万元；出现违约情形时，无锡建行有权宣布全部贷款提前到期，由此引起的一切费用由借款人承担。同日，双方另行签署了分账户支用单，约定罚息利率为基准利率上浮65%；还款方式为等额本息还款法。上述两份材料中，除黄某某本人签字盖章外，亦有“华某”以借款人身份的签字及盖章。嗣后，无锡市房产管理局产权监理处办理了房屋他项权证，载明：房屋他项权人为无锡建行，房屋所有权人为黄某某、华某；抵押房产为无锡市永丰路325号的房屋。

上述合同签订后，无锡建行依约履行了借款义务。黄某某未按约还款，陆某、置业担保公司亦未承担相应责任。无锡建行催讨未果后，遂诉讼至法院。

另查明，无锡建行为无锡建行与黄某某等借款合同纠纷案支付律师费19476元。又查明，黄某某、华某于1984年8月31日登记结婚，于2002年3月21日登记离婚。

诉讼中，根据华某申请，对借款合同、最高额抵押合同、分账户支用单上“华某”签名进行司法鉴定，南京师范大学司法鉴定中心出具鉴定意见书，鉴定结论为倾向认为个人借款合同、个人借款最高额抵押合同、分账户支用单上“华某”签名字迹不是华某本人所写。

【案件焦点】

无锡建行对于已经过抵押担保登记，但未经共有权人同意的房产是否享有抵押权。

【法院裁判要旨】

江苏省无锡市南长区人民法院经审理认为：鉴定意见书的鉴定结论虽为倾向性意见，但结合黄某某、华某于 2002 年已解除婚姻关系的事实，以及黄某某假冒夫妻关系名义向无锡建行办理贷款的故意；应认定个人借款合同、分账户支用单、最高额抵押合同上关于“华某”的签名非华某本人书写。对于不动产抵押权的善意取得，应是由于对不动产所有权权属登记错误，产生错误认识以为无权处分人系真正权利人，为保护善意第三人而产生的。但在本案中，对于进行抵押的房产即无锡市永丰路 325 号房产的所有人登记为黄某某、华某两人，华某本人未与无锡建行签订借款及抵押合同，双方未就上述合同形成合意；由于黄某某的无权处分行为及无锡建行对于身份审核的疏忽，造成了抵押登记的瑕疵。因签订借款及抵押合同时，黄某某、华某已解除了夫妻关系，无锡建行未提供华某委托黄某某办理房屋抵押的相应证据，故黄某某与华某不存在代理关系，因此借款合同、抵押合同及分账户支用单上关于华某的部分应自始无效。由于华某和黄某某对于无锡市永丰路 325 号房产未约定各自占有的份额，应视为双方各占有 50% 份额。房屋他项权证虽具有公信力，但其本质为不动产抵押权的登记即抵押权的设立行为；抵押权的设定应以不动产抵押合同为依据，不动产抵押合同无效，抵押权当然的不能设定；故无锡建行对于抵押房产中属华某所有的部分不构成不动产抵押权的善意取得。

无锡建行与黄某某签订个人借款合同、分账户支用单、最高额抵押合同系双方的真实意思表示，应为有效；黄某某未按约还款，无锡建行由此要求解除个人借款合同，要求其立即归还借款本金 577822.19 元及相应利息，并承担律师代理费及诉讼费的主张，符合合同约定，予以支持。陆某承诺为黄某某向无锡建行的 105 万元的借款承担共同还款责任，系其真实意思表示，故对无锡建行要求陆某对黄某某的债务承担共同还款责任的主张，予以支持。置业担保公司为黄某某的上述借款承担连带责任保证。

江苏省无锡市南长区人民法院判决：一、解除无锡建行与黄某某于 2007 年 7 月 4 日签订的个人借款合同。二、黄某某于本判决生效后 3 日内归还无锡建行借款本金 577822.19 元及按合同约定的贷款利率加收 65% 计算利息，息随本清。三、黄某某于本判决生效后 3 日内支付无锡建行的律师费 19476 元。四、陆某对黄某某的上述还款义务承担共同还款责任。五、置业担保公司对黄某某的上述还款义务承担连带还款责任。六、无锡建行有权以无锡市永丰路325号的房屋中属黄某某所有的部分（50%份额）折价或者以拍卖、变卖所得价款，对上述第二、三项还款及本案诉讼费优先受偿。七、驳回无锡建行的其他诉讼请求。

【法官后语】

本案能否认定无锡建行对属于华某所有的部分房产构成不动产抵押权的善意取得呢？对于不动产抵押权的善意取得而言，抵押权设立时抵押权人的“善意”产生于不动产登记公信力原则之下，应界定为“不知且无过失”，其认定所依据的是不动产登记这一客观事实，是一种易为公众所感知的权利推定的“客观标准”，并且在登记过程中没有过失。

本案中，无锡建行作为金融机关，应当具备完善的借款抵押专业和法律知识，在交易中理应承担更多的善意义务，对于借款合同及抵押合同上“华某”的签字，应当当面进行核查。若能及时查验签名，则可明确全部房产抵押的有效性；对于华某，由于其已与黄某某离婚，虽然房产没有分割，但对于他而言，没有义务查询共有房产是否抵押。无锡建行对其已登记的债权抵押便不能被视为善意。

随着房屋的大量私有化，房产交易、抵押等各种民事行为逐年增多，纠纷也不断出现，因假夫妻、假产证、错误公证等各种民事欺诈行为致使抵押权人的抵押无效的案件时有发生。此类民事案件的审判是很难同时体现公平原则和保障交易安全原则。而在目前市场经济的建立及完善过程中，这类案件审判结果的导向性作用往往十分突出，广大社会成员对新型民事关系的法律要求，很大程度上不是通过学习法律规范去认识，而是通过个案审判所体现出的司法评价来感知的。因此在审判实践中对于这类矛盾较为集中的案件，应侧重于从创建秩序和导向功能方面考虑。

编写人：江苏省无锡市南长区人民法院　冯卫红

36

主合同有效，抵押合同中的签字与盖章是否具有同等效力

——薛永林诉中国工商银行曲靖市分行珠源支行等抵押合同案

【案件基本信息】

1. 裁判书字号

云南省曲靖市麒麟区人民法院（2011）麒民初字第19号民事判决书

2. 案由：抵押合同纠纷

3. 当事人

原告：薛永林

被告：中国工商银行曲靖市分行珠源支行（以下简称工行珠源支行）、中国信达资产管理股份有限责任公司云南省分公司（以下简称信达云南公司）

【基本案情】

曲靖市振南五交化有限责任公司的法定代表人为李正兰，李正兰与原告薛永林原系夫妻关系，叶莲荣系原告的母亲。1997年12月2日李正兰与原告薛永林协议离婚并办理了离婚登记。1999年5月17日，李正兰向工行珠源支行提交了盖有“叶莲荣”印章的委托书一份，委托书中列明李正兰有权将叶莲荣所有的房屋一幢作为贷款的抵押。同时，李正兰向工行珠源支行提交了该套房屋的所有权证书。1999年5月17日，曲靖市振南五交化有限责任公司与被告工行珠源支行签订编号为99抵字0517的《人民币短期借款合同》借款20万元，借款期限自1999年5月17日至2000年5月4日。当日，李正兰持委托书用“叶莲荣”的印章与工行珠源支行签订了编号为990517的《抵押合同》作为该笔贷款的担保。1999年9月8日曲靖市振南五交化有限责任公司再次向工行珠源支行借款40万元，签订编号为99抵字0908的《人民币短期借款合同》，借款期限自1999年9

月8日至2000年5月4日。当日，李正兰持委托书用“叶莲荣”的印章与工行珠源支行签订了编号为990908的《抵押合同》作为该笔贷款的担保。工行珠源支行向曲靖市振南五交化有限责任公司发放了两笔贷款。曲靖市振南五交化有限责任公司两笔贷款至还款期届满后又分别展期1年后仍未还款。2001年9月5日，叶莲荣所在单位曲靖市广播电视局六九一台向曲靖市房地产交易所发函，查询了叶莲荣所有的房屋所有权证号是否有抵押的情况。2001年10月16日，叶莲荣分别向曲靖工商银行、工行纪律检查委员会、工行珠源办事处、曲靖市城建局房地产交易所提交了“我的申明”，其中说明：叶莲荣为南宁西路17号－宗号C－(17) －10 > 曲房字第0006611号的房屋所有权人，现已知悉该房屋被抵押贷款的情况，叶莲荣不同意用其房产作为抵押，其没有委托过李正兰或任何人评估过房产，也没有在任何抵押文件上签过字盖过章，并要求归还其房屋产权证。2003年5月7日，李正兰因病去世。2005年5月27日，工行云南省分行与中国华融资产管理公司昆明办事处订立债权转让协议，将该两笔债权合计60万元转让给了华融资产管理公司昆明办事处。2007年9月3日，叶莲荣因病去世。2008年4月30日，华融资产管理公司昆明办事处与信达云南分公司签订债权转让合同，将该两笔债权转让给了信达云南分公司。

【案件焦点】

在主合同曲靖市振南五交化有限责任公司与工行珠源支行签订的两份《人民币短期借款合同》及本案原、被告及第三人有争议的编号为990517、990908的两份《抵押合同》是否无效。

【法院裁判要旨】

云南省曲靖市麒麟区人民法院经审理认为：曲靖市振南五交化有限责任公司与工行珠源支行签订的两份《人民币短期借款合同》系双方真实意思表示，其内容未违反法律规定，系有效合同。李正兰持“叶莲荣”出具的委托书，并用“叶莲荣”的印章与工行珠源支行签订的编号为990517、990908的两份《抵押合同》，在签订该两份《抵押合同》时，李正兰向工行珠源支行提交了委托书、房屋所有权证书及叶莲荣的印章，工行珠源支行足以相信该委托书、印章客观真实，工行珠源支行已履行了必要的审查义务。现原告提出上述两份《抵押合同》，没有叶莲荣本人的亲笔签字，存在欺诈行为，属无效合同的主张，因原告所提交证据不足以证实“叶莲荣”的印章系虚假印章及两份《抵押合同》中存在欺诈行为，原告对其诉讼主张应承担举证不能的法律后果。根据《中华人民共和国合同法》第三十二条：“当事人采用合同书形式订立合同的，自双方当事人签字或者盖章时合同成立。”及第四十四条第一款：“依法成立的合同，自成立时生效。”之规定，应认定该两份《抵押合同》为有效合同。因此，对原告的诉讼请求，本院不予支持。

综上所述，依照《中华人民共和国合同法》第三十二条、第四十四条第一款，《最高人民法院关于民事诉讼证据的若干规定》第二条的规定，判决如下：

驳回原告薛永林的诉讼请求。

案件受理费100元（原告已预交），由原告薛永林承担。

【法官后语】

目前，由于市场经济的繁荣及信用体系的日益完善，越来越多的借贷、抵押案件在法院涌现，对于抵押合同中的签字与盖章的效力问题，《中华人民共和国合同法》中的规定并不十分完善，从而导致不同人的理解偏差，笔者认为，在认定这类案件时，应根据当事人所提供的证据进行审查，从而认定该盖章是否是当事人真实意思的表示。

1. 签字与盖章具有同等效力的法律依据

《中华人民共和国合同法》第三十二条规定“当事人采用合同书形式订立合同的，自双方当事人签字或者盖章时合同成立。”可见，一般情形下，合同法认可签字与盖章具有同等效力。

2. 不是本人亲自盖章的情况下，盖章是否有效？

在主合同有效的情况下，抵押合同中，审查人已履行了必要的审查义务，同时抵押人提供了其他真实的具有身份属性的申请材料，可推定该盖章为抵押人真实意思表示，根据《中华人民共和国合同法》的规定，盖章有效。

3. 在合同中盖章是否影响合同效力？

当事人提供的证据形成证据锁链且认定了盖章的效力后可认定合同有效。

本案中，曲靖市振南五交化有限责任公司与工行珠源支行签订的两份《人民币短期借款合同》系有效合同。李正兰持“叶莲荣”出具的委托书，并用“叶莲荣”的印章与工行珠源支行签订两份《抵押合同》，在签订该两份《抵押合同》时，李正兰向工行珠源支行提交了委托书、房屋所有权证书及叶莲荣的印章，工行珠源支行足以相信该委托书、印章客观真实。原告薛永林提出两份《抵押合同》，没有叶莲荣本人的亲笔签字，即存在欺诈行为，属无效合同，但原告却不能举证加以证实，此时可认定合同有效。

编写人：云南省曲靖市麒麟区人民法院　李锦

37

浮动抵押权的确认和实现

——奥地利奥合国际银行股份有限公司北京分行诉兰州海洋石化销售有限公司金融借款合同案

【案件基本信息】

1. 裁判书字号

北京市第二中级人民法院（2011）二中民初字第12574号民事判决书

2. 案由：金融借款合同纠纷

3. 当事人

原告：奥地利奥合国际银行股份有限公司北京分行（前称为奥地利中央合作银行股份有限公司北京分行，以下简称奥合银行北京分行）

被告：兰州海洋石化销售有限公司（以下简称兰州石化公司）

【基本案情】

2010年4月26日，奥地利中央合作银行股份有限公司北京分行与兰州石化公司签订《人民币壹亿元贷款合同》一份，约定：贷款人奥合银行北京分行、借款人兰州石化公司；贷款额度：总额不超过1亿元的非承诺性、可循环仓储贷款额度；贷款用途为用于融资借款人的贸易活动；最终到期日为2011年7月31日。该合同第14条“违约事件”中约定：借款人未能按时足额支付交易文件项下任何到期款项则构成违约，贷款人可以立即通知借款人：1. 宣布所有已提用的贷款和应计利息以及本贷款合同项下产生或未付的全部其他款项（包括但不限于罚息、违约金、费用等）立即成为到期应付款项；……4. 立即行使交易文件项下贷款人享有的全部其他权利和救济措施，贷款人因实现债权所发生的各项费用（包括但不限于催收费用、律师费、实现担保权益的费用、保全费、公告费……），均应由借款人承担；2010年12月23日，贷款人奥合银行北京分行与借款人兰州石化公司签订《人民币壹亿元贷款合同第1号补充协议》一份，约定：将贷款额度修改为总额不超过4000万元的非承诺性、可循环仓储贷款额度。

2010年4月26日，奥合银行北京分行与兰州石化公司签订质押协议一份，约定：主合同为本案贷款合同及其随后签署的任何修改、变更、延期文件；质押物为兰州石化公司不时购买和/或生产加工并存放于仓库的每一批所有90号和93号汽油、柴油和燃料油和/或质权人奥合银行北京分行不时同意的其他货品。

2010年4月26日，双方签订动产抵押合同一份，约定：主合同为本案贷款合同及其随后签署的任何修改、变更、延期、补充文件；抵押财产为抵押期间所存储在仓库中的货物和/或替代物本身的、或由货物和/或替代物所产生的、现在和未来的所有权利、物权和利益；货物为兰州石化公司不时购买和/或生产加工并运送至仓库的、现有的和将有的每一批所有90号和93号汽油、柴油和燃料油和/或抵押权人奥合银行北京分行不时同意的其他货品；抵押期间自生效日期起，直至本抵押被解除之日止。合同还约定：被担保债权为在主合同项下或根据主合同（经其不时修订），抵押人对抵押权人欠付的或发生的所有款项或责任，无论是当前的或未来的、实际的还是或有的（包括任何本金、利息、违约利息、费用或其他款项，无论是由抵押人单独或连带或以其他身份发生的）。

2010年4月28日，兰州工商局西固分局就上述贷款合同和抵押合同作出2010-86号动产抵押登记书，其上载明：抵押人为兰州石化公司、抵押权人为奥合银行北京分行；抵押物概况“名称为90号和93号汽油、柴油和燃料油和/或抵押权人不时同意的其他货品；所有权归属为兰州石化公司；数量、质量、状况、所在地等情况为：在债务人债务履行期间，抵押人不时购买和/或生产并存放于甘肃省兰州市西固区环形中路163号的抵押人厂区内所有仓库/油罐内现有及将有的全部90号和93号汽油、柴油和燃料油和/或抵押权人不时同意的其他货品即为以第一优先受偿顺序抵押给奥合银行北京分行的抵押物，且该抵押物的价值总额在抵押期间始终不得低于贷款总额。当额度被全部提取时，该抵押物的价值总额不低于人民币 1 亿元。”……。兰州工商局西固分局在该登记书上加盖了该局动产抵押登记专用章。同日，抵押人兰州石化公司、抵押权人奥合银行北京分行在该动产抵押登记书上加盖了公章。

其后，奥合银行北京分行与兰州石化公司签订了铁路专用线抵押合同一份、土地使用权抵押合同一份、设备抵押合同两份。双方就土地使用权抵押合同及设备抵押合同办理了抵押登记。

奥合银行依约发放了贷款，兰州石化公司未能依约偿还借款本金为人民币 5656410.78 元的贷款，奥合银行于 2011 年 5 月 31 日通知兰州石化公司所借全部贷款立即成为到期应付款项。

奥合银行北京分行在庭审中表示，2010 年 4 月 26 日动产抵押合同中约定的抵押货物虽然包括“抵押权人奥合银行北京分行不时同意的其他货品”，但在合同履行中，没有该部分货品的发生。

【案件焦点】

对双方当事人于 2010 年 4 月 26 日签订的质押协议、动产抵押合同如何认定，当事人的抵押权如何确定和实现。

【法院裁判要旨】

北京市第二中级人民法院经审理认为：奥合银行北京分行与兰州石化公司签订的贷款合同及补充协议系双方当事人的真实意思表示，且不违反法律、行政法规的强制性规定，上述协议合法有效。奥合银行北京分行依约发放了贷款，兰州石化公司应当依约履行义务，现兰州石化公司未按期偿还借款，奥合银行北京分行有权依照上述协议的约定，宣布所有兰州石化公司已提用的贷款和应计利息及协议项下产生或未付的全部其他款项立即成为到期应付款项。兰州石化公司应当向奥合银行北京分行偿还尚欠借款本金 5656410.78 元和 2650 万元并按照合同约定支付尚欠利息和罚息。兰州石化公司与奥合银行北京分行签订《质押协议》后，并未交付质押协议项下的质押物，现奥合银行北京分行主张对质押物享有优先受偿权，没有法律依据，本院不予支持。奥合银行北京分行与兰州石化公司在 2010 年 4 月 26 日《动产抵押合同》中约定的抵押物符合法律规定，且已在兰州工商局西固分局办理动产抵押登记，所以奥合银行北京分行就该抵押物享有浮动抵押权。因奥合银行北京分行认可没有其不时同意的其他货品产生，且本案借款均于2011年5月31日到期，所以奥合银行北京分行对2011年5月31日存放于位于甘肃省兰州市西固区环形中路163号的兰州石化公司厂区内所有仓库/油罐内的全部90号和93号汽油、柴油和燃料油享有优先受偿权。奥合银行北京分行与兰州石化公司签订《铁路专用线抵押合同》后，并未就此办理相应抵押登记，现奥合银行北京分行主张单独对该铁路专用线享有优先受偿权，没有法律依据，本院不予支持。为担保本案所及“主合同”的履行，奥合银行北京分行与兰州石化公司签订《土地使用权抵押合同》，奥合银行北京分行取得了相应土地他项权利证书，因为该证书上载明的他项权利范围为抵押贷款金额3118万元整，所以奥合银行北京分行依法在该限额范围内对兰国用（2010）第X0970号土地使用权证书项下的土地使用权享有优先受偿权。奥合银行北京分行与兰州石化公司签订了两份《设备抵押合同》，上述两份合同中涉及的作为抵押物的机器设备（即机器设备清查评估明细表中所列机器设备）系动产，且已经在兰州工商局西固分局办理了动产抵押登记，所以奥合银行北京分行对上述明细表中所列机器设备享有优先受偿权。综上，依照《中华人民共和国合同法》第一百九十八条、第二百零四条、第二百零七条，《中华人民共和国物权法》第一百八十条第（二）项、第（四）项、第一百八十一条、第一百九十六条、第二百一十二条之规定，判决如下：

一、兰州海洋石化销售有限公司于本判决生效之日起10日内偿还奥地利奥合国际银行股份有限公司北京分行借款本金人民币32156410.78元；

二、兰州海洋石化销售有限公司于本判决生效之日起10日内偿还奥地利奥合国际银行股份有限公司北京分行其上述判决主文第一项债务所产生的利息及罚息（截至2011年5月31日的利息和罚息为人民币315066.38元；借款本金人民币5656410.78元的罚息自2011年6月1日至实际给付之日止按照月利率5.796‰上浮50%计算；借款本金人民币2650元的罚息自2011年6月1日至实际给付之日止按照月利率6.3375‰上浮50%计算）；

三、奥地利奥合国际银行股份有限公司北京分行对兰州海洋石化销售有限公司提供的兰州市工商行政管理局西固分局2010－86号《动产抵押登记书》中载明的抵押物享有优先受偿权；

四、奥地利奥合国际银行股份有限公司北京分行对兰国用（2010）第X0970号土地使用权证书项下的土地使用权在3118万元的范围内享有优先受偿权；

五、奥地利奥合国际银行股份有限公司北京分行对兰州海洋石化销售有限公司提供的抵押物即本判决所附《机器设备清查评估明细表一、二、三》中所列机器设备在8800万元的范围内享有优先受偿权；

六、奥地利奥合国际银行股份有限公司北京分行对兰州海洋石化销售有限公司提供的抵押物即本判决所附《机器设备清查评估明细表四、五》中所列机器设备享有优先受偿权；

七、驳回奥地利奥合国际银行股份有限公司北京分行的其他诉讼请求。

如果未按本判决指定的期间履行给付金钱义务，应当依照《中华人民共和国民事诉讼法》第二百二十九条之规定，加倍支付迟延履行期间的债务利息。

【法官后语】

本案的处理涉及到如何确认和实现浮动抵押权。《中华人民共和国物权法》第一百八十一条规定，“经当事人书面协议，企业、个体工商户、农业生产经营者可以将现有的以及将有的生产设备、原材料、半成品、产品抵押，债务人不履行到期债务或者发生当事人约定的实现抵押权的情形，债权人有权就实现抵押权时的动产优先受偿”；《中华人民共和国物权法》第一百九十六条规定，“依照本法第一百八十一条规定设定抵押的，抵押财产自下列情形之一发生时确定：（一）债务履行期届满，债权未实现；（二）抵押人被宣告破产或者被撤销；（三）当事人约定的实现抵押权的情形；（四）严重影响债权实现的其他情形”。

本案2010－86号动产抵押登记书中列明的抵押不以特定的动产作为担保标的物，符合《中华人民共和国物权法》第一百八十一条规定的情形，属于动产浮动抵押，因此只有因担保权的属性、债务人违约、约定事件等确定事由发生才转换为特定担保，才以约定的动产特定为抵押物。这种固定化又被称为“结晶”，即“在债权清偿期届满，企业有不能清偿债务之虞或有其他法定解散事由时，企业担保即结束此前一直保持着的睡眠状态，而发挥效力。此际，浮动不定的企业担保遂变为特定担保，企业担保之标的物的范围由此固定，企业担保人进而便可从变卖企业财产所得的价金中优先受偿”。由此可见，浮动抵押只有在发生结晶时，才能确定其标的物之范围，才能真正体现浮动抵押对担保财产的支配力。本案中，当事人在合同中约定了兰州石化公司到期不能偿还债务时，奥合银行有权立即行使其享有的抵押权，所以法院认为在2011年5月31日奥合银行宣布贷款到期时，浮动抵押的抵押财产确认，发生结晶。

编写人：北京市第二中级人民法院　姚颖

38

未成年人提供的抵押担保法律效力认定

——中国信达资产管理股份有限公司福建省分公司诉福建省长乐市日兴达提花有限公司等借款合同案

【案件基本信息】

1. 裁判书字号

福建省福州市中级人民法院（2011）榕民终字第2699号民事判决书

2. 案由：借款合同纠纷

3. 当事人

原告（上诉人）：中国信达资产管理股份有限公司福建省分公司（以下简称福建信达公司）

被告（被上诉人）：福建省长乐市日兴达提花有限公司（以下简称长乐日兴达公司）、林其光、王旭云、林敏辉、王春铿

【基本案情】

2003年6月20日，被告长乐日兴达公司与长乐中行签订了编号为2003年航人借字7131027号《人民币借款合同（短期）》，该合同约定：长乐日兴达公司向长乐中行借款30万元，借款期限12个月，年利率4.779%，逾期还款按日万分之二点一计收利息，逾期利率遇利率调整分段计利息。同日，被告林其光、王旭云、王春铿等与长乐中行签订了编号为2003年航人抵字7131027号的《抵押合同》，由被告林其光、王旭云、王春铿分别将其位于长乐市潭头镇厚东村、霞江村的房屋作为抵押物为被告长乐日兴达公司的上述借款提供抵押担保（其中被告林其光提供抵押

的房屋两幢，被告王旭云提供抵押的房屋一幢，被告王春铿提供抵押的房屋一幢）。双方还约定抵押担保的范围包括借款本金、利息、违约金、赔偿金、实现债权的费用、因债务人违约而给债权人造成的损失等。该抵押担保于2003年6月25日在长乐市建设局办理了抵押登记。长乐中行于2003年6月25日向被告长乐日兴达公司发放贷款30万元。

2004年6月25日，长乐中行与中国信达资产管理公司福州办事处签订了编号为第闽D4－1－014号的《债权转让协议》和《分户债权转让清单》，协议约定：长乐中行将本案债权及抵押担保权利转让给中国信达资产管理公司福州办事处。同年11月1日，长乐中行通知被告长乐日兴达公司本案的债权债务已转让给中国信达资产管理公司福州办事处。同年12月6日，在《福建日报》上刊登债权转让公告，本案的债权已转让给中国信达资产管理公司福州办事处，五被告应立即向中国信达资产管理公司福州办事处履行债务。中国信达资产管理公司福州办事处于2005年4月9日在《福建法制报》，2006年6月16日、2008年5月30日、2010年5月17日在《福建日报》上刊登债权催收公告，要求本案五被告履行债务。2010年7月27日中国信达资产管理公司福州办事处经中国银监会批复及福建省工商行政管理局变更登记，更名为原告福建信达公司。

【案件焦点】

原告在本案诉讼中提出，被告林敏辉应承担抵押担保责任，但被告林敏辉才十周岁，其签订的抵押担保合同是否有效。

【法院裁判要旨】

福建省长乐市人民法院经审理认为：被告福建省长乐市日兴达提花有限公司于2003年6月向长乐中行借款30万元，由被告林其光、王旭云、王春铿为其借款提供抵押担保，该借款本息至今未还及长乐中行于2004年将本案债权转让给中国信达资产管理公司福州办事处等的事实清楚。原告福建信达公司承继中国信达资产管理公司福州办事处受让的本案债权，符合《中华人民共和国合同法》第七十九条、第八十一条的规定，被告福建省长乐市日兴达提花有限公司应向原告偿还借款本金30万元及利息；被告林其光、王旭云、王春铿作为本案被告福建省长乐市日兴达提花有限公司的借款抵押人，对被告福建省长乐市日兴达提花有限公司应还的款项，依法应承担抵押担保责任。被告林其光、王旭云、王春铿在承担抵押担保责任后，依照法律的规定有权向被告福建省长乐市日兴达提花有限公司追偿。原告在本案诉讼中还提出，被告林敏辉应承担抵押担保责任。但本案抵押合同签订时，被告林敏辉刚满10周岁，为限制民事行为能力人，依法只能进行与其年龄、智力相适应的民事活动，无法独立作出抵押担保的意思表示，现被告林敏辉对此未予追认，该抵押担保行为无效，原告主张要求被告林敏辉承担抵押担保责任的请求，不符合法律规定，予以驳回。被告林其光、王旭云、林敏辉、王春铿经本院合法传唤未到庭参加诉讼，本院依法予以缺席审理和判决。

福建省长乐市人民法院依照《中华人民共和国民法通则》第十二条第一款，《中华人民共和国合同法》第六十条第一款、第七十九条、第八十一条、第二百零六条、第二百零七条，《中华人民共和国担保法》第三十三条、第五十七条，《中华人民共和国民事诉讼法》第一百三十条之规定，判决如下：

一、被告福建省长乐市日兴达提花有限公司应于本判决生效后10日内向原告中国信达资产管理股份有限公司福建省分公司偿还借款30万元及利息（该利息按合同约定的计息比率从2003年6月26日计付至本判决确定还款之日止）；

二、原告中国信达资产管理股份有限公司福建省分公司对被告林其光、王旭云、王春铿抵押的位于长乐市潭头镇厚东村、霞江村的房产享有优先受偿权，即被告福建省长乐市日兴达提花有限公司不按本判决第一条履行时，原告有权要求以被告林其光、王旭云、王春铿抵押的房产折价或以拍卖、变卖该房产的价款优先受偿；

三、被告林其光、王旭云、王春铿在承担抵押担保责任后，有权向被告福建省长乐市日兴达提花有限公司追偿；

四、驳回原告中国信达资产管理股份有限公司福建省分公司其他诉讼请求。

上诉人持原审起诉意见提起上诉。福建省福州市中级人民法院经审理，确认一审法院认定的事实和证据。福州市中级人民法院认为：在签订讼争抵押合同时，林敏辉刚满十周岁，属于限制民事行为能力人，根据《中华人民共和国民法通则》第十二条第一款关于“十周岁以上的未成年人是限制民事行为能力人，可以进行与他的年龄、智力相适应的民事活动；其他民事活动由他的法定代理人代理，或者征得他的法定代理人的同意”的规定，由于从事抵押担保行为并非十周岁未成年人可以进行的与其年龄、智力相适应的民事活动，因此林敏辉不能独立的从事该抵押担保行为。限制民事行为能力人的监护人是他的法定代理人，根据《民法通则》第十八条第一款“监护人应当履行监护职责，保护被监护人的人身、财产及其他合法权益，除为被监护人的利益外，不得处理被监护人的财产”的规定，监护人将被监护人的财产设定抵押，将严重损害到被监护人的利益，该代理行为无效。故不论讼争的抵押担保是否征得林敏辉法定代理人同意，或是由其法定代理人代为从事该行为，均属无效，林敏辉依法不承担抵押担保责任。主债权的债权人对林敏辉是否具备抵押担保资格未加审查，主观上具有过错，抵押无效的后果应当由其自行承担。故上诉人的上诉理由均不能成立，本院不予采纳。综上，一审认定事实清楚，适用法律正确，应予维持。

福建省福州市中级人民法院依照《中华人民共和国民事诉讼法》第一百五十三条第一款第（一）项的规定，判决如下：

驳回上诉，维持原判。

【法官后语】

本案争议焦点是限制行为能力人签订的抵押担保合同是否具有法律效力的问题。

自然人的民事行为能力是指自然人能以自己的行为享有民事权利、承担民事义务的资格。民事行为能力以意思能力为基础，所谓意思能力是指自然人可以判断自己行为的法律后果的能力。依《中华人民共和国民法通则》，自然人依据年龄可分为三类：完全民事行为能力人、限制民事行为能力人以及无民事行为能力人。《中华人民共和国民法通则》第十二条第一款规定，“10 周岁以上的未成年人是限制民事行为能力人”。本案中的林敏辉在实施抵押担保行为时仅有十周岁，因此属于限制民事行为能力人。限制民事行为能力人对事物有一定的识别能力和判断能力，即具有一定的意思能力，因此可以实施日常生活必需的民事行为，进行某些获取法律上利益而不负义务的民事行为；但是，这些未成年人毕竟还处在发育阶段，不能对自己的行为后果作出全面认识和准确判断，鉴于此，《中华人民共和国民法通则》第十二条第一款进一步规定，这些未成年人“可以进行与他的年龄、智力相适应的民事活动；其他民事活动由他的法定代理人代理，或征得他的法定代理人的同意”。

签订抵押担保合同是否是与十周岁以上未成年人的年龄、智力相适应的民事行为？答案是否定的。如何判断是否为与之相适应的民事行为，结合日常生活经验，通常从行为与本人生活相关联程度，本人智力能否理解其行为并且预见其行为后果，以及行为涉及的财产数额、行为的性质等方面来认定。本案年仅十周岁的林敏辉将自己的房屋作为抵押物设立担保，而签订抵押担保合同并非一个与未成年人日常生活紧密联系的行为，根据该年龄段未成年人生活经验和学习水平，其无法准确理解抵押担保这一概念，也不可能清楚地认知签订抵押担保合同这一行为所要承担的法律后果，更何况作为抵押物的房屋价值巨大，已远远超出一个十周岁未成年人可以独立支配的范围。综上，签订抵押担保合同与十周岁以上未成年人的年龄、智力明显不相适应，其所签订的抵押合同应为无效合同。

若本案签订抵押担保合同的行为系经林敏辉法定代理人同意，该合同是否有效?《中华人民共和国民法通则》第十四条规定："限制民事行为能力人的监护人是他的法定代理人"；第十八条第一款规定："监护人应当履行监护职责，保护被监护人的人身、财产及其他合法权益，除为被监护人的利益外，不得处理被监护人的财产"。因此作为监护人必须尽善良管理人的注意，不得随意处分被监护人财产，或为被监护人财产设定义务，但可为了被监护人的利益而处分财产。假设本案林敏辉的监护人即法定代理人同意了其抵押担保行为，由于该同意意思表示产生的后果是对林敏辉房屋所有权的处分，且该处分只是单纯对被监护人财产增加设定义务，而并没有增加被监护人任何利益，因此监护人即法定代理人即使同意抵押担保，其行为也违反了上述法律规定，属无效法律行为，该抵押担保合同同样为无效合同。

编写人：福建省长乐市人民法院　郑晨辉

39

以未成年人所有的房产进行抵押是否有效

——湖南望城农村合作银行坪塘支行诉万畅明、万思杰借款合同案

【案件基本信息】

1. 裁判书字号

湖南省长沙市望城区人民法院（2011）望民初字第1518号民事判决书

2. 案由：借款合同纠纷

3. 当事人

原告：湖南望城农村合作银行坪塘支行

被告：万畅明、万思杰

【基本案情】

2010年11月16日，原告与被告万畅明签订个人贷款合同，合同约定原告向被告发放贷款2000000元，被告万畅明将自己所有的位于望城县高塘岭镇区校路一栋房屋以及其与儿子万思杰共同共有的长沙市天心区坡子街二号地块商业办公楼一处门面为上述借款进行抵押，签订了抵押合同并办理了抵押登记。

被告万思杰出生于1998年12月4日，现年13岁，2010年8月20日，其父亲万畅明与戴新良协议离婚，被告万思杰归被告万畅明抚养。2010年10月15日，被告万畅明与万思杰共同向原告出具承诺书和抵（质）押承诺书，承诺向原告申请贷款2000000元，愿以其所有的位于望城县高塘岭镇区校路一栋房屋和长沙市天心区坡子街二号地块商业办公楼一处门面抵押给原告，两被告均在承诺书上签名。2010年11月4日，被告万畅明与戴新良作为被告万思杰的监护人出具保证书，因被告万思杰求学需要，保证人万畅明与戴新良以被告万思杰的法定监护人的身份将被告万思杰、万畅明共同共有的长沙市天心区坡子街二号地块商业办公楼一处门面抵押给原告，所抵押的贷款保证全部用于万思杰的学习及生活开支，以上保证书由湖南省望城县公证处予以公证，并出具（2010）望证民字第13948号公证书。现被告万畅明未按时偿还贷款，原告请求判令被告万畅明偿还贷款本息，且原告对被告万畅明、万思杰所提供的抵押物拍卖、变卖所得价款有优先受偿权。被告万思杰认为其属限制民事行为能力人，所为的抵押行为无效。被告万畅明作为被告万思杰的监护人，处分其财产的行为无效。

【案件焦点】

被告万思杰系未成年人，以其所有的房产进行抵押是否有效。

【法院裁判要旨】

湖南省长沙市望城区人民法院经审理认为：《中华人民共和国民法通则》第

十八条规定，“监护人应当履行监护职责，保护被监护人的人身、财产及其它合法权益，除为被监护人的利益外，不得处理被监护人的财产。”被告万畅明与戴新良系被告万思杰的父母、法定监护人，在申请贷款的过程中，两人共同向原告出具经公证的保证书，保证书表明因被告万思杰求学需要，将被告万思杰、万畅明共有的位于长沙市天心区坡子街二号地块商业办公楼门面抵押给原告，所抵押的贷款保证用于被告万思杰的学习及生活开支。故被告万畅明与戴新良为了被告万思杰的利益，将两被告共同共有的房产进行抵押贷款的行为不违反法律规定，被告万思杰主张被告万畅明处分其房产无效的抗辩理由不能成立，本院不予采信。原告与被告万思杰签订长房押字第00004592号最高额抵押权合同，由被告万思杰的法定监护人万畅明、戴新良共同签名，且不违反法律、法规强制性规定，合同合法有效。被告万畅明将两被告共同所有位于长沙市天心区坡子街二号地块商业办公楼门面抵押给原告，并办理了抵押登记，现其不履行到期债务，应向原告承担抵押担保责任，原告对两被告共同所有的抵押物拍卖、变卖所得价款有优先受偿权。

【法官后语】

《中华人民共和国民法通则》第十八条：“监护人应当履行监护职责，保护被监护人的人身、财产及其它合法权益，除为被监护人的利益外，不得处理被监护人的财产。”对于本条款的规定，关键在于如何理解“为被监护人的利益”。法律对此没有作出列举式的说明；也未规定衡量处分行为是否适当的机构。在实务中，往往由法官依据常识和常理自由裁量是否为“为被监护人的利益”。本案中，在与银行及房屋抵押登记时所有文件资料中需未成年人签字的地方都有其监护人签字压印，按照《房屋登记办法》释义第四十三条解释，“无行为能力人和限制行为能力人由其监护人代为申请登记，但必须是为被监护人的利益。”所以，房屋抵押时由其监护人签字压印即可，不用未成年人再签字压印。而且，本案中，未成年人万思杰的父母万畅明和戴新良共同作出承诺用万畅明、万思杰共有的房屋设定抵押借款用于万思杰的求学所需，并且进行了公证。由此可见，本案中监护人用被监护人的财产进行抵押是为了被监护人的利益。虽该案因被告万畅明未到庭，无法查清万畅明、万思杰共有的房屋设定抵押借款是否真实用于万思杰的求学，但从全部证据来看，万思杰的监护人是为了万思杰的利益而进行了房产抵押，而且原告作为金融机构也尽了谨慎审查义务，故法院支持了原告的诉讼请求。

编写人：湖南省长沙市望城区人民法院　徐燕青

40

附条件买卖合同与抵押流质合同的区分认定

——程东生等诉武晓君抵押权案

【案件基本信息】

1. 裁判书字号

北京市第二中级人民法院（2011）二中民终字第15089号民事判决书

2. 案由：抵押合同纠纷

3. 当事人

原告（被上诉人）：程东生、贺玉兰

被告（上诉人）：武晓君

【基本案情】

2005年10月，程东生向武晓君高息借款13万元，双方签订借款协议，协议约定如程东生一个月内不能偿还借款，程东生以其位于密云县季庄村的8间平房抵债。协议签订后，程东生因刑事犯罪被羁押，到期未偿还借款。后程东生妻子贺玉兰也与武晓君补签了协议。2005年12月，武晓君将协议中的房屋据为己有。现程东生夫妇无房居住，只得租房。程东生、贺玉兰认为，自己与武晓君签订的协议中抵押条款属于无效条款。其要求确认与武晓君签订的协议中房屋抵押的条款无效，武晓君立即将房屋及院落返还给自己。案件受理费由武晓君负担。

武晓君则认为，本案的纠纷应为房屋买卖合同纠纷而非抵押权纠纷，其与程东生签订的协议也是房屋买卖协议，而且已经经过了房屋所在村村委会的确认。其与程东生签订的协议合法有效，因现在房屋要拆迁，所以程东生才想要回房屋。不同意原告的诉讼请求。

【案件焦点】

双方签订的《借款及出卖房屋协议书》的性质是附条件的房屋买卖合同还是抵押流质合同，以及合同的效力如何。

【法院裁判要旨】

北京市密云县人民法院经审理认为：抵押权人和抵押人在合同中不得约定在债务履行期届满抵押权人未受清偿时，抵押物的所有权转移为债权人所有；宅基地使用权禁止抵押。程东生、贺玉兰与武晓君签订的协议中约定的“如到期1个月还不上此款，甲方愿意把密云城关季庄大队8间平房一个整院产权归乙方所有，甲方无条件退出”的约定，违反了法律的强制性规定，应为无效。武晓君主张上述条款不是抵押条款而是房屋买卖条款，本院认为武晓君的户籍性质为非农业家庭户，非农业家庭户禁止购买农村居民的私有房屋，据此，上述条款亦属无效。合同无效或者被撤销后，因该合同取得的财产，应当予以返还；有过错的一方应当赔偿对方因此所受到的损失。故程东生、贺玉兰要求确认双方签订的协议中涉及的抵房条款无效并要求武晓君返还房屋的主张，本院予以支持。武晓君应当将房屋返还程东生、贺玉兰，但应给武晓君合理的腾退时间。程东生、贺玉兰因急事从武晓君处借款，并自愿在借款无法偿还的情况下将房屋抵给武晓君，现因房屋价值明显升高而要求返还房屋，程东生、贺玉兰的行为有违诚信，存在一定过错，其二人应当返还借款并赔偿武晓君因此所受到的合理损失。

北京市密云县人民法院依照《中华人民共和国担保法》第三十七条、第四十条，《中华人民共和国合同法》第五十八条之规定，作出如下判决：

一、程东生、贺玉兰与武晓君签订的“借款及出卖房屋协议书”中“如到期1个月还不上此款，甲方愿意把密云城关季庄大队8间平房一个院整产权归乙方所有”的约定无效。

二、本判决生效之日起30日内，武晓君将坐落于北京市密云县密云镇季庄村北巷十一条三号的房屋及院落返还给程东生、贺玉兰。

三、本判决生效之日起10日内，程东生、贺玉兰给付武晓君借款13万元，赔偿其经济损失288786元，共计418786元。

四、驳回武晓君的其他反诉请求。

武晓君持原审答辩及反诉意见提起上诉。北京市第二中级法院经审理后认为：一审法院根据武晓君对涉案房屋及土地进行价值评估的申请，委托鉴定机构对涉案房屋及土地进行价值鉴定，并以该鉴定机构的评估报告为依据，认定原审法院判令程东生、贺玉兰赔偿武晓君经济损失288786元，并无不当。武晓君关于鉴定机构在评估中未充分考虑涉案房屋面临拆迁等客观事实的上诉意见，依据不足，本案不予采纳。综上所述，武晓君的上述理由不能成立，二审法院对其请求予以驳回。原审判决认定事实清楚，适用法律正确，应予维持。

北京市第二中级人民法院依照《中华人民共和国民事诉讼法》第一百五十三条第一款第（一）项之规定，作出如下判决：

驳回上诉，维持原判。

【法官后语】

一些当事人为了更加安全，往往在借款抵押过程中，就抵押物签订一个买卖合同，以便在借款到期借款人不能清偿时，直接依买卖合同取得抵押物的所有权。那么，这种买卖契约的性质与效力如何认定呢？是附条件的买卖合同还是流质抵押合同？这是审理本案的一个焦点。一种意见认为，该合同是附生效条件的房屋买卖合同，合同约定了如果原告无法还清借款，则将密云城关季庄大队8建平房一个整院产权归被告所有，且村委会出具一份证明，确认同意双方的借款及出卖房屋的协议书效力，故该合同属于双方自愿签订，是真实意思表示，现所附条件已经成就，买卖契约也应该有效。另一种意见则认为，原被告双方在订立借款合同的同时，签订了抵押流质条款，违反了担保法第四十条的规定，是流质契约，应为无效。《中华人民共和国担保法》第四十条规定："订立抵押合同时，抵押权人和抵押人在合同中不得约定在债务履行期届满抵押权人未受清偿时，抵押物的所有权转移为债权人所有"。这条是关于禁止流质抵押的规定。那么原告可否拿回房屋？下面我们从理论和法律规定两方面进行分析和解读。

1. 理论分析——附条件的买卖合同与流质抵押的性质界定

附生效条件的买卖合同与流质抵押的区别：（1）标的物与价款价值相当。买卖合同的双方当事人互负给付义务，因此买卖合同是双务合同、有偿合同，当事人双方的权利义务呈现彼此对等的关系，双方权利义务的交换价值具有当事人主观上等价的特点，所以买卖合同是对价合同。然而本案中，原告为了尽快获得被告的借款，以估价为418786元的房屋，为明显低价的130000元的借款进行担保，显然不是等价交换的买卖合同。(2) 目的不同。买卖合同中，出卖人转移标的物的所有权于买受人，目的是取得买受人的价款的所有权。同理，买受人支付价款，是为了得到标的物的所有权，这是买卖合同成立的前提。然而本案中，原告同意将房屋的所有权转移给被告的目的是给被告的借款提供保障，并非是赚钱，不是标的物的价款。

2. 法律解读——现行《中华人民共和国担保法》的相关规定

《中华人民共和国担保法》第四十条规定："订立抵押合同时，抵押权人和抵押人在合同中不得约定在债务履行期届满抵押权人未受清偿时，抵押物的所有权转移为债权人所有"。这是我国关于流质条款的禁止性规定。流质条款是转移抵押物所有权的预先约定。法律禁止流质契约是因为：(1) 从债务人的角度看，债务人为经济所迫，债权人乘人之危，以抵押人价值较大的抵押物担保小额债权，与债务人签订抵押流质条款，损害抵押人利益。(2) 从债权人角度看，抵押权设定后，如抵押物价值下降，低于所担保的债权，对债权人也不公平。禁止抵押流质条款，是为了保护双方当事人利益，体现民法的公平、等价有偿的原则。而显失公平、重大误解签订的流质抵押，债权人虽然可以行使撤销权，但债务人很难举证，禁止流质抵押能更好地保护抵押人的合法权益。(3) 抵押权的本质属性是优先受偿权，未经折价或者变价预先移转抵押物的所有权，与抵押权的根本特征和价值属性相违背。综上，原、被告签订流质抵押条款，目的是债务履行期限届满被告未受清偿时，通过私利转移抵押物的所有权实现债权，该约定违反了《中华人民共和国担保法》的禁止性规定，不能有效保护当事人的利益，该条款无效。此外，原、被告双方抵押的房屋为农村居民的私有房屋，被告的户籍性质为非农业家庭户，是禁止购买农村居民的私有房屋的，《中华人民共和国担保法》第三十七条同时也规定宅基地使用权禁止抵押。因此，双方签订的上述条款也为无效。通过对理论及《中华人民共和国担保法》相关规定进行分析，我们发现原被告双方签订的抵押流质条款是无效的。因此，在双方借款时，不可签订抵押流质条款，防止损害双方当事人利益。

编写人：北京市密云县人民法院　相颖

41

抵押物未办理抵押物登记抵押合同不发生法律效力

——朝阳银行股份有限公司长江支行诉朝阳市东宝水泥制造有限公司等金融借款合同案

【案件基本信息】

1. 裁判书字号

辽宁省朝阳市双塔区人民法院（2011）朝双审民初字第00012号民事判决书

2. 案由：金融借款合同纠纷

3. 当事人

原告：朝阳银行股份有限公司长江支行（以下简称长江支行）

被告：朝阳市东宝水泥制造有限公司（以下简称东宝公司）、于强、杨玲

【基本案情】

2007年7月30日，原告长江支行与被告东宝公司签订借款合同一份，被告在原告处借款人民币1700000元，同时约定了借款期限、借款用途、借款利率和利息支付方式。担保方式为由东宝公司、于强和杨玲以其资产提供抵押担保。同日，原告与被告东宝公司签订抵押合同一份，约定被告东宝公司以位于新华路一段113号朝阳国用（2002）字第122002499号、朝阳市凌东预制构件厂位于朝凤街二段65号朝双国用（2000）字第120101126号国有土地使用权抵押，抵押金额为人民币170000元；被告于强委托其父于文海以于强的名义将于强、杨玲共同共有的坐落于柏山街36-14号、龙山街三段5-21号、龙山街三段5-22号三套商用网点房屋为被告东宝公司提供抵押担保。2007年7月31日，被告东宝公司出具了借款借据。

但被告东宝公司与原告长江支行签订的抵押合同中作为抵押物的朝阳国用（2002）字第122002499号土地使用权，在未签订抵押合同前，被告已将该土地使用权转让给了朝阳汇鑫塑料制品有限公司，现已开发建成楼房。该抵押合同中另一

宗作为抵押物的朝双国用（2000）字第120101126号土地使用权证显示土地使用者原为朝阳市凌东预制构件厂，被告东宝公司于2002年9月30日通过购买的方式从朝阳市龙城区信用合作社联合社营业部取得了土地使用权，但未办理转籍过户手续。柏山街36－14号、龙山街三段5－21号、龙山街三段5－22号三套商用网点房屋共有权人即被告杨玲亦未在被告于强出具的委托书上签字认可，并且于2007年8月10日出具了不同意提供担保说明。抵押合同签订后，原、被告就合同中约定的抵押物未到相关部门办理抵押登记手续。

【案件焦点】

被告东宝公司通过购买的方式取得土地的使用权，因未办理抵押物登记，抵押合同是否具有法律效力；夫妻一方处分夫妻共同财产设定的抵押，同样未办理登记，是否有效。

【法院裁判要旨】

辽宁省朝阳市双塔区人民法院经审理后认为：抵押合同中作为抵押财产的朝双国用（2000）字第120101126号土地使用权，被告东宝公司已通过购买的方式取得了该宗土地的使用权，抵押合同成立。但因未办理抵押物登记，抵押合同不发生法律效力，原告长江支行不能据此主张优先受偿权。于文海以于强、杨玲委托人名义与原告签订的用于强和杨玲共同共有的三户楼房作为抵押财产的抵押合同，该三户楼房均系被告于强、杨玲夫妻共同共有的财产，作为夫妻一方的于强无权对夫妻共同共有的三户楼房单独作出同意为他人贷款提供抵押担保并委托于文海全权处理的权利，且被告杨玲事后对该抵押行为予以否认，亦未办理抵押物登记。因此，该抵押合同亦无效。原告长江支行不能据此主张优先受偿权。

辽宁省朝阳市双塔区人民法院依照《中华人民共和国合同法》第一百零七条、第二百零五条、第二百零六条、第二百零七条、第五十一条，《中华人民共和国担保法》第四十一条、第四十二条第（一）项、第（二）项，《中华人民共和国民事诉讼法》第一百二十八条、第一百三十条的规定，作出如下判决：

一、被告朝阳市东宝水泥制造有限公司自本判决生效之日起10日内偿还原告朝阳银行长江支行借款人民币1700000元，并利随本清；

二、驳回原告朝阳银行长江支行的其他诉讼请求。

【法官后语】

本案处理的重点是《中华人民共和国担保法》中财产抵押应办理抵押物登记的规定。《中华人民共和国担保法》第四十一条规定，“当事人以本法第四十二条规定的财产抵押的，应当办理抵押物登记，抵押合同自登记之日起生效”。第四十二条规定，办理抵押物登记的部门如下：（一）以无地上定着物的土地使用权抵押的，为核发土地使用权证书的土地管理部门；（二）以城市房地产或者乡（镇）、村企业的厂房等建筑物抵押的，为县级以上地方人民政府规定的部门。

具体到本案中，被告东宝公司虽然已取得土地使用权，但未到有关部门办理抵押物登记，抵押合同不能发生法律效力，原告长江支行不能据此主张该笔贷款的优先受偿权。被告杨玲与于强的共同共有的财产同样未办理抵押物登记，同属无效抵押合同，原告长江支行也不能主张优先受偿权，被告应按合同约定偿还原告欠款并承担借款利息。

编写人：辽宁省朝阳市双塔区人民法院 杨敏

42

附条件条款的生效

——蔡玉华诉盘锦市商业银行股份有限公司兴建支行借款合同案

【案件基本信息】

1. 裁判书字号

辽宁省盘锦市兴隆台区人民法院（2011）民一字第665号民事判决书

2. 案由：借款合同纠纷

3. 当事人

原告：蔡玉华

被告：盘锦市商业银行股份有限公司兴建支行（以下简称商业银行）

【基本案情】

1999年11月19日，原、被告就此前原告所欠被告的3717742.06元债务签订了《以资抵债协议》，原告用自己所有的盘锦市商西小区的3284.48平方米的房屋抵偿所欠被告的该债务，双方约定原告抵债资产价值共计3941376元，超过所欠被告债务223633.94元。对抵债资产该超值部分，协议第四条约定，“经协商，甲方（即被告商业银行）将抵押物变卖成现金后，一次性交给乙方（即原告蔡玉华）贰拾万元整，剩余金额作为甲方办理过户手续的费用”。协议签订后，原告将抵债资产交付被告并于2000年2月23日将上述资产过户到被告名下。2011年7月5日，被告上级单位盘锦市商业银行与盘锦金信拍卖行有限公司签订了委托拍卖合同，同月21日该抵债资产被拍卖成交，2011年8月3日盘锦金信拍卖行将拍卖价款1052万元汇给被告。后被告通知原告取回被告欠原告的20万元款项，但原告以被告还应支付利息为由拒绝领取，被告于2011年9月29日将该20万元款项在盘锦市公证处办理了提存公证。

【案件焦点】

原、被告签订的合同中所附条件何时生效。

【法院裁判要旨】

辽宁省盘锦市兴隆台区人民法院经审理认为：原、被告双方于1999年11月19日签订的《以资抵债协议》，是双方真实意思表示，合法有效，应受法律保护。该协议作为双务合同应对双方履行义务时间做出约定。协议对原告履行义务时间做了明确约定，而对被告给付原告其资产超过债务20万元的时间，只在协议第四条约定“甲方（即被告商业银行）将抵押物变卖成现金后，一次性交给乙方（即原告蔡玉华）贰拾万元整”，该条款为附生效条件的条款，所附条件（抵押物变卖成现金）成就时给付20万元的约定生效。单看该条款，被告的行为并没有违反合同约定，但《中华人民共和国合同法》第四十五条第二款规定“当事人为自己的利益不正当地阻止条件成就的，视为条件已成就；不正当地促成条件成就的，视为条件不成就。”本案中，在2000年2月23日原告将抵债资产过户到被告名下后，该资产没有无法变卖的事由，被告变卖该资产的条件就已经能够成就，被告应本着诚实信用原则积极变卖该资产、履行己方义务。而事实上，被告直到2011年7月才将该抵债资产委托拍卖，造成原告的利益受到损失。被告该行为应视为为自己利益阻止条件成就，故应认定该《以资抵债协议》第四条的“被告向原告给付贰拾万元”的约定，在2000年所附条件（抵押物变卖成现金）可以成就时就已生效；而被告直到2011年8月才通知原告取回20万元属于迟延履行合同义务，故被告应向原告给付迟延履行期间的债务利息。但考虑到变卖资产行为并非立即能够完成，故应给被告变卖该资产行为一合理期限，该期限本院认为参照《最高人民法院关于人民法院民事执行中拍卖、变卖财产的规定》第二十六条、第二十八条的规定，以60日拍卖一次、拍卖三次为限，即该期限以6个月为宜。

辽宁省盘锦市兴隆台区人民法院依照《中华人民共和国合同法》第六条、第四十五条、第六十条、第二百零七条之规定，作出如下判决：

被告盘锦市商业银行股份有限公司兴建支行于本判决生效后10日内，一次性偿还所欠原告蔡玉华的20万元债务，并从2000年8月24日（2000年2月23日原告将资产过户到被告名下之次日起算加上6个月资产变卖期）起至判决确定的给付之日止按中国人民银行同期流动资金贷款利率计算利息。

【法官后语】

本案属借款合同纠纷。在合同法领域内，“当事人意思自治”和“诚实信用原则”是其两大支柱。“当事人意思自治”赋予合同主体自由订立合同的权利，即合同内容只要是合同当事人的“真实意思表示”且不违反法律规定，合同就合法有效、受到法律的保护。但合同法第五条、第六条同时规定了合同当事人应遵循的“公平”和“诚实信用”原则。即当事人在订立、履行合同时，须充分尊重合同他方的权利和利益，务求权利义务之对等与平衡；要及时、善意地履行合同义务，不能为谋求己方的不当利益而损害对方利益。

本案中，原、被告1999年11月19日签订的《以资抵债协议》，虽是双方真实意思表示，但协议第四条“甲方（即被告商业银行）将抵押物变卖成现金后，一次性交给乙方（即原告蔡玉华）贰拾万元整”，属于附生效条件的条款。而条件的成就具有不确定性，即所附条件可成就，也可不成就，可人为地提前或推迟成就。《中华人民共和国合同法》第四十五条第二款规定“当事人为自己的利益不正当地阻止条件成就的，视为条件已成就；不正当地促成条件成就的，视为条件不成就。”

本案原告的抵债资产在2000年2月23日就已过户到被告名下，而被告却在该资产没有无法变卖事由的情况下于2011年7月5日才将该资产委托拍卖，偿还欠原告的20万元。这显然不可能是原告签订抵债协议时的初衷，属于被告不正当地曲解附条件条款，恶意地阻止条件的成就。被告的行为违背了“诚实信用”及“善意履行合同”的原则，其结果是使得双方当事人之间的利益失衡。在此要提示合同主体，在签订合同时应尽量避免此类具有不确定因素的附条件条款的出现，否则在合同履行中当事人间很可能因理解不同产生歧义。一旦产生不同理解，法官就应根据合同目的、交易习惯及诚实信用等原则来解释当事人的意思表示，探求当事人进行民事行为时的真意，重新调整当事人间的利益关系。本案最终认定被告变卖该资产的条件在2000年原告抵债资产过户到被告名下、没有不可变卖的事由时即成就，“被告向原告给付20万元”的约定，也在以上所述资产变卖条件可成就时生效，而被告2011年8月才偿还原告20万元属于迟延履行合同义务，故判令被告向原告给付迟延履行期间的债务利息。试想，如果本案原告的利益得不到保护，被告在十余年后才将抵债资产变卖，取得了高于签订协议时数倍的增值利益，而原告应得的资产超过债务的20万元其价值已因物价止涨等原因发生贬损，那裁判结果将会是“显失公平”的，会有损法律的“公平”、正义及社会的公序良俗，也会损害正常的经济秩序。

另外，本案结合现实生活中的实际情况，考虑到资产变卖行为并非立即能够完成，也应给被告变卖资产行为一个合理期限。但法律对该期限并没有明文规定，合同双方对此也无明确约定，为了防止自由裁量权的滥用，本院最后参照《最高人民法院关于人民法院民事执行中拍卖、变卖财产的规定》中有关拍卖期限及拍卖次数的规定，给予了被告变卖抵债资产6个月的合同期限。也给本案作出了一个相对公平的判决结果。

编写人：辽宁省盘锦市兴隆台区人民法院　任亚妮

43

借款人未按约定支付利息的是否应承担违约责任

——中国建设银行股份有限公司葫芦岛东方支行诉葫芦岛希瑞航运集团有限公司等船舶抵押合同案

【案件基本信息】

1. 裁判书字号

辽宁省大连市海事法院（2011）大海锦商初字第20号民事判决书

2. 案由：船舶抵押合同纠纷

3. 当事人

原告：中国建设银行股份有限公司葫芦岛东方支行

被告：葫芦岛希瑞航运集团有限公司（以下简称希瑞公司）、杨希利、李凤艳、徐雪松、杨雯淇

【基本案情】

2007年8月16日，原告作为贷款人与葫芦岛海洋运输有限公司（2008年4月9日更名葫芦岛希瑞航运集团有限公司）作为借款人和抵押人签订了编号为DFcd－2007－002的《购船抵押借款及担保合同》，同时该公司用其所购船舶“港海636”（后更名为“希瑞503”）作借款抵押担保。该合同约定：葫芦岛海洋运输有限公司向原告借款金额为人民币9000万元，用于购买一艘散货船，借款期限5年，从2007年9月6日至2012年9月5日，还款方式为按月等额本息还款（合同第7条第3款），按日计息，按月结息。该合同项下的贷款利率为月利率7.39‰，未按合同用途使用贷款的罚息利率为14.76‰，贷款逾期的罚息利率为浮动利率，即在基准利率水平上上浮50%。起息日为该合同项下首次发放的贷款转存到借款人账户之日，结息日固定为每月的第20日。基准利率是指起息日当日中国人民银行公布实施的同档次贷款利率，此后，贷款利率和罚息利率

依约定调整时，基准利率是指调整日当日中国人民银行公布实施的同档次贷款利率。另，抵押人以“港海636”号船作为抵押物，担保的范围包括主合同项下的债务本金、利息、逾期利息、复利、罚息以及诉讼费、仲裁费、财产保全费、执行费、评估费、拍卖费、差旅费等抵押权人实现债权的一切费用；主合同项下借款的本金或利息到期，抵押权人未受清偿的，抵押权人有权依法拍卖、协议折价，变卖抵押物。同日，原告又与被告杨希利、李凤艳、徐雪松、杨雯淇四人签订了《自然人保证合同》，合同编号DFbz－2007－006，约定上述四人为《购船抵押借款及担保合同》的履行提供自然人连带责任保证。保证的范围包括主合同项下的债务本金、利息、逾期利息、复利、罚息、违约金、赔偿金等，以及债权人为实现债权与担保权利而发生的诉讼费、仲裁费、财产保全费、差旅费、执行费、评估费、拍卖费、公证费、送达费、公告费、律师费等一切费用。2007年9月4日，原告与葫芦岛海洋运输有限公司在抵押船舶“港海636”的登记机关葫芦岛海事局办理了船舶抵押权登记手续，葫芦岛海事局于2007年9月6日为原告签发了《船舶抵押权登记证书》，且在备注变更栏中明确载明：抵押船舶“港海636”于2007年11月21日更名为“希瑞503”。2007年9月6日原告将借款全额发放给葫芦岛海洋运输有限公司。2008年4月9日葫芦岛海洋运输有限公司更名为葫芦岛希瑞航运集团有限公司，2008年4月25日原告与被告希瑞公司签订了《购船抵押借款及担保合同》补充协议，就2007年8月16日，原告作为贷款人与葫芦岛海洋运输有限公司作为借款人和抵押人签订的编号为DFcd－2007－002的《购船抵押借款及担保合同》做出修改，即借款人和抵押人的单位名称变更为葫芦岛希瑞航运集团有限公司，作且仅作相应名称变更，其所承担的权利、义务、法律关系不变，《合同》的其他条款不变。2008年5月21日，“希瑞503”的船舶所有权人由葫芦岛海洋运输有限公司变更为葫芦岛希瑞航运集团有限公司。2008年5月29日，“希瑞503”的船舶经营人由葫芦岛海洋运输有限公司变更为葫芦岛希瑞航运集团有限公司。自2011年2月21日后，希瑞公司就未按时偿还到期借款本金。截止到2011年6月21日，希瑞公司尚欠原告该笔借款本金32934821.71元，利息900699.88元。

【案件焦点】

被告希瑞公司未能依约偿还所欠原告借款本息，是否构成违约。

【法院裁判要旨】

辽宁省大连市海事法院经审理认为：原告中国建设银行股份有限公司葫芦岛东方支行与被告葫芦岛希瑞航运集团有限公司之间订立的《购船抵押借款及担保合同》合法有效，根据《中华人民共和国合同法》第六十条的规定，合同当事人应当按照约定全面履行义务。原告已依约履行了其向被告希瑞公司发放借款的义务，有权依合同约定收回借款本息；被告希瑞公司未能依约偿还所欠原告借款本息，根据《中华人民共和国合同法》第一百零七条的规定，应承担违约的民事责任；双方对复利的约定符合银发［2003］251号《中国人民银行关于人民币贷款利率有关问题的通知》中"对逾期贷款罚息利率"的相关规定；故对原告要求被告希瑞公司偿还借款本金及利息的诉讼请求，本院予以支持。关于被告希瑞公司尚欠原告借款本金及利息数额的确定，原告为其主张提供了《购船抵押借款及担保合同》、《贷款转存凭证》、《中国建设银行辽宁省分行放款账卡明细表》、《四艘船欠息表》予以佐证，被告希瑞公司只是在答辩中阐述了欠款余额及所欠利息，待双方核对后再确定的观点，但对原告提供的相应证据并未提出任何异议，也未向本院提供相应证据予以反驳。对于被告希瑞公司认为是由于原告的一系列保全措施造成了该公司的资金链断裂，给公司及公司经营带来了极大的负面影响，2011年4月1日至执行前的贷款逾期的利息和罚息应由原告自行承担50%的主张，因其未提供任何事实依据和法律依据，于法无据，本院不予支持。故对原告要求希瑞公司偿还《购船抵押借款及担保合同》项下剩余的全部借款本金32934821.71元及截至2011年6月21日的利息900699.88元，下欠利息要求赔付计算至全部给付之日的诉讼请求，本院予以支持。被告希瑞公司以其所属的"希瑞503"轮作为抵押物为其上述借款行为提供担保，并依照《中华人民共和国海商法》第十三条的规定办理了抵押登记手续，其与抵押权人即原告之间的船舶抵押合同法律关系依法成立，原告依法对上述抵押物享有船舶抵押权。被告杨希利、李凤艳、徐雪松、杨雯淇四人与原告签订《自然人保证合同》作出的愿意为被告希瑞公司不能按时偿还原告贷款本金、利息时，其将承担连带担保责任的意思表示真实、明确，原告由此相信并接受了杨希利、李凤艳、徐雪松、杨雯淇对希瑞公司所借款项承担连带清偿的承诺；根据《中华人民共和国担保法》第十八条的规定，对原告要求被告杨希利、李凤艳、徐雪松、杨雯淇对被告希瑞公司的所欠本金及利息承担连带清偿的担保责任之诉讼请求，本院予以支持。依照《中华人民共和国合同法》第一百零七条，《中华人民共和国海商法》第十一条，《中华人民共和国担保法》第十八条、第二十一条的规定，作出如下判决：

一、被告葫芦岛希瑞航运集团有限公司于本判决生效之日起10日内向原告中国建设银行股份有限公司葫芦岛东方支行偿还贷款本金32934821.71元及截至2011年6月21日的利息900699.88元，并按合同约定及计付利息的标准，支付自2011年6月22日起至全部剩余借款实际清偿之日止的相应利息；

二、原告中国建设银行股份有限公司葫芦岛东方支行对“希瑞503”轮享有船舶抵押权；

三、被告杨希利、李凤艳、徐雪松、杨雯淇就被告葫芦岛希瑞航运集团有限公司的上述债务承担连带清偿责任。

【法官后语】

本案系船舶抵押合同纠纷，查明合同双方是否按约定如约履行是案件处理的前提，原、被告之间签订的《购船抵押借款及担保合同》、《购船抵押借款及担保合同》、《自然人保证合同》以及《船舶抵押权登记证书》、《船舶所有权登记证书》、《企业机读档案变更登记资料》、《贷款转存凭证》、《中国建设银行辽宁省分行放款账卡明细表》是本案判定的重要依据。本案中，被告希瑞公司自2011年2月21日后，就未按合同约定按时偿还到期借款本金。截止到2011年6月21日希瑞公司尚欠原告该笔借款本金32934821.71元，利息900699.88元。被告杨希利、李凤艳、徐雪松、杨雯淇四人与原告签订《自然人保证合同》作出的愿意为被告希瑞公司不能按时偿还原告贷款本金、利息时，其将承担连带担保责任的意思表示真实、明确。在此基础上做出公正的裁判，达到了法律效果和社会效果的统一。

编写人：辽宁省大连市海事法院 汤红

44

超过主债权诉讼时效的抵押权是否消灭

——张同庆诉中国建设银行股份有限公司盘锦兴隆支行抵押合同案

【案件基本信息】

1. 裁判书字号

辽宁省盘锦市兴隆台区人民法院（2011）兴民一初字第00668号民事判决书

2. 案由：抵押合同纠纷

3. 当事人

原告：张同庆

被告：中国建设银行股份有限公司盘锦兴隆支行

【基本案情】

原告张同庆于1998年3月23和1998年3月24日先后以其所有的位于双台子区胜利街旌旗委和双台子区建设街铁东委的两处房产设定抵押，同被告中国建设银行股份有限公司盘锦兴隆支行签订了两份《住房抵押贷款合同》，借款金额每次都是5万元，借款期限均为2年（即到期日分别为2000年3月23日和2000年3月24日），并在盘锦房屋产权管理处办理了房屋抵押登记。合同签订后，被告向原告发放了贷款，但合同到期时，原告只偿还了少部分贷款。另查，被告曾于2002年10月向原告送达过《催收贷款通知书》一份，并于2009年向兴隆台区人民法院起诉要求原告偿还贷款，后在案件审理中又撤诉。原告张同庆并未因此向被告偿还贷款。

【案件焦点】

超过主债权诉讼时效的抵押权是否消灭，人民法院是否还予以保护。

【法院裁判要旨】

辽宁省盘锦市兴隆台区人民法院经审理认为：原、被告于1998年3月23和

1998年3月24日先后签订的两份《住房抵押贷款合同》，是双方真实意思表示，不违反法律规定，合法有效，应受法律保护。在原告不履行还款义务时，被告应在诉讼时效期间内及时主张自己的权利。本案中，被告虽在2002年10月和2009年两次以不同方式向原告催要贷款，但因该两次催要行为均发生在主债权（即银行贷款）超过两年的诉讼时效之后，故该催要行为不产生诉讼时效中断的法律效力，该贷款主债权确已超过诉讼时效。《中华人民共和国物权法》第二百零二条规定“抵押权人应当在主债权诉讼时效期间行使抵押权；未行使的，人民法院不予保护。”被告未在主债权诉讼时效期间内实现抵押权，该抵押权已丧失了胜诉权，人民法院不再予以保护，被告无权再保留原告的房屋产权证照作为已超过诉讼时效债权的担保。故本院对原告要求注销抵押登记，返还房屋产权证的请求予以支持。而对其提出的以被告在原告处所欠饭款抵销本案原告所欠被告的银行贷款的这一主张，因与本案不属于同一法律关系，不在本案审理范围内，本院对原告这一主张不予支持。对于被告提出的因超过诉讼时效而免除债务人的还款义务将违反社会的公序良俗和法律的公平正义的主张，本院认为，超过诉讼时效的债权只是不再受人民法院保护，而非当事人间实际债权债务关系的消灭，如债务人自愿履行的，不受诉讼时效限制，并不违背法律的立法宗旨和社会的公序良俗。

辽宁省盘锦市兴隆台区人民法院依照《中华人民共和国物权法》第二百零二条之规定，做出如下判决：

被告中国建设银行股份有限公司盘锦兴隆支行于本判决生效后10日内将原告抵押在被告处的房屋产权证返还原告，并协助原告办理房屋抵押权注销登记。

【法官后语】

本院在本案审理过程中总结出以下两点：

1. 对于诉讼时效的理解。本案中被告在1998年两次与原告签订住房抵押贷款合同，按照贷款合同，诉讼时效为两年，在两年内被告没有向原告主张还款，双方亦未对贷款合同重新进行约定，虽然被告在2002年10月和2009年两次以不同方式向原告催要贷款，但因该两次催要行为均发生在主债权（即银行贷款）超过两年的诉讼时效之后，故该催要行为不产生诉讼时效中断的法律效力，该贷款主债权确已超过诉讼时效。被告发放贷款十余年后再主张行使抵押权，人民法院不予保护。

2. 因超过诉讼时效而免除债务人的还款义务是否违反社会的公序良俗和法律的公平正义。公序良俗是指民事主体的行为应当遵守公共秩序，符合善良风俗，不得违反国家的公共秩序和社会的一般道德。我国民事诉讼法对民事诉讼制度的建立及诉讼时效的规定都是为了更及时、有效的保护诉讼当事人的合法权益。超过诉讼时效的债权只是不再受人民法院保护，而非当事人间实际债权债务关系的消灭，如债务人自愿履行的不受诉讼时效限制。民事法律中，与权利对应的是义务和责任，本案被告因怠于行使权利致使主债权超过诉讼时效，应承担由此产生的不利后果，这并不违背法律的立法宗旨和社会的公序良俗。

编写人：辽宁省盘锦市兴隆台区人民法院　王冰

45

在担保合同无效情况下担保人应承担怎样的责任

——薛国生诉王玉华、林朝金民间借贷案

【案件基本信息】

1. 裁判书字号

福建省厦门市集美区人民法院（2011）集民初字第513号民事判决书

2. 案由：民间借贷纠纷

3. 当事人

原告：薛国生

被告：王玉华、林朝金

【基本案情】

2008年10月13日，被告王玉华向原告薛国生出具借条一张，载明王玉华向薛国生借款人民币80000元。被告林朝金同意将其家庭户下的许可证证号为022745号的乡村建房宅基地作为该笔借款的担保。经原告薛国生催讨，两被告至今未向原告偿还上述借款。

【案件焦点】

1. 被告林朝金将其家庭户下的许可证证号为 022745 号的乡村建房宅基地作为该笔借款的担保是否有效；2. 如果担保合同无效，被告林朝金需要承担怎样的责任。

【法院裁判要旨】

福建省厦门市集美区人民法院经审理认为：原告薛国生提供的借条足以确认原告薛国生与被告王玉华之间的借贷关系是双方当事人真实自愿的意思表示，双方应依照约定履行各自法律义务。根据《中华人民共和国合同法》第二百零六条之规定："借款人应当按照约定的期限返还借款。对借款期限没有约定或者约定不明确，依照本法第六十一条的规定仍不能确定的，借款人可以随时返还；贷款人可以催告借款人在合理期限内返还。"原告薛国生与被告王玉华未约定具体的还款期限，现原告薛国生要求被告王玉华偿还借款人民币 80000 元的请求，事实清楚，于法有据，应予以支持。关于原告薛国生主张的利息问题，本院认为，依照《最高人民法院关于人民法院审理借贷案件的若干意见》第九条之规定："公民之间的定期无息借贷，出借人要求借款人偿付逾期利息；或者不定期无息贷款经催告不还，出借人要求偿付催告后利息的，可参照银行同类贷款的利率计息。"本案被告王玉华经原告薛国生催告后，至今未偿还借款，已构成违约，原告薛国生现要求被告王玉华按中国人民银行同期同类贷款利率支付自本案起诉之日即 2011 年 1 月 24 日起至实际还款之日止的利息，于法有据，本院予以支持。而关于原告薛国生要求被告林朝金承担担保责任的问题，本院认为，依据《中华人民共和国物权法》第一百八十四条之规定："下列财产不得抵押：（一）土地所有权；（二）耕地、宅基地、自留地、自留山等集体所有的土地使用权，但法律规定可以抵押的除外；……（六）法律、行政法规规定不得抵押的其他财产。"原告薛国生与被告林朝金将林朝金家庭户下的宅基地作为抵押担保的约定，违反了法律的禁止性规定。又依据《中华人民共和国合同法》第五十二条之规定："有下列情形之一的，合同无效：（一）一方以欺诈、胁迫的手段订立合同，损害国家利益；（二）恶意串通，损害国家、集体或者第三人利益；（三）以合法形式掩盖非法目的；（四）损害社会公共利益；（五）违反法律、行政法规的强制性规定。"故可据此认定原告薛国生与被告林朝金之间的抵押担保合同无效。至于抵押担保合同无效，应如何确定各自的责任的问题，本院认为，依据《中华人民共和国合同法》第五十八条之规定：“合同无效或者被撤销后，因该合同取得的财产，应当予以返还；不能返还或者没有必要返还的，应当折价补偿。有过错的一方应当赔偿对方因此所受到的损失，双方都有过错的，应当各自承担相应的责任。”以及《最高人民法院关于适用〈中华人民共和国担保法〉若干问题的解释》第七条之规定：“主合同有效而担保合同无效，债权人无过错的，担保人与债务人对主合同债权人的经济损失，承担连带赔偿责任；债权人、担保人有过错的，担保人承担民事责任的部分，不应超过债务人不能清偿部分的1/2。”本案原告薛国华与被告林朝金在签订抵押担保合同时均明知抵押物为宅基地，双方对于抵押担保合同无效均有相当的过错，因此，原告薛国生与被告林朝金各应承担抵押担保合同无效所造成损失的1/2，即在被告王玉华不能足额清偿本案借款人民币80000元及逾期借款利息的情况下，被告林朝金应向原告薛国生偿还被告王玉华不能清偿部分的1/2。原告薛国生要求被告林朝金承担超过上述责任部分的诉求，于法无据，应予以驳回。被告王玉华经本院合法传唤，无正当理由拒不到庭参加诉讼，应视为其自愿放弃诉讼权利。现经开庭审理，已查明事实，可以依法缺席判决。综上，依照《中华人民共和国合同法》第五十二条、第五十八条、第二百零六条，《中华人民共和国物权法》第一百八十四条，《最高人民法院关于适用〈中华人民共和国担保法〉若干问题的解释》第七条，《最高人民法院关于人民法院审理借贷案件的若干意见》第九条，《中华人民共和国民事诉讼法》第六十四条第一款、第一百三十条之规定，判决如下：

一、被告王玉华应于本判决生效之日起10日内偿还原告薛国生借款人民币80000元及逾期借款利息（按中国人民银行同期同类贷款利率，从2011年1月24日起计算至本判决确定的履行之日止）；

二、如果被告王玉华不能足额清偿上述债务，被告林朝金应向原告薛国生偿还的债务数额为被告王玉华不能清偿部分的1/2；

三、驳回原告薛国生的其他诉讼请求。

本案案件受理费人民币1800元，由被告王玉华负担，该款应于本判决生效后7日内向本院交纳。

【法官后语】

本案系因偿还借款及承担担保责任而引发的民间借贷纠纷。案中有关借款合同部分的事实清楚，借贷关系合法有效，比较值得探讨的是所涉及的担保合同无效及其法律责任的承担问题。

1. 本案担保合同效力的认定

担保合同是债权人为了保障其债权的实现而与担保人之间订立的合同，担保合同是主合同的从合同，在当事人没有特别约定的情况下，主合同无效，担保合同也无效。因此，担保合同的无效有两种情形：一是主合同无效，导致担保合同无效；二是主合同有效，担保合同因欠缺法律规定的有效要件而无效。本案属于第二种情形。在主合同有效的情况下，担保合同除了可能因为《中华人民共和国合同法》第五十二条规定的合同无效的一般事由而无效之外，还可能因为担保主体或担保物不合格而无效。《中华人民共和国担保法》第八条至第十条规定了不具有保证人资格的主体，《中华人民共和国担保法》第三十七条、《中华人民共和国物权法》第一百八十四条规定了不得作为抵押物的财产种类，这些规定属于法律的强制性规定，根据《中华人民共和国合同法》第五十二条，违反这些规定订立的担保合同无效。

具体到本案中，原告薛国生为债权人，被告林朝金为担保人，林朝金与薛国生之间存在抵押合同，抵押物为林朝金家庭户下的许可证证号为022745号的乡村建房宅基地使用权。根据《中华人民共和国物权法》第一百八十四条之规定，村民享有的宅基地使用权不得抵押，因此，林朝金与薛国生之间的抵押合同因抵押物不合法而无效。

实践中存在的另一种情形是，担保人以其享有使用权的宅基地上的建筑物为抵押物提供担保，那么，这种抵押合同是否有效呢？答案是否定的。尽管《中华人民共和国物权法》和《中华人民共和国担保法》均未明确规定农村宅基地上的建筑物不得抵押，但是从现行法律的相关条款可以推导出这个结论。《中华人民共和国物权法》第一百八十二条规定，“以建筑物抵押的，该建筑物占用范围内的建设用地使用权一并抵押。以建设用地使用权抵押的，该土地上的建筑物一并抵押。”对于土地使用权和地上建筑物的转让、处分，我国法律采取的是“地随房走”、“房随地走”的原则。如果允许宅基地上的建筑物用于抵押，那么宅基地使用权应一并抵押，这将使得宅基地使用权不得抵押的规定成为具文，造成法律规定的冲突。此外，在宅基地上的建筑物上设立的抵押权实际上无法实现。当抵押物为抵押人的住宅时，根据《最高人民法院关于人民法院民事执行中查封、扣押、冻结财产的规定》第六条的规定，对被执行人及其所扶养家属生活所必需的居住房屋，人民法院可以查封，但不得拍卖、变卖或者抵债，抵押权无法实现；当抵押物非为抵押人生活所必需的住宅时，债权人欲实现抵押权，必须转让宅基地上建筑物的所有权，由于“地随房走”，宅基地使用权须一并转让，但《中华人民共和国土地管理法》第六十三条明确规定，农民集体所有的土地的使用权不得出让、转让或者出租用于非农业建设，抵押权的实现也存在障碍。因此，从法律适用的统一性和现实可操作性的角度考虑，实践中对于以宅基地上的建筑物为抵押物订立的抵押合同一般应当认定为无效。

2. 担保合同无效时担保人的法律责任

对于担保合同被认定无效之后，债权人、债务人、担保人应当如何承担法律责任，《中华人民共和国担保法》及其司法解释作了相应的规定。《中华人民共和国担保法》第五条规定，担保合同被确认无效后，债务人、担保人、债权人有过错的，应当根据其过错各自承担相应的民事责任。《最高人民法院关于适用〈中华人民共和国担保法〉若干问题的解释》（以下简称“《担保法解释》”）第七条规定，“主合同有效而担保合同无效，债权人无过错的，担保人与债务人对主合同债权人的经济损失，承担连带赔偿责任；债权人、担保人有过错的，担保人承担民事责任的部分，不应超过债务人不能清偿部分的二分之一。”第八条规定，“主合同无效而导致担保合同无效，担保人无过错的，担保人不承担民事责任；担保人有过错的，担保人承担民事责任的部分，不应超过债务人不能清偿部分的三分之一。”第九条规定，“担保人因无效担保合同向债权人承担赔偿责任后，可以向债务人追偿，或者在承担赔偿责任的范围内，要求有过错的反担保人承担赔偿责任。”由此可见，根据现行法，担保合同无效时，担保人只在一种情形下免责，即因主合同无效而导致担保合同无效且担保人无过错时，而在其他 3 种情形下，担保人要么和债务人承担连带赔偿责任，要么承担不超过债务人不能清偿部分的 1/2 的责任，要么承担不超过债务人不能清偿部分的 1/3 的责任。

担保合同无效，担保人依法应承担的民事责任并非依据担保合同产生的担保责任，而是法律直接规定的民事责任，至于这种民事责任的性质是可以探讨的，笔者倾向于认为担保人的民事责任性质上属于缔约过失责任。这种观点与《最高人民法院关于审理经济合同纠纷案件有关保证的若干问题的规定》第十七条[①]的规定是相吻合的。缔约过失责任的赔偿范围为合同相对人的信赖利益，担保合同无效，债权人信赖利益损失为其债权未能受偿的部分，并以担保合同约定的担保责任为限。

本案中，林朝金与薛国生之间的抵押合同因抵押物为法律禁止抵押之财产而无效，对于抵押物不适格的事实，债权人薛国生与担保人林朝金在订立抵押合同时均已明知，但双方仍以此为标的订立抵押合同，双方对于抵押合同无效均有过错，根据《担保法解释》第七条之规定，对于薛国生的经济损失，担保人林朝金应承担不超过债务人不能清偿部分的1/2的民事责任。司法解释只规定了担保人承担责任的上限，没有规定具体的责任比例，这属于法官行使自由裁量权的范围，依照《担保法》第五条，法官应当根据债权人、担保人各自的过错程度确定具体的责任比例。若债权人、担保人对于担保合同无效具有的过错程度相当，对于债权人债权未能受偿的损失（即债务人不能清偿的部分），担保人承担1/2的赔偿责任，剩余的1/2损失债权人无权要求担保人赔偿；若债权人具有主要过错，担保人具有次要过错，担保人承担的赔偿责任应当少于债权人债权未能受偿的损失的1/2；若债权人具有次要过错而担保人具有主要过错，则理论上担保人承担的赔偿责任应当大于债权人债权未能受偿的损失的1/2，少于债权人债权未能受偿的损失，但是根据现行司法解释，担保人仍只须承担债务人不能清偿部分的1/2的赔偿责任。本案中，法院认定债权人薛国生与担保人林朝金具有的过错程度相当，判决薛国生与林朝金各自承担抵押合同无效所造成损失的1/2，即在债务人王玉华不能足额清偿借款本息的情况下，由林朝金向薛国生偿还王玉华不能清偿部分的1/2，是合理的。

编写人：福建省厦门市集美区人民法院　钟乾华

---

① 《最高人民法院关于审理经济合同纠纷案件有关保证的若干问题的规定》第十七条：法人的分支机构未经法人同意，为他人提供保证的，保证合同无效，保证人不承担保证责任，但应当根据其过错大小，承担相应的赔偿责任。法人的分支机构管理的财产不足以承担赔偿责任的，由法人承担。

46

债权人在债务人住所地有影响的报刊刊登债权转让暨催收公告的效力

——广东鹏耀企业集团有限公司诉梅州市金宝马家具装饰有限公司等借款合同案

【案件基本信息】

1. 裁判书字号

广东省梅州市中级人民法院（2011）梅中法民二终字第42号民事判决书

2. 案由：借款合同纠纷

3. 当事人

原告（被上诉人）：广东鹏耀企业集团有限公司

被告（上诉人）：汤香云、秦红梅

【基本案情】

2009年6月18日，原债权人梅州市富信投资有限公司以梅州市金宝马家具装饰有限公司（简称金宝马公司）欠其借款为由，向梅州市梅江区人民法院起诉，请求判令：1. 宝马公司偿还借款本金200000元及其项下利息；2. 原告对汤香云、秦红梅提供抵押的房产享有优先受偿权，并由其二人承担诉讼费。

原审法院经审理后认为，原告主体资格适格，未超过诉讼时效，抵押关系成立。于2010年11月30日作出判决：一、被告梅州市金宝马家具装饰有限公司应于判决生效之日起5日内偿还借款本金200000元及利息173249.41元给原告梅州市鹏耀实业发展有限公司；二、被告梅州市金宝马家具装饰有限公司若逾期还款，原告对被告汤香云提供抵押的房地产折价、变卖或拍卖的所得价款享有优先受偿权。三、若被告梅州市金宝马家具装饰有限公司不足清偿上述债务时，被告秦红梅应对被告梅州市金宝马家具装饰有限公司不足清偿部分承担1/2的赔偿责任。案件受理费7354元，由被告梅州市金宝马家具装饰有限公司负担。

广东省梅州市中级人民法院经审理查明以下事实：

1. 关于借款的事实。1995年11月23日，金宝马公司与原债权人中国农业银行梅州分行营业部签订了《抵押担保借款合同》，合同约定借款200000元，期限至1996年9月23日，利率12.06%，并以汤香云的房产、秦红梅的房产作为借款抵押。当日，原债权人依约将借款200000元转账支付金宝马公司，有《贷款借据》可证实。

2. 关于抵押的事实。汤香云提供坐落于梅州市梅江区三角镇大坜村的房产、秦红梅提供坐落于梅州市华侨新村北段一号六层楼的房地产作为金宝马公司上述借款的抵押物。汤香云提供抵押的房产依法办理了梅市房押贷登记字第№0004505号《梅州市区房屋抵押贷款他项权利登记证》，秦红梅提供抵押的房地产未办理抵押登记手续。

3. 关于债权转让、催收的事实。2000年6月16日，原债权人中国农业银行梅州市城区支行与长城广州办签订《债权转移确认通知书》，债权银行将其拥有的上述债权及担保权利全部转移给长城广州办，并将转让事宜书面通知了金宝马公司，抵押人汤香云、秦红梅在确认通知中担保人栏签了名。长城广州办于2001年10月30日、2003年7月15日、2004年7月23日在《南方日报》刊登催收公告。2004年12月28日，长城广州办与富信公司签订协议，将上述债权及抵押权转让给富信公司。富信公司受让债权后，于2006年5月24日通过公证送达的方式，向汤香云送达了《债权转让确认通知书》。同年5月25日，富信公司向梅州市梅江区公证处提出申请，认为债务人或担保人不能亲自签收的，该公证送达不作证据使用。长城广州办于2005年7月20日在《中国审计报》刊登债权催收公告，并于2007年7月12日在《梅州日报》刊登债权转让暨催收公告，告知上述债权已转让给富信公司。

另查明，在原审诉讼期间，富信公司又将上述债权转让给梅州市鹏耀实业发展有限公司。2010年12月23日，梅州市鹏耀实业发展有限公司经梅州市工商行政管理局核准，变更为广东鹏耀企业集团有限公司。

【案件焦点】

长城广州办与富信公司签订债权转让协议后履行通知义务之前，长城广州办向债务人催收原债权能否引起时效中断；长城广州办在《梅州日报》刊登债权转让暨催收公告能否引起时效中断。

【法院裁判要旨】

广东省梅江区人民法院经审理认为：本案争议的焦点在于原告的主体是否适格，原告的诉讼请求是否超过诉讼时效，被告汤香云、秦红梅抵押关系是否成立。

关于原告的主体资格问题。中国农业银行梅州市分行国际业务部的贷款业务由中国农业银行梅州分行承接，于2000年6月16日将债权转移给中国长城资产管理公司及于2004年12月28日由中国长城资产管理公司广州办事处将债权转让给梅州市富信投资有限公司，该转让有原告提交的抵押担保借款合同、借款借据、债权转移确认通知书、债权转让确认通知书等证据证实，原告转让的债权是经过法定程序登报公示受让的，主体适格，程序合法，后受让的上述债权转让给梅州市鹏耀实业发展有限公司，不违反有关法律的规定，该转让行为是合法有效。

关于诉讼时效的问题。2004年12月28日，中国长城资产管理公司广州办事处将债权转让给梅州市富信投资有限公司，但中国长城资产管理公司广州办事处未履行通知义务，因此，中国长城资产管理公司广州办事处与梅州市富信投资有限公司之间的转让协议对三被告不产生法律效力，所以，原债权人在相关报纸上发布催收公告引起诉讼时效的中断。2007年7月12日，中国长城资产管理公司广州办事处在《梅州日报》上发布了《债权转让暨催收公告》，告知上述债权转让给原告，债务人梅州市金宝马家具装饰有限公司、担保人汤香云、秦红梅向原告履行还款义务，原债权人履行了债权转让通知义务，该债权转让行为应视为对债务人发生效力。因此，本案主张权利的诉讼时效应从2007年7月12日重新起算至2009年7月12日，故梅州市富信投资有限公司于2009年6月18日向本院提起诉讼未超过诉讼时效，两被告辩称原告起诉已超过诉讼时效，长城资产公司广州办事处名义发布的催收公告是没有法律效力的意见无理，不予采纳。

关于被告汤香云、秦红梅抵押关系是否成立的问题。梅州市富信投资有限公司于2009年6月18日向本院提起诉讼未超过诉讼时效，被告应承担相应的还款和担保义务。上述转让的债权，以被告汤香云、秦红梅的房屋作抵押，被告汤香云虽未与原债权人签订抵押合同，但提供抵押的房屋依法办理了房屋抵押贷款他项权利登记手续，该抵押关系成立有效。原告对被告汤香云提供抵押的房产享有优先受偿权。被告秦红梅既未与原债权人签订抵押合同，也未办理了房屋抵押贷款他项权利登记手续，抵押合同无效，原债权人、被告秦红梅均有过错，根据担保法相关法律规定，被告秦红梅应在被告梅州市金宝马家具装饰有限公司不能清偿部分承担1/2的赔偿责任。

被告梅州市金宝马家具装饰有限公司经本院合法传唤，无正当理由拒不到庭参加诉讼，视为其放弃对原告诉请的抗辩权利，依法可作缺席判决。综上所述，根据《中华人民共和国民事诉讼法》第六十四条、第一百三十条，《中华人民共和国民法通则》第八十九条、第九十条、第一百零六条，《中华人民共和国担保法》第三十三条、第四十一条、第四十二条，《最高人民法院关于适用〈中华人民共和国担保法〉若干问题的解释》第八条及《中华人民共和国合同法》第八十条的规定，判决如下：

一、被告梅州市金宝马家具装饰有限公司应于本判决生效之日起5日内偿还借款本金20万元及利息173249.41元给原告梅州市鹏耀实业发展有限公司。

二、被告梅州市金宝马家具装饰有限公司若逾期还款，原告有权对被告汤香云提供抵押的房地产（证号分别为粤房字第1174999号）折价、变卖或拍卖的所得价款具有优先受偿权。

三、若被告梅州市金宝马家具装饰有限公司不足清偿上述债务时，被告秦红梅应在被告梅州市金宝马家具装饰有限公司不足清偿部分承担1/2的赔偿责任。

汤香云、秦红梅持原审答辩意见提起上诉。广东省梅州市中级人民法院认为：根据上诉人汤香云、秦红梅的上诉理由和被上诉人鹏耀公司的答辩意见，本案二审处理涉及以下的焦点问题：

一、长城广州办与富信公司签订债权转让协议后（2004年12月28日）至公告通知（2007年7月12日）之前，长城广州办向债务人催收债权能否引起时效中断的问题。根据现有证据查明，2004年12月28日，长城广州办与富信公司签订债权转让协议后，无证据证明该转让行为通知了债务人和抵押人。《中华人民共和国合同法》第八十条第一款规定：“债权人转让权利的，应当通知债务人。未经通知，该转让对债务人不发生效力”。据此，本案长城广州办在未向债务人发出债权转让通知之前，债务人履行债务的对象主体仍是长城广州办，受让人富信公司并不能直接向债务人主张权利，故长城广州办对债务人和抵押人而言仍是权利人，其在《南方日报》、《中国审计报》刊登催收公告可引起时效中断。

二、长城广州办在债务人、抵押人所在地的《梅州日报》刊登债权转让暨催收公告是否能引起时效中断和具有通知的效力问题。长城广州办于2007年7月12日在当事人住所地有影响的报刊《梅州日报》刊登债权转让暨催收公告，虽不符合《最高人民法院关于审理涉及金融资产管理公司收购、管理、处置国有银行不良贷款形成的资产的案件适用法律若干问题的规定》规定的应在全国或者省级有影响的报纸上发布债权转让公告或通知的规定，但最高人民法院关于四大国有资产管理公司可以报纸公告方式催收及履行通知义务的司法解释的目的是保护债权人利益，本案中长城广州办在当事人住所地的《梅州日报》上刊登债权转让暨催收公告，足以让当事人知道或应当知道债权转让及催收的事实，亦符合上述司法解释的目的。因此，长城广州办于2007年7月12日在《梅州日报》刊登债权转让暨催收公告，可以引起本案诉讼时效中断并表明其履行了通知义务。本案主债权、担保债权的诉讼时效起算点应从2007年7月12日起算，受让人富信公司于2009年6月18日主张权利未超过诉讼时效。上诉人汤香云、秦红梅的上诉理由不成立，其上诉请求不应支持。原审判决认定事实基本清楚，法律适用正确，应予维持。原审被告金宝马公司经合法传唤无正当理由拒不到庭应诉，视为其放弃诉讼权利。据此，依照《中华人民共和国民事诉讼法》第一百五十三条第一款第（一）项、第一百五十八条的规定作出上述判决。

【法官后语】

为深化金融改革，规范金融秩序，防范和化解金融风险，最高人民法院出台了法释［2001］12号《关于审理涉及金融资产管理公司收购、管理、处置国有银行不良贷款形成的资产的案件适用法律若干问题的规定》。四大资产管理公司在处置金融不良债权时，针对债务人分布广、散的特点，为保护国有资产的利益，规定了债权人在全国或者省级有影响的报纸上发布债权转让公告或通知的，可以作为诉讼时效中断的证据。

本案判决理由采用了目的解释的方法。债权人在债务人住所地有影响的报刊刊登债权转让暨催收公告，虽不符合最高人民法院法释［2001］12号《关于审理涉及金融资产管理公司收购、管理、处置国有银行不良贷款形成的资产的案件适用法律若干问题的规定》规定的应在全国或者省级有影响的报纸上发布债权转让公告或通知的规定，但上述司法解释的目的是保护债权人利益，债权人在债务人住所地有影响的《梅州日报》上刊登债权转让暨催收公告，足以使当事人知道或应当知道债权转让及催收的事实，可以引起诉讼时效中断和履行通知义务。

本备选指导性案例的裁判要点妥当解决了债权人在债务人住所地有影响的报刊登债权转让暨催收公告能引起诉讼时效中断的法律效力，对于同类案件的审理具有一定的参考价值和指导意义。

编写人：广东省梅州市中级人民法院 巫乐庭 张晓峰

47

保证人以共有房屋为房屋共有人提供担保抵押，该抵押是否合法有效

——阳江市海陵区农村信用合作联社诉敖卓权等借款合同案

【案件基本信息】

1. 裁判书字号

广东省阳江市江城区人民法院（2011）阳城法民二初字第204号民事判决书

2. 案由：借款合同纠纷

3. 当事人

原告：阳江市海陵区农村信用合作联社

被告：敖卓权、敖景忠

【基本案情】

2008年12月29日，经中国银行业监督管理委员会阳江监管分局批复，阳江市

海陵区海陵农村信用合作社联合社变更为阳江市海陵区农村信用合作联社。2004年12月24日，阳江市海陵区海陵农村信用合作社联合社（贷款人）与敖卓权（借款人）、敖景忠（抵押人）签订了一份《抵押担保借款合同》，约定：借款金额人民币180000元，借款用途为购买渔船（落实债务），借款期限自2004年12月24日起至2007年12月20日止，贷款利率为8.7‰，还款方式为按季结息、到期还本；借款人违约不按期归还贷款本金又未获准展期，从逾期之日起按日利率万分之四点三五计收利息；借款人不按期偿还贷款利息，贷款人对借款人未支付的利息计收复利；抵押人以抵押物为借款人提供担保，抵押担保期间自设定抵押担保之日起至担保范围内全部债务清偿完毕止；抵押担保范围包括贷款本金、利息、贷款人实现债权的费用等等。该日，敖卓权签署了借款180000元的借款借据给该合作社收执。敖景忠出具《自愿抵押书》，自愿以坐落在阳江市闸坡镇东风一路A号的房屋为敖卓权的借款作抵押。

坐落在阳江市闸坡镇东风一路A号的房屋是敖景忠与其妻子黎体的共有房屋，敖卓权系敖景忠与黎体的养子，双方是拟制血亲关系。敖景忠的妻子黎体于1998年去世，黎体生前没有立下遗嘱，其法定继承人为敖景忠与敖卓权。

借款期满后，敖卓权未按合同约定还款，敖景忠也没有履行抵押担保义务，阳江市海陵区农村信用合作联社、敖景忠、敖卓权三方经协商一致，借款合同延期至2009年4月20日。延期后，敖卓权亦未能按约定还款，敖景忠也没有履行抵押担保义务，计至2010年9月21日止，尚欠阳江市海陵区农村信用合作联社借款本金180000元及利息163104.62元。阳江市海陵区农村信用合作联社遂于2011年3月29日诉至本院，请求如诉称。

【案件焦点】

保证人以共有房屋为房屋共有人提供担保抵押，该抵押是否合法有效，银行可否主张优先受偿。

【法院裁判要旨】

广东省阳江市江城区人民法院经审理认为：阳江市海陵区海陵农村信用合作社联合社与敖卓权、敖景忠在平等、自愿、协商一致的基础上签订的《抵押担保借款合同》，是双方真实的意思表示，主体适格，内容合法，是合法有效的合同。合同中约定贷款利率为8.7‰，依金融机构的交易惯例，应认定为月利率。阳江市海陵区海陵农村信用合作社联合社已依合同约定发放了贷款给敖卓权，敖卓权逾期未还款，属违约行为，应承担还本付息的责任。阳江市海陵区海陵农村信用合作社联合社已变更为阳江市海陵区农村信用合作联社，依照《中华人民共和国公司法》第一百七十五条“公司合并时，合并各方的债权、债务，应当由合并后存续的公司或者新设的公司承继。”和《中华人民共和国合同法》第九十条“当事人订立合同后合并的，由合并后的法人或者其他组织行使合同权利，履行合同义务。当事人订立合同后分立的，除债权人和债务人另有约定的以外，由分立的法人或者其他组织对合同的权利和义务享有连带债权，承担连带债务。”的规定以及中国银行业监督管理委员会阳江监管分局的批复，阳江市海陵区农村信用合作联社有权行使阳江市海陵区海陵农村信用合作社联合社的合同权利和履行其合同义务。因此，阳江市海陵区农村信用合作联社请求敖卓权偿还借款180000元及利息，本院予以支持；阳江市海陵区农村信用合作联社请求按合同约定计付借款逾期后的利息，合法合理，本院予以支持。《抵押担保借款合同》中约定敖景忠以坐落在阳江市闸坡镇东风一路A号的房屋为敖卓权的借款作抵押，该房屋原是敖景忠与其妻子黎体的共有财产，在设定抵押时，黎体已去世，黎体生前没有立下遗嘱，其法定继承人为敖景忠与敖卓权，作为继承人的敖景忠、敖卓权对该屋享有处分权，敖景忠以该屋作抵押，借款人敖卓权对此无异议，视同对抵押一事予以确认。本案房屋抵押在一审法庭辩论终结前仍未办理登记手续，抵押未生效，阳江市海陵区农村信用合作联社请求优先受偿，本院不予支持。但敖景忠应在该屋价值范围内对敖卓权的本案债务不能清偿部分的1/2承担连带赔偿责任。

广东省阳江市江城区人民法院依照《中华人民共和国合同法》第九十条、第二百零五条、第二百零六条、第二百零七条和《中华人民共和国担保法》第四十一条、第四十二条以及《最高人民法院关于适用〈中华人民共和国担保法〉若干问题的解释》第七条的规定，判决如下：

一、敖卓权尚欠阳江市海陵区农村信用合作联社借款本金180000元及利息（利息按《抵押担保借款合同》的约定计算，从2004年12月24日起计至本判决确定的履行期限届满之日止的利息），限在本判决生效之日起10日内付清；

二、敖景忠在阳江市闸坡镇东风一路A号房屋的价值范围内对上述借款本息中敖卓权不能清偿部分的1/2承担连带赔偿责任；

三、驳回阳江市海陵区农村信用合作联社的其他诉讼请求。

【法官后语】

阳江市海陵区农村信用合作联社（原为阳江市海陵区海陵农村信用合作社联合社，后变更为阳江市海陵区农村信用合作联社）与敖卓权、敖景忠在平等、自愿、协商一致的基础上签订的保证借款协议，是双方真实的意思表示，主体适格，内容合法，该合同依法有效。阳江市海陵区农村信用合作联社与敖景忠签订的《抵押担保借款合同》没有条款对保证方式进行约定，根据《中华人民共和国担保法》第十九条规定："当事人对保证方式没有约定或者约定不明确的，按照连带责任保证承担保证责任。"敖景忠对敖卓权的债务负连带责任，在债务人敖卓权没有履行债务的情况下，债权人可以将债务人和保证人作为共同被告提起诉讼。涉讼的阳江市闸坡镇东风一路A号房屋原是敖景忠与妻子黎体的共有财产，黎体去世后房屋由敖景忠、敖卓权继承，该房屋的所有权为敖景忠、敖卓权共有，敖景忠、敖卓权对房屋具有处分权。根据《最高人民法院关于适用〈中华人民共和国担保法〉若干问题的解释》第五十四条第二款规定："共同共有人以其共有财产设定抵押，未经其他共有人的同意，抵押无效。但是，其他共有人知道或者应当知道而未提出异议的视为同意，抵押有效。"敖景忠以该房屋用作抵押，敖卓权作为借款人对敖景忠的抵押行为无异议，应当认定敖卓权同意敖景忠对房屋的处分行为，敖景忠与阳江市海陵区农村信用合作联社签订的房屋抵押合同合法有效。法院将敖卓权视同对抵押一事予以确认，是正确的。

由于涉讼房屋由始至终没有办理抵押登记手续，根据《中华人民共和国担保法》第四十三条规定"……当事人未办理抵押物登记的，不得对抗第三人"，阳江市海陵区农村信用合作联社请求对涉讼房屋享有优先受偿权的理据不足，依法应当驳回该诉讼请求。

编写人：广东省阳江市江城区人民法院　林远侦

48

逾期归还贷款是否能同时计算罚息和复利

——中国工商银行股份有限公司江门新会支行诉广东嘉威隆皮件服装有限公司等金融借款合同案

【案件基本信息】

1. 裁判书字号

广东省江门市中级人民法院（2011）江中法民再字第10号民事裁定书

2. 案由：金融借款合同纠纷

3. 当事人

原告（被申请人）：中国工商银行股份有限公司江门新会支行（以下简称新会工行）

被告：广东嘉威隆皮件服装有限公司（以下简称嘉威隆公司）

被告（申请再审人）：吴泽兴、黎燕华

【基本案情】

2008年2月3日，新会工行与嘉威隆公司签订2008年新会字第1040号《企业借款合同（Ⅱ）类》，约定由新会工行借款人民币1200万元给嘉威隆公司，借款利率为年息8.217%，结息日为每月20日，借款期自2008年2月3日至2009年1月20日止。嘉威隆公司应分两期偿还，2008年12月20日偿还500万元，2009年1月20日偿还700万元。另约定若嘉威隆公司未依约还款，则自逾期之日起按合同载明的贷款利率水平加收30%计收利息及相应复利。

上述借款由双方于2008年1月28日签订的2008年工银新押字第010321号和010322号《最高额抵押合同》提供抵押担保。此外，关泽兴、黎燕华于2008年1月28日与新会工行签订2008年工银新保字第1040、1041号《保证合同》，愿意为嘉威隆公司的上述借款承担连带保证责任。

2008年2月3日，新会工行依约向被告嘉威隆公司发放了贷款人民币1200万元，嘉威隆公司没有依时依约偿还借款本金，但一直支付利息至2008年12月20日止。嘉威隆公司分别于2009年2月5日归还本金85000元、2009年2月16日归还本金1000000元、2009年2月25日归还本金85000元，共向新会工行偿还借款本金117万元，仍欠借款本金1083万元及2008年12月21日起至2009年2月21日止的利息共计195013.82元。新会工行多次向嘉威隆公司追讨无果后，诉至法院。

【案件焦点】

嘉威隆公司对于新会工行的逾期归还贷款能否同时计算罚息和复利。

【法院裁判要旨】

广东省江门市新会区人民法院经审理认为：新会工行是具有贷款业务经营权的金融机构，其与嘉威隆公司签订的企业借款合同和两份最高额抵押合同均是双方真实意思的表示，内容符合法律规定，对合同的抵押物也办理了抵押登记，该三份合同合法有效。新会工行依约向被告放款后，嘉威隆公司却未依时依约偿还借款及相应利息。遂判决：嘉威隆公司应偿还尚欠的借款本金10745100元和相应利息（截至2009年2月21日止尚欠的利息为195013.82元，自2009年2月22日起至本判决确定还款之日止的逾期还款利息按年利率10.682%计算，并按此逾期还款利率计收复利。其中2009年2月22日至2009年2月24日按本金10915000元计息，2009年2月25日起至2009年3月19日按本金10830000元计息。）如广东嘉威隆皮件服装有限公司不能如期履行上述债务的，则将依法处理广东嘉威隆皮件服装有限公司提供的抵押土地，所得价款优先受偿给新会工行的上述债权。关泽兴、黎燕华对广东嘉威隆皮件服装有限公司所负的债务承担连带担保责任。如未按指定的期间履行给付金钱义务，应当依照《中华人民共和国民事诉讼法》第二百三十二条之规定，加倍支付迟延履行期间的债务利息。

关泽兴、黎燕华申请再审。

广东省江门市中级人民法院再审确认一审法院查明的事实无误。在再审过程中，由于原判决履行完毕，申请再审人关泽兴、黎燕华向本院提出申请，请求撤回再审申请。广东省江门市中级人民法院认为：在案件再审期间提出撤回再审申请的请求，是依法处分自己的权利，依据《最高人民法院关于适用〈中华人民共和国民事诉讼法〉审判监督程序若干问题的解释》第三十四条第一款的规定，裁定准许申请再审人关泽兴、黎燕华撤回再审申请，本案终结再审程序。

【法官后语】

本案争议的焦点是金融机构能否向借款人同时要求支付借款期限届满后的罚息和复利。对于这个问题合议庭与审判委员会的观点不一致。

合议庭认为，逾期罚息实质上是作为对借款人逾期归还贷款所应给予出借人的违约金，我国合同法规定的违约金是赔偿性而非惩罚性，具有补偿的性质，如果再对罚息计算复利，实际上是给予出借人双倍补偿。而且，最高人民法院在1996年《关于长城万事达信用卡透支利息不应计算复利的批复》及广东省高级人民法院《关于审理金融机构借贷纠纷案件的指导意见》第二十一条第三款规定，不允许逾期罚息和复利并存。因此，新会工行与嘉威隆公司在借款合同中约定，逾期贷款自逾期之日起，对不能按期支付的逾期罚息再按罚息利率计收复利，加重了借款人的违约责任，违反了我国合同法的公平原则，该约定无效。新会工行与嘉威隆公司在借款合同中约定了对借款期内不能按期支付的利息按年利率8.217%计收复利，该约定没有违反法律、法规的相关规定，也符合双方当事人的利益。

本案经审判委员会讨论认为，利率的确定、公布按照有关规定，属于行政权，由中国人民银行行使，因而不属于司法权。人民银行的《人民币利率管理规定》是根据国务院授权制定的规章，规定可以计算复利。本案是约定计算复利，双方当事人的约定没有违反法律规定，并且当事人在明知道此约定的情形下签订合同，应当尊重当事人的意愿。新会工行起诉时依照约定主张罚息的复利，既有事实依据，也有法律依据，一审法院据此做出的判决没有错误，应当维持原判。

两种不同的观点都没有违反法律的规定，关键是从哪个角度来理解法律、适用法律。

逾期罚息是指借款人未按规定期限归还贷款，贷款逾期后贷款人按照规定或约定对借款人计收的处罚利息。双方当事人可在借款合同中约定逾期贷款利率，但其约定应符合中国人民银行规定的逾期贷款利率标准。复利是指每经过一个计息期，都要将所生利息加入本金，以计算下期的利息，即以利生利，计算至约定期满的本息之和为复利终值。

关于罚息和复利的相关规定有如下几个方面。《最高人民法院关于贯彻执行〈中华人民共和国民法通则〉若干问题的意见（试行）》（1988年1月26日）第一百二十五条,《关于人民法院审理借贷案件的若干意见》(1991 年 7 月 2 日)第六条、第七条规定。中国人民银行于 1999 年 3 月 2 日公布的《人民币利率管理规定》第二十条、第二十一条以及第二十五条规定。中国人民银行于 2003 年 12 月 10 日发布的《中国人民银行关于人民币贷款利率有关问题的通知》(银发[2003]251 号)第三条规定。

以上的规定并没有直接说明金融机构能否向借款人同时要求支付借款期限届满后的罚息和复利,但可以看出,法律没有禁止复利的收取。由于借款合同关系属于民事法律关系,民法的精髓就是意思自治,那么借款后逾期还款是否要收取罚息,关键是看双方当事人有没有这方面的约定,同时也要综合考虑债权人的请求和债务人的抗辩等具体情况。本案中,借款合同是嘉威隆皮件服装有限公司同新会工行的真实意思表示,案件事实也未显示嘉威隆皮件服装有限公司在签订合同时有受到胁迫或者欺骗等情况,因此,应该按照合同约定,计算罚息以及复利。

编写人:广东省江门市中级人民法院 刘蕊

49

迟延履行债务是否构成解除合同事由

——中国农行银行股份有限公司南宁民族支行诉王莉借款合同案

【案件基本信息】

1. 裁判书字号

广西壮族自治区南宁市青秀区人民法院(2011)青民二初字第 114 号民事判决书

2. 案由:借款合同纠纷

3. 当事人

原告:中国农业银行股份有限公司南宁民族支行(以下简称农行)

被告:王莉

【基本案情】

2007 年 9 月 26 日,王莉与农行签订了《个人购房担保借款合同》,主要内容为：王莉向农行民族支行借款5.8万元，用于购买位于南宁市大沙田湾仔街18号玉桶小区B栋A单元B号房，借款期限至2037年9月25日到期，约定按月等额偿还本息。缔约后，原告依约按期足额向原告发放贷款58000元，并且双方办理了房屋抵押登记手续。被告在归还部分借款本金和利息后，出现拖欠农行本息的情况，截至2010年11月15日，连续拖欠三期本金320.84元，正常利息787.4元，罚息1.95元，复利5.57元，欠本息合计1115.76元。

农行认为被告拒不履行还款义务，侵犯了银行的合法权益，已构成根本违约，据此诉至法院主张解除合同，并要求王莉归还借款本金及利息，如不能清偿债务，要求处分抵押物优先偿付欠款本息，由王莉承担本案一审律师服务费，若进入二审和执行程序，相关律师服务费均由被告承担。为此王莉提交还款明细，证明已还清贷款，未构成根本违约，认为农行要求解除双方签订的贷款担保合同没有任何依据，农行主张利息以及诉讼费用、律师费用由其承担也无任何依据，而抵押物优先偿付是在被告无法清偿且担保人未履行担保责任下才能成立，被告已经还清了贷款，不符合合同解除的条件。

【案件焦点】

本案是否具备了我国合同法规定的解除合同的条件。

【法院裁判要旨】

广西壮族自治区南宁市青秀区人民法院经审理认为：农行与王莉签订的《个人购房担保借款合同》，主体合格，内容合法，当事人意思表示真实一致，应为有效合同。农行按照合同约定向王莉履行了发放贷款的义务，王莉未能足额偿还本金320.84元，有违约行为。但是，这并不构成根本违约，不构成法定的解除事由。《中华人民共和国合同法》第九十四条第三款规定当事人可以解除合同的条件是“当事人一方迟延履行主要债务，经催告后在合理期限内仍未履行”，而在本案中，王莉确有连续三期未足额偿还借款本息的情况，但从数额来看，本金仅为320.84元，相对于借款合同的标的58000元来说，不构成主要债务；另一方面，王莉在农行向本院提起诉讼后，已经将所欠的本金及利息、罚息还清，还款账户上尚有余额，这表明，王莉尚有能力和诚意继续履行合同，银行并非不能实现合同目的，银行的利益并未受损，故农行要求解除与王莉签订的《个人购房担保借款合同》的诉讼请求，本院不予支持。关于农行主张的一、二审和执行等诉讼程序的律师费的问题，本案是一审，农行要求王莉负担二审及执行的律师服务费的诉讼请求是毫无依据的，尽管借款合同有一旦发生纠纷由王莉支付律师费等约定，但是在发生纠纷时，农行未采取补救措施防止损失扩大就直接提起诉讼，导致相关费用产生，如果这些费用一概由王莉承担，显然对王莉是不公平的，因此农行的这一诉讼请求，本院亦不予支持。

广西壮族自治区南宁市青秀区人民法院依照《中华人民共和国合同法》第六十条第一款、第九十四条第三款和《中华人民共和国民事诉讼法》第一百二十八条之规定，判决如下：

驳回中国农业银行股份有限公司南宁民族支行的诉讼请求。

【法官后语】

本案处理的重点主要在于对合同解除条件的理解。合同的解除有狭义与广义之分，《中华人民共和国合同法》采广义的概念，它是指在合同依法成立后而尚未全部履行前，当事人基于协商，法律规定或者当事人约定而使合同关系归于消灭的一种法律行为，包括约定解除和法定解除两种情形，其中约定解除又可分为协议解除和约定解除权，而法定解除可以分作两类，一类是不可抗力，另一类我们简单地概括就是根本违约。《中华人民共和国合同法》第九十三条、第九十四条约定："当事人协商一致，可以解除合同，当事人可以约定一方解除合同的条件。解除合同的条件成就时，解除权人可以解除合同""有下列情形之一的，当事人可以解除合同：(一) 因不可抗力致使不能实现合同目的；(二) 在履行期限届满之前，当事人一方明确表示或者以自己的行为表明不履行主要债务；(三) 当事人一方迟延履行主要债务，经催告后在合理期限内仍未履行；(四) 当事人一方迟延履行债务或者有其他违约行为致使不能实现合同目的；(五) 法律规定的其他情形"。

一般情况下，合同生效后，当事人一方不得擅自解除合同。除非出现不可抗力或者根本违约，但并不是说一旦违约都可以导致合同的解除，于是我们引用了根本违约这个概念来限制解除权。但是根本违约太抽象了，法官判断的时候很难掌握。根本违约按照《中华人民共和国合同法》第九十四条实际上应当把它看作是因为一方违约导致另一方合同的目的不能实现，《中华人民共和国合同法》实际上对根本违约的界定就是以是否实现合同订约的目的为标准。

具体到本案中，被告虽有连续三期未足额偿还借款本息的情况，但从数额来看，数额仅为数百元，相对于被告按揭的贷款数额不构成主要债务，另一方面，被告在原告起诉后，已经将所欠款项还清，还款账户上尚有余额。原告在诉讼期间照常收取按揭本息，应视为原告默认并同意被告继续履行合同，这表明，被告尚有能力和诚意继续履行合同，银行并非不能实现合同目的，故合同解除条件未能成就，不具备《中华人民共和国合同法》规定的解除合同的条件。现阶段房价居高不下，老百姓购房难成为一个普遍现象，普通百姓面对迅速扩张的房地产市场只能望洋兴叹，通过银行按揭贷款已经成为广大居民购房的重要途径，如果银行轻易解除《个人购房担保借款合同》，这样将会更加加剧广大居民解决住房问题的难度，影响居民生活水平的提高，影响金融的安全，甚至会影响到社会的和谐稳定。

值得注意的是，《中华人民共和国合同法》第九十四条第三款讲的是迟延履行，迟延违约怎样才能够推定为是一种根本违约，这是一个很复杂的问题。比如说延迟履行，什么叫根本违约，这个无法判断，只有用一个催告程序来解决。但是在发生纠纷时，农行未采取补救措施防止损失扩大就直接提起诉讼，导致相关费用产生，如果这些费用一概由王莉承担，显然对王莉是不公平的，因此原告的这一诉讼请求，法院亦不予支持，经过审理作出了驳回农行诉讼请求的判决。

编写人：广西壮族自治区南宁市青秀区人民法院　唐东旭

50

个人最高额循环贷款合同的债权转让法律效力的认定

——重庆市泽江实业发展有限公司诉刘艾、冉芳借款合同案

【案件基本信息】

1. 裁判书字号

重庆市酉阳土家族苗族自治县人民法院（2011）酉法民初字第04083号民事判决书

2. 案由：借款合同纠纷

3. 当事人

原告：重庆市泽江实业发展有限公司

被告：刘艾、冉芳

【基本案情】

被告刘艾、冉芳系夫妻，2010年8月17日被告刘艾与华融公司签订《个人最高额循环贷款合同》，约定由华融公司为其提供额度为60万元的最高债权额贷款；期限十个月，年利率按19.2%计付；若到期不还的罚息按贷款利率上加50%计付。二被告同时与华融公司签订了《重庆市房地产抵押合同》，用其位于本县钟多镇东流口村7组的445.59平方米自有房产作为抵押担保，保证如期还款。次日原、被告在本县国土资源和房屋管理局进行了抵押登记。8月23日，华融公司向被告刘艾提供了350000元借款。被告刘艾于8月23日归还资金利息5600元、9月25日和10月30日先后分别结息5250元至当年11月22日。2011年6月20日，华融公司将其对被告刘艾享有的债权全部转移给原告，并向被告刘艾发出《债权转移通知》，被告刘艾于同日签收。同时原告向被告发出《请及时向我公司履行还款义务的通知》，2011年9月4日被告刘艾只向原告归还借款50000元。原告因此诉讼至法院。又查明：华融公司在2010年9月25日和10月30日先后两次以资料费、评估费名义收取被告刘艾现金共计24500元，原告对应收取被告资料费、评估费未提供相关证据证明。

【案件焦点】

1. 被告刘艾与华融公司订立的《个人最高额循环贷款合同》的效力及《重庆市房地产抵押合同》的效力问题；2. 华融公司当天收回的利息的定性；3. 华融公司与原告重庆市泽江实业发展有限公司的债权转让是否有效。

【法院裁判要旨】

重庆市酉阳土家族苗族自治县人民法院经审理认为：被告刘艾与华融公司订立的《个人最高额循环贷款合同》是双方的真实意思表示；二被告用自有房屋作抵押，且已进行抵押登记，属有效抵押。被告刘艾未按照合同约定归还借款构成违约，应承担归还实际借款和按照借款合同约定的标准承担支付资金利息和罚息的责任。华融公司在被告刘艾借款当天回收资金利息的行为违反相关法律规定，其于借款当天回收的5600元，应视为收回本金，故被告刘艾向华融公司借款实际金额为344400元。华融公司将债权转给原告，已得到被告默认且被告已归还原告50000元，对尚欠借款294400元，被告应承担继续向原告归还的义务。被告刘艾2010年12月10日书写的借条内容，是预约借款，非真实借款，原告亦无充分证据证明被告刘艾已获得该笔借款，该笔借款不受法律保护。故对原告要求被告归还借款的合法部分及其资金利息和罚息的诉讼请求，本院予以支持。但华融公司收取的24500元是基于本案借款344400元所收取的，故应作为资金利息在归还本案借款时予以扣除。原告称华融公司在转移债权时未移交该笔资金的财务资料，属原告与华融公司之间的问题与本案无关，原告可另行主张。被告刘艾辩称向华融公司借款实际金额为332500元，无充分证据证明，本院不予认定。

据此，依照《中华人民共和国合同法》第二百条、第二百零五条、第二百零六条、第二百零七条，《中华人民共和国担保法》第三十三条、第三十六条、第四十一条，《中华人民共和国民事诉讼法》第六十四条之规定，判决如下：

一、限被告刘艾在本判决生效后10日内偿还原告重庆市泽江实业发展有限公司借款本金294400元。

二、资金利息：2010年8月23日至2011年9月4日按344400元本金计息，标准按年利率19.2%计算；2011年6月17日至2011年9月4日期间，在利率19.2%基础上加收50%的罚息。2011年9月5日按294400元本金，年利率19.2%计息且加收50%罚息至借款还清之日与本金同时结清。在归还利息时，应扣除被告刘艾已还给本县华融小额贷款股份有限公司的利息35000元（24500元+5250元×2）。

三、原告重庆市泽江实业发展有限公司对被告刘艾、冉芳共有的位于本县钟多镇东流口村7组的445.59平方米的房屋享有优先受偿权。

四、驳回原告重庆市泽江实业发展有限公司的其他诉讼请求。

【法官后语】

随着经济的快速发展，金融信贷业务成为支撑经济发展的后备军，是经济发展的后盾，但是信用危机已经困扰到金融业的发展，部分债务人不能及时清偿债务，甚至出逃，对金融业造成严重的压力，相关纠纷案件也大量增加。为践行能动司法的理念，充分发挥审判职能作用，妥善化解金融借款纠纷，促进经济的发展，维护社会稳定，有必要对此类案件进行严格的审查、快审、快结，对债务人予以法律的惩戒。同时，也要加强相关法律宣传，引导借贷主体增强风险防范意识，倡导守法诚信的社会风尚。

本案的焦点有：1. 被告刘艾与华融公司订立的《个人最高额循环贷款合同》的效力及《重庆市房地产抵押合同》的效力。被告刘艾和华融公司签订的《个人最高额循环贷款合同》是双方的真实意思表示，且该贷款合同中约定的贷款利率未超过同期银行贷款利率的四倍，属于法律保护的对象。同时，被告刘艾以其位于酉阳县钟多镇东流口村7组的445.59平方米的房屋作为担保物，并办理了抵押登记，该抵押合同合法有效。2. 华融公司当天收回的利息的定性。华融公司在被告刘艾借款当天回收资金利息的行为违反了《中华人民共和国合同法》第二百条的规定，其于借款当天回收的5600元，应视为收回本金，被告刘艾应该按照实际借款数额344400元返还借款并计算利息。3. 华融公司与原告重庆市泽江实业发展有限公司的债权转让是否有效。华融公司转让债权时，向被告刘艾发出《债权转移通知》，被告刘艾于同日签收，符合《中华人民共和国合同法》第八十条的规定，故该债权转让对被告刘艾产生了法律效力，被告刘艾应该就该笔借款向本案原告履行还款义务。

编写人：重庆市酉阳土家族苗族自治县人民法院　毛新荔　王瑞霞

51

未到还款期限的借款合同是否可以解除

——鞍山市千山区农村信用合作联社东鞍山信用社诉鞍山吉祥三宝食品有限公司金融借款合同案

【案件基本信息】

1. 裁判书字号

辽宁省鞍山市千山区人民法院（2011）鞍千民三初字第1075号民事判决书

2. 案由：金融借款合同纠纷

3. 当事人

原告：鞍山市千山区农村信用合作联社东鞍山信用社

被告：鞍山吉祥三宝食品有限公司

【基本案情】

2010年9月7日，原、被告签订鞍千农信联2010年借字第0105002号《借款合同》，约定被告向原告借款85万元，用于购买原材料，借款期限为2010年9月7日至2011年9月6日。合同第三条借款利率和利息为借款自实际提款日起依据实际借款天数按日计息，按月结息，结息日为每月的20日，结息日为非银行工作日的，则顺延下一银行工作日，借款到期，息随本清，借款年利率为9.027%的固定利率，合同期内不调整。合同第八条违约责任约定，被告到期不偿还合同项下借款本金及利息的，原告有权限期清偿，同时对逾期借款按合同利率加收30%的利率收罚息，并对未支付利息按合同利率加收30%的利率计收复利。同时签订鞍千农信联2010年抵字第0105002号《抵押合同》，被告作为抵押人将其自有的绞肉机、切块机、真空滚揉机等机装设备作为抵押担保，担保主债权为上述的85万元贷款本金、利息、复利、罚息、违约金、赔偿金、实现抵押权的费用和所有其他应付的费用。上述合同签订后，被告将抵押物品在鞍山市工商行政管理局千山分局办理动产抵押登记手续。之后原告依约向被告发放贷款85万元，被告取得贷款后，依双方约定按月向原告偿还贷款利息至2011年4月20日，之后被告未再偿还贷款本金及利息。

2010年12月23日双方签订鞍千农信联2010年借字第0105014号《借款合同》，约定被告向原告借款200万元，用于购买原材料，借款期限为2010年12月23日至2011年12月22日，合同对借款利率、违约责任的约定与上一份合同的相应约定相同。同时签订鞍千农信联2010年抵字第0105014号《抵押合同》，被告以其所有的4250平方米厂房提供抵押担保，但该房产尚未办理房屋所有权证书，亦没有到房产登记机关办理抵押登记手续。之后原告按约定向被告发放贷款200万元，被告取得贷款后，依双方约定按月向原告偿还贷款利息至2011年4月20日，之后被告未再偿还贷款本金及利息。

2011年1月24日双方签订鞍千农信联2011年借字0105002号《借款合同》，

约定被告向原告借款100万元，用于购买原材料，借款期限为2011年1月24日至2011年12月22日，合同对借款利率、违约责任的约定与上两份合同的相应约定相同。同时签订鞍千农信联2011年抵字第0105002号《抵押合同》，被告以位于鞍山汤岗子农业高新技术产业园区，建筑面积10000平方米国有出让土地使用权抵押，但被告尚未取得该土地的土地使用权证书。

另查，2011年7月7日，被告的法定代表人孙长宝及企业相关负责人因涉嫌生产销售伪劣产品罪被鞍山市公安机关依法逮捕，被告单位已停止生产。上述三份借款合同的本金被告均未偿还，利息部分仅偿还了借款放发日至2011年4月20日的利息，其余利息被告没有偿还。因第一份借款合同的还款日为2011年9月6日，而被告没有按期还款，故原告要求被告偿还贷款本金85万元及2011年4月20日至还款日的利息；第二份及第三份合同虽尚未到还款期限，但因被告的法定代表人被公安机关逮捕，企业不再正常经营，无法按约定偿还贷款，故要求解除第二、三份借款合同，判令被告立即偿还两份合同的借款本金合计300万元及2011年4月20日至实际给付之日止的利息，利率均按双方约定的年利率9.027%计算。

【案件焦点】

本案的焦点问题是未到还款期限的《借款合同》是否可以解除。

【法院裁判要旨】

辽宁省鞍山市千山区人民法院经审理认为：原、被告签订的三份借款合同系双方当事人真实意思表示，内容不违反法律法规规定，合同合法有效。原告已按约定向被告发放贷款，依据《中华人民共和国合同法》第二百零五条“借款人应当按约定的期限支付利息”、第二百零六条“借款人应当按照约定的期限返还借款”的规定，被告应于2011年9月6日返还原告借款本金850000元。依据《中华人民共和国合同法》第二百零七条“借款人未按照约定的期限返还借款的，应当按照约定或者国家有关规定支付逾期利息”的规定，虽双方对借款利息的计算方法有明确约定，但原告主张的利率低于双方约定是原告对自己权利的处分，本院予以准许。故原告要求被告立即偿还借款本金850000元及从2011年4月20日至实际还款之日按年利率9.027%计算利息的诉讼请求，事实清楚、证据充分、理由正当，法院予以支持。

关于原告要求解除双方签订的鞍千农信联2010年借字第0105014号及鞍千农信联2011年借字0105002号尚未到期的借款合同，并要求被告给付借款本金300万及利息一节，因被告公司的法定代表人孙长宝及企业的相关人员均已被司法机关采取强制措施，现被告公司已经不再组织生产，企业处于停产状态，被告法定代表人孙长宝明确表示暂时无力偿还上述两份合同的借款本金及利息。依据《中华人民共和国合同法》第九十四条“有下列情形之一的，当事人可以解除合同：（二）在履行期限届满之前，当事人一方明确表示或者以自己的行为表明不履行主要债务”的规定，原告有权要求解除与被告签订的上述两份《借款合同》。故原告要求解除与被告签订的鞍千农信联2010年借字第0105014号及鞍千农信联2011年借字0105002号《借款合同》的诉讼请求，事实清楚、证据充分、理由正当，法院予以支持。依据《中华人民共和国合同法》第九十七条“合同解除后，已经履行的，根据履行情况和合同性质，当事人可以要求恢复原状、采取其他补救措施，并有权要求赔偿损失”的规定，被告应返还原告借款本金及利息。故原告要求被告返还借款本金3000000元及从2011年4月21日起至实际给付之日止按年9.027%计算的利息的诉讼请求，事实清楚、证据充分、理由正当，法院予以支持。被告鞍山吉祥三宝食品有限公司经本院依法传唤，无正当理由，拒不到庭参加诉讼，依据《中华人民共和国民事诉讼法》第一百三十条“被告经传票传唤，无正当理由拒不到庭的，或者未经法庭许可中途退庭的，可以缺席判决”的规定，本案予以缺席判决。综上，原告的诉讼请求，事实清楚、理由正当、证据充分，法院予以支持。

综上，依据《中华人民共和国合同法》第八条、第四十四条、第九十四条、第九十七条、第二百零五条、第二百零六条、第二百零七条，《中华人民共和国民事诉讼法》第一百三十条的规定判决：一、原告与被告签订的鞍千农信联2010年借字第0105014号及鞍千农信联2011年借字0105002号《借款合同》解除。二、被告鞍山市吉祥三宝食品有限公司欠原告鞍山市千山区农村信用合作联社东鞍山信用社借款本金3850000元及利息（利息给付时间及计算方法：2011年4月21日至本判决确定的给付之日止按照年利率9.027%计算），于本判决发生法律效力后十日内给付。被告如果未按本判决指定的期间履行给付金钱义务，应当依照《中华人民共和国民事诉讼法》第二百二十九条之规定，加倍支付迟延履行期间的债务利息。

【法官后语】

本案中，借款合同系双方当事人真实意思表示，内容不违反法律法规规定，合同合法有效。原告已按约定向被告发放贷款，借款人应当按照约定的期限返还借款并应当按约定的期限支付利息。借款人未按照约定的期限返还借款的，应当按照约定或者国家有关规定支付逾期利息。在合同履行期限届满之前，当事人一方明确表示或者以自己的行为表明不履行主要债务，合同相对方有权要求解除借款合同。合同解除后，已经履行的，根据履行情况和合同性质，当事人可以要求恢复原状、采取其他补救措施，并有权要求赔偿损失。

编写人：辽宁省鞍山市千山区人民法院　常旭光

52

对“借新还旧”合同中债务承担的审查与认定

——五华县农村信用合作联社诉钟日强、涂小琴借款合同案

【案件基本信息】

1. 裁判书字号

广东省梅州市中级人民法院（2011）梅中法民三终字第56号民事判决书

2. 案由：借款合同纠纷

3. 当事人

原告（被上诉人）：五华县农村信用合作联社（以下简称农信社）

被告（上诉人）：钟日强、涂小琴

【基本案情】

2004年8月27日，农信社与钟日强、涂小琴签订《抵押担保借款合同》，约定：钟日强向农信社借款290000元，利息按月利率6.405‰计算，借款期限自2004

年8月27日起至2007年8月27日止，钟日强、涂小琴以位于五华县龙村镇影剧院对面的房地产为借款作抵押担保。同日，农信社将贷款290000元通过转账的方式划入钟日强的账户，钟日强亦在《全国农村信用合作社借款借据》上借款人栏签名，该借款借据载明：借款用途是借新还旧，还本金额4000元，结欠本金286000元。签订借款合同的前一日即2004年8月26日，农信社与钟日强、涂小琴就借款抵押房产到相关部门办理了房地产他项权登记。借款期限届满后，钟日强未能按借款合同的约定偿还借款本息。2009年4月5日，五华县农村信用合作联社农村信用社向钟日强发出《农贷及小额贷款信息确认函》，钟日强在该确认函上的借款人栏签名。

原审诉讼中，钟日强申请对《农贷及小额贷款信息确认函》上的"钟日强、290000.00、45"等字体的书写时间是否晚于2009年8月28日进行鉴定，原审法院委托广东南天司法鉴定所对"钟日强、290000.00、45"形成时间进行鉴定，但由于缺少同时期比对样本而无法鉴定。

2009年2月，农信社被取消法人地位，重新命名为五华县农村信用合作联社农村信用社（下称"信用联社"），其债权债务由实行统一法人管理体制后的信用联社承继。

【案件焦点】

本案的焦点问题是"借新还旧"合同中债务承担的审查与认定。

【法院裁判要旨】

广东省梅州市五华县人民法院经审理认为：1. 2004年8月27日，被告钟日强与原农信社以借新还旧方式签订290000元的借款合同，除借款当天偿还本金4000元，结欠本金286000元。故被告钟日强抗辩认为原农信社未按合同约定发放贷款290000元，现其未欠原告286000元及相关利息，理由不成立，不予采信。2. 双方当事人自愿签订了《抵押担保借款合同》，约定被告钟日强、涂小琴以其房地产对本案290000元及应计利息作抵押，且办理了他项权登记手续，该抵押行为的合法性应予确认，被告钟日强、涂小琴抗辩认为抵押无效的理由不足，不予采纳。3. 被告钟日强于2004年8月27日向原农信社的借款期限至2007年8月27日，而信用联社于2009年4月5日向被告钟日强发出《农贷及小额贷款信息确认函》，其在该确认函上借款人栏签名确认，构成诉讼时效中断，原告于2011年3月31日向法院起诉，未超过两年的诉讼时效。因此，被告钟日强、涂小琴认为原告的诉请已超过诉讼时效的抗辩理由，不予采信。

广东省梅州市五华县人民法院依据《中华人民共和国合同法》第二百零六条、第二百零七条，《中华人民共和国担保法》第三十三条第一款、第四十一条、第四十二条第二款，《中华人民共和国民法通则》第一百三十五条、第一百四十条的规定，判决：

一、被告钟日强应在本判决生效后3日内偿还给原告五华县农村信用合作联社贷款本金286000元及利息（从2005年6月30日起按月利率6.405‰计算至2007年8月27日止，之后的利息按中国人民银行规定的逾期罚息计算至本判决确定的本息清偿之日止）。

二、原告五华县农村信用合作联社对被告钟日强、涂小琴提供的抵押物（粤房地证字第C0210697号房屋）在上述判决确定的债权范围内享有优先受偿权。

三、驳回原告五华县农村信用合作联社的其他诉讼请求。

钟日强、涂小琴持原审答辩意见提起上诉。广东省梅州市中级人民法院经审理，认可原审判决理由。认为钟日强、涂小琴上诉理由不足，原判处理并无不当，依法应予维持。

广东省梅州市中级人民法院依照《中华人民共和国民事诉讼法》第一百五十三条第一款第（一）项之规定，判决：

驳回上诉，维持原判。

【法官后语】

本案是因双方当事人在履行“借新还旧”合同过程中对债务金额产生疑义而引发的纠纷，争议的焦点主要在于：作为原告的信用社一方基于“借新还旧”合同主张债权及抵押权，而作为被告的另一方则以“借新还旧”合同中主要包含了其父亲原向原告所借款项本息，而其对此并不负法律上的代父还债责任。由于原告在诉讼中一直未明确主张被告在“借新还旧”合同中替父还债是债务承担，而被告则一直否认借款的真实性，并以原告并未依约将29万元借款交付被告，从而构成违约为由等进行抗辩；一、二审法院在审理中同样亦未注意审查当事人在“借新还旧”

合同中的真实意思，未依据债务承担理论及相关法律规定进行论理和释疑，造成处理结果虽然正确，但裁判说理不足或针对性不强的遗憾。

债务承担，指不改变债务的同一性而依合同将债务转移的现象，原债务人因此而免负债务，仅承担人（新债务人）作为债务人，属于债务人的替换，此种债务承担是本来的债务承担。与此不同，另外也有场合并不发生债务的移转，只是承担人与原债务人一起承担债务，这种情形虽非本来的债务承担，但仍可将它纳入广义债务承担的范畴。前者通常被称为免责的债务承担，后者称为并存的债务承担。① 如果只有债务人与第三人（承担人）缔结的债务承担合同，由于债权人没有直接参与，径行认定该合同有效，常常会导致债权人利益遭受损害。依据《中华人民共和国合同法》第八十四条规定，应当经债权人同意，债务承担合同方才生效。在本案中，令人称奇的是，作为债权人的信用联社一直未明确主张债务承担，而将重点放在签订了“借新还旧”合同及抵押担保合同上；反而是作为债务人的被告在以原告并未履约进行抗辩的同时，主张该诉争的“借新还旧”合同中的借款金额主要包含了其父亲原向原告所借款项本息，并提供了相应证据，并以其并无替父还债的法律义务为由进行抗辩。结合双方当事人的陈述及相关证据，可以初步认定，在诉争的“借新还旧”合同中包含了债务承担内容，且只是由债权人与第三人（承担人）签订，原债务人并未参与；但相信，在签订“借新还旧”合同时，双方当事人甚至包括债务人的父亲均对合同内容，包括债务承担有相当的了解，且该债务承担合同对于原债务人（被告之父）而言只享有利益，并不会因未参与债务承担合同的缔结而损害其合法权益。被告作为原债务人的儿子，在与债权人签订债务承担合同之前依法对其父亲所负债务不承担直接偿还责任，而一旦与债权人签订了包含债务承担内容的“借新还旧”合同，则应承担还款责任。

在审理“借新还旧”合同纠纷案中，若双方当事人对借新还旧的金额等产生疑义的，应对“旧合同”的内容及其所产生的债权债务金额等进行审查，不能仅以当事人已在“借新还旧”合同上签名为由，对当事人的抗辩理由简单回应了事。就本案而言，作为债权人的信用联社虽然提供了有被告签名的“借新还旧”合同、借据、债权催收等证据，但是，被告以其欠原告债务只有很小部分，其余债务都是其

---

① 韩世远：《合同法总论》，法律出版社2011年版，第485页。

父所欠，其不负替父还债的法律义务等为由进行抗辩。对此，作为原告的债权人应进行正面回应，对“借新还旧”合同中所涉金额的真实性及被告自愿替父还债等内容予以证明，并对其中与被告所缔结的债务承担合同的效力进行主张。遗憾的是，原告不知基于何种缘由回避了争执焦点，一、二审法官亦未依法要求当事人对此进行阐述和举证，从而造成有些案件事实尚不清楚，裁判说理不够充分，难以达到令当事人服判息诉之终极目的。

编写人：广东省梅州市中级人民法院　肖庆浪

53

企业非法从事商业银行业务行为的认定及借款协议的效力

——沭阳县国有资产投资经营有限公司诉宿迁长江热电有限公司借款合同案

【案件基本信息】

1. 裁判书字号

江苏省宿迁市中级人民法院（2010）宿中商初字第0004号民事判决书

2. 案由：借款合同纠纷

3. 当事人

原告：沭阳县国有资产投资经营有限公司

被告：宿迁长江热电有限公司

【基本案情】

原告为依法设立的有限公司，注册资本90400万元，经营范围为：基础设施投资建设、基础产业项目的投资建设及支柱产业、高技术产业项目的投资开发；县政府授权范围内的国有资产投资、经营、管理、转让及实物租赁。

2009年4月，被告因公司经营项目推进的需要，与原告就借款达成一致意见，并自愿将其机器设备和在建厂房等建筑物抵押给原告。2009年4月2日，双方就作为抵押物的工程设备在宿迁市沭阳工商行政管理局办理了动产抵押登记，登记编号为：苏N4-0-2009-0121。同年4月9日，双方又就作为抵押物的在建工程在沭阳县房地产管理处办理了在建工程抵押预告登记，登记号为：沭阳县房沭城预字第28081号。2009年4月10日，原、被告签订借款协议一份，载明“为促进宿迁长江热电有限公司尽快建成投产，经甲（原告）乙（被告）双方协商，甲方同意借给乙方部分资金，由乙方用于其在开发区在建长江热电有限公司的固定资产的投入。现签订如下借款协议：第一条借款用途：甲方借给乙方的资金，由乙方用于其在开发区在建的长江热电的土建工程的投入及购买机器设备等，不得挪作他用，……。第二条借款金额及支付时间：金额人民币（大写）伍仟万元整。支付时间：本协议签订后，4月10日先行安排借款贰仟万元，用于支付设备定金及土建工程复工、管网建设等；4月30日……。第三条借款利率及还款方式：按年息6%单利计算并按年支付（期间如银行贷款利率调整，则作相应调整）。第四条借款期限：借款期限一年，到期日为2010年4月22日。借款到期前，乙方一次性还本付息。第五条还款担保：乙方为保证所借的款项如数偿还，同意将其在沭阳经济开发区内注册登记的宿迁长江热电有限公司的所有企业房产以及所有的机器设备等财产全部抵押给甲方。乙方在其向甲方借款之后，凡因项目建设、生产经营以及其他各种原因而形成的债务，由乙方负责偿还，与乙方抵押给甲方的抵押物等财产无关。乙方在本协议规定期限内不能按时归还所借款项的本金和利息，甲方有权直接处理抵押物，乙方不得干预。第六条违约责任：乙方如在规定期限内不能偿还所欠款项，承担借款金额10%的违约责任；第七条其他……”。协议签订后，原告先后十次向被告交付借款共计4500万元，其中2009年4月2日交付1000万元、4月3日交付300万元、4月13日交付700万元、5月8日交付300万元、6月2日交付500万元、6月29日交付300万元、7月27日交付150万元、8月24日交付500万元、9月11日交付500万元、9月23日交付250万元。被告开发的热电项目在建设中因故中断，原告认为被告未能将所借款项用于约定用途，违反了合同约定，遂诉至法院，请求：1. 解除原、被告于2009年3月30日签订的借款协议；2. 被告返还原告借款4500万元及其利息（自借款之日起至还清之日止，按年息6%计算）；3. 被告在不能清偿债务时，原告对被告提供的抵押物折价、拍卖或变卖后的价款享有优先受偿权。

【案件焦点】

原告公司借款给被告公司并约定年6%利息的行为是否属于《中华人民共和国商业银行法》所明确禁止的从事吸收公众存款，发放短期、中期和长期贷款，同业拆借等商业银行业务的行为？原、被告签订的借款协议是否有效？原告能否依据借款协议约定的年息标准向被告主张借款利息，以及能否要求就被告提供的抵押物折价、拍卖或变卖后的价款优先受偿？

【法院裁判要旨】

江苏省宿迁市中级人民法院经审理认为：从原告注册登记的经营范围看，其性质为一般的有限责任公司，并非依法设立的金融机构，故不得从事吸收公众存款，发放短期、中期和长期贷款，同业拆借等商业银行业务。要判断原告向被告出借款项的行为是否属于非法从事商业银行业务的行为，应审查其行为是否符合非法发放贷款或非法同业拆借行为的三个基本特征，即行为的经常性、行为的营利性以及行为对国家金融监管秩序和社会经济健康发展的危害性。

从查明事实来看，原告向被告出借的资金来源于其自有资金，而非来自金融机构的贷款，原告并非以对外借款为业，之前没有类似对外借款的行为，只在本案中出于特定目的出借款项给被告，行为不具有经常性；原、被告约定的借款利率为年息6%，近似但低于一般商业银行的贷款基准利率，原告出借款项的目的是为了对经济开发区实施配套建设，开发和推进热电项目，对被告资金不足予以支持和援助，促进被告项目的推进速度，故不具有获取高额利息收益的营利性目的；原告的该短期对外借款行为具有灵活、快速、便捷、利率低等特点，不但有利于解决企业资金不足的问题，而且可以减少企业因资金不足向社会进行非法集资或进行高额贷款的风险，这种补充性的资金援助方式，不仅不会对金融监管秩序造成危害，还会促进实体经济的健康发展。

综上，原告向被告出借款项的行为不属于非法发放贷款或非法同业拆借的行为，双方签订的借款协议具有法律效力。在被告违约的情况下，原告有权要求解除合同，有权向被告主张借款本息，并有权就被告提供的抵押物折价、拍卖或变卖后的价款优先受偿。故判决：

一、解除原、被告签订的借款协议；

二、被告于判决生效后10日内归还原告借款4500万元及其约定利息（按照年利率6%计算至还清借款之日止)；

三、如被告未履行上述第二项规定的给付义务，原告有权就被告所有的位于沭阳县经济开发区的不动产折价，或拍卖、变卖该财产，以所得价款在4500万元及其利息金额范围内优先受偿。

【法官后语】

当前，受国际宏观经济形势和国内金融环境及政策的影响，我国企业，尤其是中小企业通过商业银行获取贷款的融资需求往往得不到充分满足，而企业的经营活动灵活多变，经营机遇稍纵即逝，在此情况下，部分企业会转向其他途径寻求资金支持，此时若恰好有其他企业拥有闲置资金，资金短缺和资金盈余的双方企业就很易达成资金拆借合意。审判实践中，法官往往对企业之间的此类资金拆借行为不加区分，一概依据《中华人民共和国商业银行法》中有关“未经国务院银行业监督管理机构批准，任何单位和个人不得从事吸收公众存款等商业银行业务”的规定而否定其行为效力。

然而，我们认为，《中华人民共和国商业银行法》并非一概禁止企业之间的所有资金拆借行为，其禁止的是企业未经批准“从事”商业银行业务，即企业应存在以“吸收公众存款，发放短期、中期和长期贷款，同业拆借等商业银行业务”为业的情形，或至少企业经常性地进行此类业务行为。要判断企业之间的资金拆借行为是否在《中华人民共和国商业银行法》的禁止之列，法院应当对企业资金拆借行为进行个案的具体审查，包括审查企业拆借资金的来源、拆借行为是否具有经常性、营利性以及对国家金融监管秩序和社会经济健康发展的危害性，从而对企业之间资金拆借行为的效力作出有效或无效的区别认定。

法院对企业以自有资金进行的、不具有经常性、营利性和危害性的资金拆借行为的效力予以认定，不仅不违背《中华人民共和国商业银行法》相关规定的立法目的，而且充分尊重了企业间的意思自治，对于促进企业良性经营、激发社会经济活力亦有裨益。

编写人：江苏省宿迁市中级人民法院　孙艳艳

54

严格把握新证据认定标准，谨防弄虚作假

——中国建设银行股份有限公司重庆市分行诉傅文利等借款合同案

【案件基本信息】

1. 裁判书字号

重庆市第五中级人民法院（2011）年渝五中法民申33号民事裁定书

2. 案由：借款合同纠纷

3. 当事人

原告（被申请人）：中国建设银行股份有限公司重庆市分行

被告（申请再审人）：傅文利

被告：重庆瑞宇物业发展有限公司

【基本案情】

2001年11月15日，中国建设银行股份有限公司重庆沙坪坝支行（原中国建设银行重庆沙坪坝支行，以下简称沙坪坝支行）与傅文利、重庆瑞宇物业发展有限公司（以下简称瑞宇物业公司）签订个人住房借款合同一份。合同约定由沙坪坝支行向傅文利发放贷款400000元用于购买位于重庆市沙坪坝区天陈路31号原野大厦主楼33－B3号的房屋；借款期限自2001年11月15日起至2021年11月15日止；贷款利息按月利率4.65‰计算，傅文利应每月偿还贷款本息2769.65元；对本合同项下的借款以本合同借款所购住房作为抵押物提供担保，并由瑞宇物业公司作为傅文利的保证人承担连带责任保证；抵押加保证的范围包括贷款本金及利息（包括罚息）、违约金、赔偿金以及实现贷款债权的费用；傅文利累计六期未按合同约定的分次还款计划清偿贷款本息，沙坪坝支行有权提前收回已发放的贷款本息或处置抵押物等内容。嗣后，沙坪坝支行与傅文利、瑞宇物业公司签订了抵押合同一份。合同约定傅文利提供其购买的位于重庆市沙坪坝区天陈路31号33－B3号房屋作为上

述借款的抵押担保，并办理了抵押登记手续。借款合同签订后，沙坪坝支行按照合同约定，履行了发放贷款的义务。嗣后，傅文利已累计六期以上未按合同的约定偿还借款本息，其借款依照合同约定全部加速到期。截止至2008年5月22日，傅文利尚欠沙坪坝支行借款本金277920.95元、利息28373.18元、延迟费用3544.84元，总计309838.97元。傅文利一审未出庭，在申请再审中提出其本人对此事毫不知情，上述合同亦不是其本人所签。

另，2005年2月，建行重庆分行将沙坪坝支行的上述个贷债权上收，统一由其行使追偿权。

【案件焦点】

本案中借款合同和抵押合同是否为傅文利的真实意思表示。

【法院裁判要旨】

重庆市渝中区人民法院经审理认为：沙坪坝支行与傅文利、瑞宇物业公司签订的借款合同和抵押合同是各方当事人真实意思表示，未违反法律法规的强制性规定，抵押合同已经房地产管理部门依法办理了抵押登记手续，故上述合同应属有效，各方当事人均按合同约定的内容履行各自的义务。傅文利在沙坪坝支行按约发放贷款后，已累计六期以上未按约偿还借款，其行为已属违约，现理应按约提前偿还全部借款本息，并承担违约责任。沙坪坝支行依法对傅文利提供的抵押物享有优先受偿权。瑞宇物业公司作为上述借款的连带责任保证人理应对傅文利尚欠的款项在抵押物不足清偿的范围内承担连带清偿责任。建行重庆分行将本案所涉的债权上收后，可以作为本案的诉讼主体，向傅文利、瑞宇物业公司主张权利。据此，建行重庆分行要求傅文利偿还借款本息、对抵押物享有优先受偿权及要求瑞宇物业公司承担保证责任的诉讼请求，理由正当，一审法院予以支持。判决：一、被告傅文利应在本判决生效后10日内偿还中国建设银行股份有限公司重庆市分行截止2008年5月22日止的借款本金277920.95元、利息28373.18元、延迟费用3544.84元，总计309838.97元，并支付原告中国建设银行股份有限公司重庆市分行自2008年5月23日起至付清时止，以本金277920.95元为基数、按中国人民银行有关逾期付款的规定计算的利息。二、原告中国建设银行股份有限公司重庆市分行对被告傅文利提供抵押的位于重庆市沙坪坝区天陈路31号33-B3号房屋享有优先受偿权。三、被告重庆瑞宇物业发展有限公司对被告傅文利的上述第一项债务在抵押物不足清偿范围内承担连带责任。四、驳回原告中国建设银行股份有限公司重庆市分行的其他诉讼请求。

傅文利向重庆市第五中级人民法院提出申诉。

在申请再审过程中，傅文利提交了重庆法正司法鉴定所司法鉴定意见书。上述鉴定意见书载明：渝法正（2011）文鉴字第23号，鉴定意见：落款日期为2001年11月15日的《建设银行重庆市分行个人住房借款合同》［渝沙建个贷（2001）字第AN015号］复印件末页上“傅文利”的签字笔迹和落款日期2001年11月19日的《重庆市预购商品房抵押贷款合同》［登记号（沙2001）按揭第4102号］复印件末页上“傅文利”的签名字迹与傅文利的样本字迹不是同一人所写。

重庆市第五中级人民法院在再审审查中另查明：傅文利借款抵押担保的所有的位于重庆市沙坪坝区天陈路27号30－3号（原天陈路31号附33－B3号）房屋与现实际所有权人户名登记不符。上述房屋的实际所有权人为瑞宇物业公司的法定代表人杜勇。

重庆市第五中级人民法院认为：一审判决认定沙坪坝支行与傅文利、瑞宇物业公司签订的借款合同和抵押合同是各方当事人真实意思表示、合法有效与事实不符，傅文利在再审申请时向本院提交了重庆法正司法鉴定所司法鉴定意见书。根据该鉴定书的结论，傅文利与沙坪坝支行签订的借款合同和抵押合同不是傅文利本人所签，证明原一审判决认定事实的主要证据是伪造的。

重庆市第五中级人民法院根据《中华人民共和国民事诉讼法》第一百八十一条、第一百八十五条之规定，裁定如下：

一、本案由本院提审；

二、再审期间，中止原判决的执行。

【法官后语】

本案进入再审程序主要是由于一审的缺席审理造成的。由于案件数量的增加，人口流动的加剧，一审法院通常采取向原告诉状上提交的被告的地址或者被告身份证上登记的地址邮寄文书进行送达，这种情况下，由于邮局的工作失误、部分别有用心当事人的刻意隐瞒等原因往往造成被告无法送达，只得缺席判决的情况。这样容易给别有用心的当事人提供可乘之机，不利于查清案件事实，造成错案。

具体到本案中，一审法院用邮寄送达的方式未果后即进行了公告送达，对本案进行了缺席审理，加之一审法院未对本案中抵押房屋的信息进行核实、审查，造成了一审事实认定不清的后果。本案结合申请再审审查中查明的事实可以发现，除本案中抵押房屋的门牌号码和实际面积均发生了改变外，上述房屋的实际所有权人并非傅文利，而是本案中抵押房屋的开发商、本案另一当事人瑞宇物业公司的法定代表人杜勇不符合常理。

综上所述，结合上述事实足以认定傅文利所提交的鉴定结论符合再审审查中的新证据的标准。值得注意的是，在再审审查中为了防止当事人弄虚作假，通过主动联系当事人，要求当事人亲自出庭了解案件真实情况、到房管局调查核实相关情况等措施，最终才作出进入再审的裁定书。

编写人：重庆市第五中级人民法院　陈雯雯

55

"5·12"涉灾案件中的举证责任

——德阳市旌阳区农村信用合作联社诉四川省德阳市孝泉物资供应公司借款合同案

【案件基本信息】

1. 裁判书字号

四川省高级人民法院（2011）川民终字第359号民事判决书

2. 案由：借款合同纠纷

3. 当事人

原告（被上诉人）：德阳市旌阳区农村信用合作联社（以下简称旌阳信用联社）

被告（上诉人）：四川省德阳市孝泉物资供应公司（以下简称孝泉物资公司）

【基本案情】

2008年“5·12”特大地震发生后，连降大雨，存放于原德阳市旌阳区孝泉镇农村信用合作社办公楼档案室内的纸张档案资料全部毁损。根据电脑记录，孝泉物资公司（括号注明德阳市中区孝泉物资供应站，以下简称孝泉物资供应站）从1997年12月至1998年12月共向旌阳信用联社借款180万元，后一直未归还本金及利息。旌阳信用联社于2011年1月27日以孝泉物资供应站为被告诉至法院。

旌阳信用联社称孝泉物资公司向其借款6笔，并以电脑中所存的《四川省农村信用社贷款分户余额》清单佐证。具体为：1997年12月28日借款，1998年12月25日到期，欠本金10万元；1998年3月26日借款，1999年3月20日到期，欠本金35万元；1998年5月22日借款，1999年4月30日到期，欠本金52万元；1998年9月23日借款，1999年8月30日到期，欠本金40万元；1998年12月3日借款，1999年11月30日到期，欠本金30万元；1998年12月29日借款，1999年9月30日到期，欠本金13万元。以上共计本金180万元，历年累计欠利息239.896078万元（截止2010年12月21日）。同时，孝泉物资公司将其位于四川省德阳市市中区孝泉镇八一村一社的1742.75平方米商业服务用地（《国有土地使用证》号为：德市区孝泉国用〔92〕字第0621号）作担保，并将《国有土地使用证》原件存于旌阳信用联社处。孝泉物资公司认为电脑中单方制作的《四川省农村信用社贷款分户余额》清单不具有真实性。该公司向法院提供了2份《抵押借款合同》和相应的《贷款收回凭证》，证明1997年8月7日，孝泉物资公司向旌阳信用联社借款20万元，1998年12月5日已还清；1997年12月28日，孝泉物资公司向旌阳信用联社借款20万元，1998年12月5日归还10万元。2份《抵押借款合同》中载明有抵押物清单，但孝泉物资公司未予提供。孝泉物资公司称本案被告为孝泉物资供应站，其无法提供孝泉物资公司的借款资料。原审法院考虑到不可抗力导致的特殊情况，孝泉物资公司应当掌握借款的相关资料，为查清事实，保护债权人合法权益，按照法律规定进行举证责任分配，要求孝泉物资公司提供借款全套资料，但孝泉物资公司不予提供。

另查明，2010年4月16日，孝泉物资公司负责人杨宗模出具《申请书》称：由于高利息，请求免去利息，只付本金70万元。但双方未达成一致协议。后由于孝泉物资公司一直未还本付息，旌阳信用联社遂诉至法院。

【案件焦点】

1. 根据现有证据，能否证明旌阳信用联社与孝泉物资公司之间存在借贷关系及其欠款数额，孝泉物资公司应否承担还本付息责任的问题；2. 原审法院举证责任分配是否错误的问题。

【法院裁判要旨】

四川省德阳市中级人民法院经审理认为：本案的争议焦点是借款金额应为多少？关于被告负责人杨宗模出具的申请书，被告认为双方已达成70万元的还款协议，本院认为该申请书表明原、被告之间存在借贷关系，且至今尚欠款未还，但此只为被告单方面的意思表示，并未达成双方合意，70万元不能被确定为双方的债权债务。

关于原告提供的电子档案，因地震等自然灾害的发生，原告无法提供与被告之间的借款合同及债权催收资料，但其提供了电脑中所存的借贷清单和作为抵押的土地证原件，电脑清单系省信用联社电脑系统自动形成。清单中共记录了6笔借款，虽然被告对其真实性提出质疑，但从被告提供的贷款收回凭证可见，1997年8月7日的借款已经还清，故在电脑清单里没有显示。1997年12月28日的借款，在1998年12月5日，已还10万元，余10万元，此余额正好与电脑清单中的该笔情况相对应。

关于举证分配，审理中，被告明确表示其为物资供应站，非物资供应公司，不予提供物资供应公司的全套借款合同，包括合同中记载的抵押清单，仅提供两份物资供应公司的《抵押借款合同》和相应的贷款收回凭证。合议庭考虑本案中不可抗力等因素，为查清案件事实，保护债权人合法权益，按照《最高人民法院关于民事诉讼证据的若干规定》第七十五条规定："有证据证明一方当事人持有证据无正当理由拒不提供，如果对方当事人主张该证据的内容不利于证据持有人，可以推定该主张成立。"进行举证分配，要求被告提供借款资料，被告不予提供，其应当承担举证不能的责任。

故综上，原、被告双方提供的证据已形成证据锁链，足以证明双方已建立了借贷关系，本院予以采信原告所提供的电脑清单，被告至今尚欠180万元本金和利息2398960.78元未归还。依照《中华人民共和国合同法》第六十条、第一百零七条、第一百一十四条、第二百零一条、第二百零七条之相关规定，判决如下：

一、被告四川省德阳市孝泉物资供应公司应于本判决生效后十五日内支付原告德阳市旌阳区农村信用合作联社借款本金180万元及利息2398960.78元（其余逾期利息从2010年12月22日起至付清之日止按照中国人民银行同期逾期贷款利率计算）。

二、驳回原告德阳市旌阳区农村信用合作联社的其他诉讼请求。

孝泉物资公司持原审答辩意见提起上诉。四川省高级人民法院认为：关于争议问题一。首先，因"5·12"特大地震，四川省德阳市旌阳区所辖内农村信用合作社档案室严重受损，该区原孝泉镇农村信用合作社营业办公楼一半垮塌，信贷资料毁损，其中包括孝泉物资公司的信贷资料。旌阳信用联社在本案中未能提供全套借款资料，系客观原因造成。该事实有旌阳信用联社提交的行业监管部门中国银行业监督管理委员会德阳监管分局作出的前述《说明》及相关证据予以证实。旌阳信用联社为证明其与孝泉物资公司之间存在180万元的借贷关系，在原审中提交了电脑中所存的《四川省农村信用社贷款分户余额》清单。二审中，旌阳信用联社又向本院提交了6份《贷款凭证》，载明孝泉物资公司向旌阳信用联社借款6笔，共计180万元，其上有孝泉物资公司的公章和其法定代表人杨宗模的印章，以补证其主张的借款事实。其次，孝泉物资公司法定代表人杨宗模于2010年4月16日向旌阳信用联社出具《申请书》称：由于高利息，请求免去利息，只付本金70万元。该证据足以证明除孝泉物资公司现认可欠旌阳信用联社10万元本金外，双方之间还存在其他借贷关系，孝泉物资公司还有其他借款未还，而非该公司所称仅欠下10万元借款。再次，旌阳信用联社电脑中所存的《四川省农村信用社贷款分户余额》清单，与该社二审中提交的6份《贷款凭证》上载明的6笔借款的时间、借款期限、金额均一一对应，现无证据表明该清单是虚假、编造的。最后，孝泉物资公司已向法院提供的其于1997年12月28日与旌阳信用联社签订的《抵押借款合同》和《贷款收回凭证》，反映其借款20万元，尚欠10万元未还，正好与旌阳信用联社所主张的清单载明的第一笔借款的时间、余额吻合。

综合以上事实，能够证明旌阳信用联社与孝泉物资公司之间存在180万元借贷关系。现6笔借款均已到期，孝泉物资公司没有证据证明其已归还了该6笔借款的本金和利息，该公司应当按照法律规定和合同约定，承担还本付息的民事责任。至于孝泉物资公司的企业性质问题，不影响本案借款事实的认定和孝泉物资公司民事责任的承担。

关于争议问题二。由于地震等自然灾害的发生，旌阳信用联社的信贷资料缺失，诉讼中不能提供完整的证据，有其客观原因。孝泉物资公司对旌阳信用联社提出的主张和相关事实予以否认，理应提交相关抗辩证据。根据该公司法定代表人杨宗模提交的前述《申请书》，表明其自认的尚欠借款本金数额也有70万元，与此相关的借款事实对于孝泉物资公司而言，并非消极事实，该公司理应持有相应证据并予提供，以查明案件事实；其否认该事实，也应当就此提供证据，如已还款的凭据等。原审法院依照《最高人民法院关于民事诉讼证据的若干规定》第七十五条的规定进行举证责任分配，要求孝泉物资公司提供相关借款资料，符合法律规定和本案具体情况，并无不当。综上，上诉人孝泉物资公司的上诉理由，因事实及法律依据不足，不能成立，其请求本院不予支持。原审判决认定主要事实清楚，适用法律正确，处理结果恰当。依照《中华人民共和国民事诉讼法》第一百五十三条第一款第（一）项的规定，判决：驳回上诉，维持原判。本案二审案件受理费47010元，由四川省德阳市孝泉物资供应公司负担。

【法官后语】

本案虽为一件普通借款合同纠纷案件，但因涉及2008年汶川“5·12”特大地震的历史背景，举证责任的合理分配是本案的关键问题，对涉灾案件的正确处理具有指导意义，同时该案也具有其典型性。

“5·12”特大地震发生后，原告营业办公楼一半垮塌，档案室严重受损，导致其在诉讼中未能提供全套借款资料，原告在起诉的当时仅提供了电脑中所存的《四川省农村信用社贷款分户余额》清单和作为抵押的《国有土地使用证》原件，该清单系四川省农村信用社电脑系统自动形成。二审诉讼中，原告补充提交了2组新证据：一为中国银行业监督管理委员会德阳监管分局于2011年8月15日作出的《说明》，二为孝泉物资公司6笔贷款的《贷款凭证》原件，拟证明旌阳信用联社档案资料毁损事实和借款事实的真实性。一、二审法院考虑到原告在诉讼中虽未能提供支持其诉讼主张的完整的证据，但属于出现了不可抗力因素，该情况系客观原因造成。被告对原告提出的主张和相关事实予以否认，理应提交相关抗辩证据，以查明案件事实，为保护债权人合法权益，一、二审法院按照《最高人民法院关于民事诉讼证据的若干规定》第七十五条关于“有证据证明一方当事人持有证据无正当理由拒不提供，如果对方当事人主张该证据的内容不利于证据持有人，可以推定该主张成立”的规定，将举证责任分配给被告，其不提供相关借款资料，应承担举证不能的责任，最后，法院判决被告承担还本付息的民事责任。本案的正确处理，既保护了债权人的合法权益，又保护了国家金融财产的安全。

编写人：四川省高级人民法院　刘小红

四、质 押

56

应收账款质押设立是否以通知应收账款债务人为必要

——温娟娟诉北京华创锦源科技有限公司等质押合同案

【案件基本信息】

1. 裁判书字号

北京市第一中级人民法院（2011）一中民终字第11562号民事判决书

2. 案由：质押合同纠纷

3. 当事人

原告（被上诉人）：温娟娟

被告（上诉人）：昆山威佩克电气技术有限公司

被告（被上诉人）：北京华创锦源科技有限公司

【基本案情】

2009年6月30日，原告与被告北京华创锦源科技有限公司签订了《欠款协议书》，被告北京华创锦源科技有限公司共欠原告350000元，双方同意以上欠款从2009年5月15日起按银行同期贷款利率计算利息；最迟于2009年12月30日还款；逾期按欠款及利息总额每日收取5%的违约金。因被告北京华创锦源科技有限公司未能还款，双方于2010年11月10日签订《补充协议书（质押协议）》，被告北京华创锦源科技有限公司将其所享有的对被告昆山威佩克电气技术有限公司337734元应收账款出质给原告，并于2011年2月11日在中国人民银行征信中心办理了登记，登记材料显示主合同金额为350000元，质押转让合同金额337734元。上述贷款基于以下合同产生WSUC－104HT001、WSUC－104HT002（金额35520元）、WSUC－104HT002（金额6000元）、WSUC－104HT002（金额69114元）、WSUC－104HT003。原告与被告北京华创锦源科技有限公司约定《补充协议书（质押协议）》履行期限自该合同生效之日起至《欠款协议书》项下欠款本金以及利息、违约金、损害赔偿金和原告为实现质权而发生的费用全部结清之日止。按照原告与被告北京华创锦源科技有限公司《欠款协议书》约定，欠款产生利息共计11909.59元，至原告起诉之日产生违约金6224844.7元。原告起诉要求被告支付违约金30000元。被告昆山威佩克电气技术有限公司认可欠被告北京华创锦源科技有限公司货款共计337734元，且已到还款期。

【案件焦点】

应收账款抵押的生效是否以通知债务人为必要，应收账款债务人是否能以未获质押通知为抗辩理由，拒绝履行还款义务。

【法院裁判要旨】

北京市西城区人民法院经审理认为：质权是指为担保债务的履行，债务人或第三人将其动产或权利出质给债权人占有，债务人不履行到期债务或发生当事人约定的实现质权的情形时，债权人有权就该动产或权利所得价金优先受偿。原告与被告华创公司之间存在债权债务关系。被告华创公司将被告昆山公司所欠其到期应收账款337734元质押给原告，并且进行了质押登记，该质押合同合法有效，因此原告为该应收账款的质押权人，依法享有质权。根据原告提交的《补充协议书（质押协议）》与应收账款质押登记材料显示登记的质押权利仅为应收账款337734元。故被告昆山公司仅在登记的应收账款337734元范围内承担责任。现原告与被告华创公司之间的债务已经到期，但被告华创公司没有按期偿还债务，故原告有权按照质押合同的约定行使质权，向入质权利的义务人被告昆山公司直接行使入质权利，收取入质的应收账款，并通过收取该笔应收账款使被担保的债权优先受偿，当收取的应收账款不足清偿被担保的债权额时，质权人有权要求债务人继续清偿。

北京市西城区人民法院依照《中华人民共和国物权法》第一百七十一条第一款、第二百零八条、第二百一十三条、第二百二十八条、第二百二十九条之规定，作出如下判决：

一、被告北京华创锦源科技有限公司于本判决生效后7日内支付原告温娟娟337734元、利息11909.59元、违约金30000元；

二、被告昆山威佩克电气技术有限公司在337734元范围内对上述债务承担连带责任；

三、驳回原告温娟娟其他诉讼请求。

被告昆山威佩克电气技术有限公司持原审答辩意见提起上诉。北京市第一中级人民法院经审理认为：温娟娟与华创公司之间签订的《补充协议（质押协议）》系双方当事人的真实意思表示，且其内容未违反国家法律、法规的强制性规定，在温娟娟与华创公司已办理了合法的质押登记的情况下，一审法院认定质押合同的效力正确，本院亦予以确认。据此，温娟娟享有合法的质权，有权在华创公司未偿还债务的情况下，以质物要求优先受偿。现华创公司确认其欠付温娟娟的欠款、应付利息及违约金数额，对此，华创公司应予给付。同时，由于华创公司设定的质物为华创公司对昆山公司的应收款337734元，本案诉讼中昆山公司对欠付华创公司上述款项事宜亦无异议，故此，一审法院依据相关法律规定，判令昆山公司在337734元范围内承担连带偿付责任并无不妥。昆山公司上诉称温娟娟与华创公司并未履行通知义务，该质押协议不对昆山公司产生法律责任之理由，因无相应的法律依据，本院不予采信。另外，对昆山公司上诉称债权人转让权利的，应当通知债务人，未经通知对债务人不发生效力之理由，本院认为本案系质押合同纠纷而非债权转让合同纠纷，昆山公司的该上诉理由不能导致其上诉请求成立，本院对此亦不予采信。综上，本院认为，昆山公司的上诉请求，证据不足，本院不予支持。一审法院根据查明的事实作出的判决结果并无不当，依法应予维持。

北京市第一中级人民法院依照《中华人民共和国民事诉讼法》第一百五十三条第一款第（一）项之规定，作出如下判决：

驳回上诉，维持原判。

【法官后语】

本案的重点问题在于如何看待应收账款债务人在应收账款质押法律关系中的地位。

《中华人民共和国物权法》第二百二十八条规定，“以应收账款出质的，当事人应当订立书面合同。质权自信贷征信机构办理出质登记时设立。”但该条规定中的“当事人”概念比较含糊。应收账款质押涉及到出质人、质权人和出质人的债务人，由谁来订立书面质押合同，法律没有明确规定。应收账款质押涉及到出质人的债务人，质押合同的当事人是否包含出质人的债务人，值得讨论。根据应收账款质押的制度设计和合同原理分析，出质人是用自己所有的债权作质押，质押合同的签订和质权的实现并不直接影响到出质人的债务人权利义务，故该条中的当事人不包括应收账款的债务人。

根据《中华人民共和国物权法》第二百二十八条规定，应收账款的质押的设立不以通知应收账款债务人为必要。但应收账款质权人及出质人是否有通知收账款的债务人的义务，如未通知，应收账款债务人是否能以未通知其设立应收账款质押为抗辩对抗质权人行使质权，我国法律对上述问题没有明确规定。有意见认为，当事人办理质押登记后，就已经就应收账款质押向全社会不特定的人进行了公示，为法律推定为不特定人所知晓，当然可以默示地认为应收账款的债务人如同其他不特定的第三人一样知道这一质权的存在，登记一经完成，任何相关方不得以不知情作为抗辩，因此没有必要再另行通知应收账款之债务人。还有意见认为，依《中华人民共和国合同法》规定，债权人转让其债权，应当通知债务人。否则，转让对债务人不发生效力。设定债权质押与债权让与均是对债权的处分，因而债权质权的设立应受到债权让与规则的规制。笔者认为应收账款的质押与债权转让虽有一些相似之处，但仍有着本质区别，不能完全相互替代。且应收账款质押已经办理了质押登记，登记一经完成，任何相关方不得以不知情作为抗辩。故应收账款债务人不能以未通知其设立应收账款质押为抗辩对抗质权人行使质权。结合本案，被告昆山公司作为应收账款之债务人称原告温娟娟与被告华创公司并未履行通知义务，该质押协议不对其产生法律责任之理由，因无相应的法律依据，法院不予采信，故二审法院判决驳回昆山公司之上诉请求。

编写人：北京市西城区人民法院　杨桂林

57

股票质押从合同瑕疵是否影响主合同效力

——邓明耀诉邹华借款合同案

【案件基本信息】

1. 裁判书字号

江苏省无锡市中级人民法院（2011）锡商终字第545号民事判决书

2. 案由：借款合同纠纷

3. 当事人

原告（上诉人）：邓明耀

被告（被上诉人）：邹华

【基本案情】

邹华与邓明耀签订“股票质押借款合同”一份，约定邹华借给邓明耀200000元，并约定邓明耀以股票账户进行担保，邹华在借款期间以上股票账户内的总资产低于240000元有权进行平仓。同日，邹华（甲方）又与邓明耀（乙方）签订“股票质押借款平仓协议”一份，约定当乙方股票账户内的总资产低于平仓线后，甲方在一定条件下可以进行平仓，两份合同签订后，邓明耀出具收条表示收到邹华人民币200000元，同时又打入邹华股票账户人民币137300元，至2010年7月，由于股市低迷，邹华于7月7日对账户内的股票进行平仓，平仓后的资产为222458元。股票平仓后，邹华与邓明耀于2010年7月11日对借款进行了结算，并签订“借款合同结算清单”一份，约定表示双方借贷关系已经终结。

原告邓明耀认为，邹华虚构“无锡智联投资管理有限公司”作为出借人担保单位欺诈其签订了借款合同，而股票质押又没有办理登记，造成邓明耀因股票买卖产生了经济损失，要求法院认定该股票质押借款合同无效，邓明耀的经济损失115166元应由被告邹华赔偿。

被告邹华辩称，“无锡智联投资管理有限公司”只是应邓明耀要求寻找的出借人担保方，目的是为邹华出借资金提供担保。由于邹华已按约履行了出借义务，且该借款合同现已终止，双方进行了结算，已无争执，故该担保单位是否真实存在及股票质押未进行登记与借款合同的合法有效并无冲突。原告邓明耀将借款所得资金用于股票买卖，由于其购买股票下跌造成了资金亏损，现其以担保单位为虚构及质押股票未登记为由，要求否认借款合同的有效性是没有道理的，故请求驳回其诉讼请求。

【案件焦点】

在借款合同为主合同，股票质押合同为从合同的情况下，股票质押未经质押登记是否生效，是否影响借款合同的效力。

【法院裁判要旨】

江苏省无锡市南长区人民法院经审理认为邓明耀提出股票质押必须办理质押登记，其股票应当被冻结，由于股票质押的成立与否并不影响借款合同的合法有效，故邓明耀提出本案股票质押借款合同无效的主张，不能成立，不予支持。因此驳回了邓明耀的诉请。

邓明耀持原审起诉意见提起上诉。

江苏省无锡市中级人民法院经审理认为：邓明耀与邹华之间签订的股票质押借款合同和股票质押借款平仓协议系双方真实意思表示，合法有效，双方均应按照合同约定履行相应的义务。一、股票质押未办理登记手续，并不影响借款合同的效力。《中华人民共和国担保法》第七十八条规定：“以依法可以转让的股票出质的，出质人与质权人应当订立书面合同，并向证券登记机构办理出质登记。质押合同自登记之日起生效。”该条规定是对股票出质的程序设定，即如股票出质未经登记，则股票质押合同不生效。但在邓明耀与邹华签订的股票质押借款合同中，借款合同约定了双方的主要权利义务，是主合同；股票质押合同约定了双方担保的有关内容，是从合同。从合同是否生效并不影响主合同的合法有效，即股票质押合同的效力并不影响借款合同的效力。另，《中华人民共和国物权法》第二百二十六条规定：“以基金份额、股权出质的，当事人应当订立书面合同。以基金份额、证券登记结算机构登记的股权出质的，质权自证券登记结算机构办理出质登记时设立；以其他股权出质的，质权自工商行政管理部门办理出质登记时设立。”从该规定亦可以看出，如股票出质未办理登记，仅是质权未设立，并不影响借款合同的成立生效。故本案中双方未办理股票质押登记手续，仅是未设立质权，并不影响借款合同和平仓协议的合法有效。二、“无锡智联投资管理有限公司”作为出借人的担保方，因其不存在，其担保应属无效担保。但担保合同作为借款合同的从合同，从合同无效，并不必然导致主合同就此无效。三、股票质押借款合同和股票质押借款平仓协议系邓明耀和邹华个人之间签订。虽然邓明耀主张签订合同时系在邹华所在单位中国银行，但双方签订的合同中并未有中国银行作为出借方的约定，合同中也未见有中国银行的盖章，款项的交付也未见有中国银行参与，邓明耀无证据表明其当时发生了重大误解而认为是和中国银行签订的借款合同。四、双方签订的借款合同结算清单是双方已结算的依据。结算清单中第 1 条约定了邓明耀归还邹华借款本金 200000 元，第 2 条约定了保证金的退还，第 3 条约定了双方的借贷关系终结，说明结算清单并非是对股票剩余金额的确定，而是对双方整个借款还款事实的确认。故邹华的平仓行为系根据双方合同的约定，且未违反法律的强制性规定，未侵犯邓明耀的所有权，邓明耀股票账户内的损失不应由邹华承担。无锡市中级人民法院作出二审判决：驳回上诉，维持原判。

【法官后语】

本案原告邓明耀在一审二审中均坚持诉请认为该合同无效，其依据的是《中华人民共和国担保法》的规定：“以依法可转让的股票出质的，出质人与质权人应当订立书面合同，并向证券登记机构办理出质登记，质押合同自登记之日起生效。出质人和质权人在合同中不得约定在债务履行届满质权人未受清偿时，质押的所有权转移给质权人所有。”但是根据《中华人民共和国合同法》的相关规定，本案邓明耀与邹华签订的股票质押借款合同中，借款合同约定了双方的主要权利义务，是主合同；股票质押合同约定了双方担保的有关内容，是从合同。从合同是否生效并不影响主合同的合法有效，所以股票质押合同的效力并不影响借款合同的效力。

邓明耀还认为本案签订的合同中的“无锡智联投资管理有限公司”系邹华寻找的出借方的担保人，该担保单位证实并未在工商部门注册，邹华系采用欺诈手段导致邓明耀对出借方产生了重大误解，该借款合同应为无效合同。虽然“无锡智联投资管理有限公司”事实上并不存在，其在本案签订的合同中的担保应是无效担保，但是同理得知，该担保合同属于借款合同的从合同，并不影响主合同的效力。

综上，邓明耀以从合同的瑕疵要求认定主合同无效并不符合从合同无效不影响主合同效力的法理。本案双方签订的借款合同是当事人的真实意思表示，符合法律规定，对双方具有法律约束力。邓明耀在股票价格升值后以各种理由要求认定该借款合同无效，以获取当时不可期的利益于法无据，邹华不应承担此责任。

编写人：江苏省无锡市南长区人民法院　尤祺

图书在版编目（CIP）数据

中国法院2013年度案例．借款担保纠纷/国家法官学院案例开发研究中心编．—北京：中国法制出版社，2013.3

ISBN 978-7-5093-4215-2

Ⅰ.①中… Ⅱ.①国… Ⅲ.①借贷-经济纠纷-案例-中国②担保-经济纠纷-案例-中国
Ⅳ.①D925.105

中国版本图书馆CIP数据核字（2012）第312598号

责任编辑：李小草（lixiaocao2008@sina.cn）
杨　智（yangzhibnulaw@126.com）

封面设计：温培英、李宁

中国法院2013年度案例·借款担保纠纷

ZHONGGUO FAYUAN 2013 NIANDU ANLI · JIEKUAN DANBAO JIUFEN

编者/国家法官学院案例开发研究中心

经销/新华书店

印刷/三河市紫恒印装有限公司

开本/720×1030毫米　16　　印张/14　字数/180千

版次/2013年5月第1版　　2013年5月第1次印刷

中国法制出版社出版

书号ISBN 978-7-5093-4215-2　　定价：42.00元

北京西单横二条2号　邮政编码100031　　传真：66031119

网址：http：//www.zgfzs.com　　**编辑部电话：66072711**

市场营销部电话：66033296　　**邮购部电话：66033288**

中国法院2012年度案例系列

国家法官学院案例开发研究中心　编

简便易用、权威实用——打造“好读有用”的案例

1. 权威的作者：国家法官学院案例开发研究中心持续20年编辑了享誉海内外的《中国审判案例要览》丛书，2012年起推出《中国法院年度案例》丛书，旨在探索编辑案例的新方法、新模式，以弥补当前各种案例书的不足。

2. 强大的规模：2012年推出15本，含传统和新近的所有热点纠纷，案例均从全国各地法院收集到的上一年度审结的近万件典型案例中挑选出来的，具有广泛的选编基础和较强的代表性。

3. 独特的内容：不再有繁杂的案情，高度提炼案情和裁判要旨，突出争议焦点问题。不再有冗长的分析，主审法官撰写“法官后语”，展现裁判思路方法。

中国法院2012年度案例系列	书　号	定价
婚姻家庭与继承纠纷	978－7－5093－3482－9	39元
物权纠纷	978－7－5093－3481－2	39元
土地纠纷（含林地纠纷）	978－7－5093－3480－5	39元
房屋买卖合同纠纷	978－7－5093－3479－9	45元
合同纠纷	978－7－5093－3478－2	45元
买卖合同纠纷	978 7 5093 3477－5	42元
借款担保纠纷	978－7－5093－3475－1	39元
民间借贷纠纷	978－7－5093－3474－4	39元
侵权赔偿纠纷	978－7－5093－3473－7	39元
道路交通纠纷	978－7－5093－3464－5	45元
雇员受害赔偿纠纷（含帮工受害纠纷）	978－7－5093－3472－0	36元
人格权纠纷（含生命、健康、身体、姓名、肖像、名誉权纠纷）	978－7－5093－3471－3	39元
劳动纠纷（含社会保险纠纷）	978－7－5093－3470－6	36元
公司纠纷	978－7－5093－3469－0	45元
保险纠纷	978－7－5093－3468－3	45元
全套总价		612元

最高人民法院商事审判指导案例系列

最高人民法院商事审判指导案例系列丛书	书号	定价
1. 合同卷（上下）	978－7－5093－2443－1	168.00
2. 借款担保卷（上下）	978－7－5093－2440－0	188.00
3. 公司卷	978－7－5093－2444－8	98.00
4. 金融卷	978－7－5093－2449－3	88.00
5. 第五卷（上下）	978－7－5093－2803－3	168.00
6. 合同与借贷担保卷	978－7－5093－4029－5	98.00
7. 公司与金融卷	978－7－5093－4028－8	128.00

最高人民法院指导性案例裁判规则理解与适用系列

最高人民法院指导性案例裁判规则理解与适用系列	书号	定价
担保卷	978－7－5093－2973－3	98元
公司卷	978－7－5093－3476－8	128元
合同卷一（合同原则、履行、解除、违约责任）	978－7－5093－3806－3	98元
合同卷二（合同订立、效力、解释、变更与转让、时效、管辖）	978－7－5093－3805－6	98元

最高人民法院知识产权系列图书

书　名	书号	定价
最高人民法院知识产权审判案例指导（第一辑）	978－7－5093－1894－2	48元
最高人民法院知识产权审判案例指导（第二辑）	978－7－5093－1895－9	78元
最高人民法院知识产权审判案例指导（第三辑）	978－7－5093－2804－0	78元
最高人民法院知识产权审判案例指导（第四辑）	978－7－5093－3692－2	78元
中国知识产权指导案例评注（上下卷）	978－7－5093－2591－9	188元
中国知识产权指导案例评注（第三辑）	978－7－5093－3279－5	98元
最高人民法院知识产权司法解释理解与适用	978－7－5093－3603－8	58元
商业秘密司法保护实务	978－7－5093－3422－5	98元
商标法适用的基本问题	978－7－5093－3970－1	68元
知识产权法律适用的基本问题	978－7－5093－4207－7	168元